RAPPORT

À M. LE MINISTRE DE L'INSTRUCTION PUBLIQUE

SUR

LA DERNIÈRE EXPÉDITION DES CHOTTS.

COMPLÉMENT DES ÉTUDES

RELATIVES

AU PROJET DE MER INTÉRIEURE,

PAR

LE COMMANDANT ROUDAIRE.

NIVELLEMENT. — MÉTÉOROLOGIE.
SONDAGES. — RÉPONSE AUX OBJECTIONS. — PROCÉDÉS D'EXÉCUTION.
FRAIS D'EXÉCUTION.

EXTRAIT DES ARCHIVES DES MISSIONS SCIENTIFIQUES ET LITTÉRAIRES.
TROISIÈME SÉRIE. — TOME SEPTIÈME.

PARIS.

IMPRIMERIE NATIONALE.

M DCCC LXXXI.

PARIS
CHALLAMEL AINÉ
Librairie algérienne et coloniale
5, RUE JACOB

RAPPORT

A M. LE MINISTRE DE L'INSTRUCTION PUBLIQUE

SUR

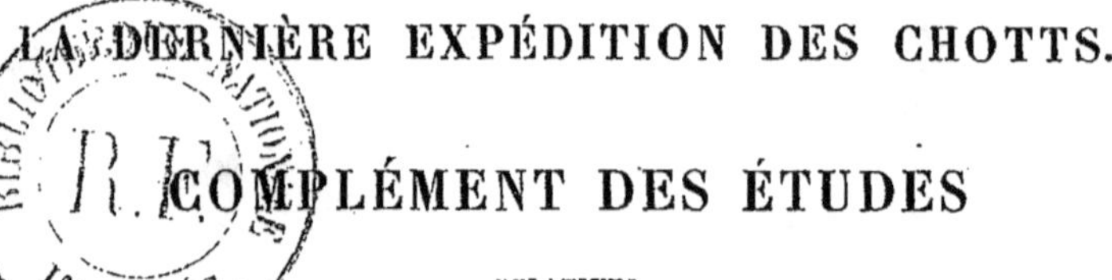

LA DERNIÈRE EXPÉDITION DES CHOTTS.

COMPLÉMENT DES ÉTUDES

RELATIVES

AU PROJET DE MER INTÉRIEURE.

NIVELLEMENT. — MÉTÉOROLOGIE.
SONDAGES. — RÉPONSE AUX OBJECTIONS. — PROCÉDÉS D'EXÉCUTION.
FRAIS D'EXÉCUTION.

25 octobre 1880.

Monsieur le Ministre,

En 1876, votre prédécesseur avait bien voulu me confier une mission qui me permettait de continuer en Tunisie des travaux que j'avais commencés les années précédentes en Algérie, dans le but d'étudier la dépression des chotts, et de reconnaître s'il était possible de la transformer en mer intérieure en y amenant les eaux de la Méditerranée. A mon retour en France, j'eus l'honneur de lui adresser un rapport qui fut publié dans les *Archives des missions scientifiques et littéraires* [1]. Ce travail fut présenté à l'Académie des sciences, qui le soumit à l'examen d'une commission composée de MM. Dumas, Daubrée, Jurien de la Gravière et Paris, commissaires; Yvon Villarceau et Favé, rapporteurs.

M. Villarceau était chargé d'examiner la triangulation de la méridienne de Biskra et les opérations de nivellement et de topogra-

[1] 3e série, tome IV.

phie exécutées entre le golfe de Gabès et l'extrémité australe de la méridienne de Biskra. Après avoir discuté, dans un rapport détaillé, les opérations faites sur le terrain et les méthodes de calcul employées, l'éminent membre de l'Institut s'arrêtait aux conclusions suivantes[1] :

« La mesure de la méridienne de Biskra constitue un travail géodésique exécuté avec le plus grand soin, et le degré de précision obtenu dans la mesure des angles des triangles ne paraît pas avoir été dépassé dans les meilleures triangulations que l'on exécute à notre époque.

« Les observations astronomiques ont été exécutées avec un soin supérieur à celui que pouvait réclamer l'emploi d'instruments transportables non établis sur des piliers de maçonnerie.

« Ce serait exagérer la limite d'erreur du nivellement que de la fixer à 1 mètre.

« En résumé, le nivellement exécuté par M. Roudaire dans la région des chotts et le levé qui l'accompagne constituent un travail d'une grande valeur au point de vue de la géographie et de la topographie de cette partie du continent africain. »

Ce rapport, qui établit d'une manière indiscutable la valeur scientifique des données sur lesquelles est fondé le projet de mer intérieure, fut adopté par l'Académie des sciences dans sa séance du 7 mai 1877.

M. le général Favé était spécialement chargé d'examiner le projet en lui-même. Dans la première partie de son rapport, il entrait dans de longs développements sur les modifications heureuses que la submersion du bassin des chotts exercerait sur le climat de l'Algérie et de la Tunisie. Après avoir servi d'écran contre l'ardeur des rayons solaires et contre le rayonnement nocturne, les masses de vapeur produites par la nouvelle mer, mises en contact par les vents du Sud avec les parties élevées, partant refroidies des monts Aurès ou des autres montagnes de l'Algérie, se condenseraient en nuages et se résoudraient en pluies fécondes. Des torrents aujourd'hui desséchés se transformeraient en cours d'eau permanents et réguliers. On verrait jaillir du sol des sources qui n'existent plus. La vapeur d'eau, en se reformant sur le parcours des cours

[1] *Comptes rendus de l'Académie des sciences*, t. LXXXIV, séance du 7 mai 1877.

d'eau, étendrait son influence sur les deux versants des montagnes, jusqu'à des contrées éloignées des chotts.

Le vent du Sud dit *siroco*, si désastreux actuellement parce qu'il est très sec, se chargerait d'humidité au contact des lacs et perdrait la plus grande partie de ses effets nuisibles. Ce même vent, en effet, qui détruit la végétation en Algérie, est fertilisant pour le territoire de la France, à cause de la vapeur d'eau dont il se charge en traversant la Méditerranée.

« Des avantages si considérables qui résulteraient de l'eau de la mer amenée dans les chotts, disait en terminant M. le général Favé, expliquent et légitiment la persévérance avec laquelle M. Roudaire en a poursuivi l'idée, sans se laisser arrêter par aucune des difficultés qui se sont présentées. Le plus grand des obstacles provient de ce que le chott El-Djerid, le plus voisin du golfe de Gabès, n'a pas, comme les deux autres, le fond de sa cuvette au-dessous, mais au contraire au-dessus du niveau de la mer. La surface du terrain est ondulée; elle s'élève jusqu'à 20 mètres ou même plus sur certains points, pour descendre jusqu'à zéro sur d'autres points. M. Roudaire a apprécié, par des moyens d'estime un peu vagues, que la hauteur moyenne du fond peut être de 6 mètres au-dessus du niveau de la mer. Nonobstant cet obstacle, M. Roudaire ne renonça pas à l'espoir de pouvoir faire arriver l'eau de la mer dans le chott El-Djerid pour la déverser ensuite dans les deux autres chotts. Il croit avoir trouvé pour cela un point d'appui dans la nature du fond ou, pour parler plus exactement, dans l'existence d'une couche aquifère placée à une petite profondeur au-dessous du sol.

« Sans se prononcer dès aujourd'hui, avec des documents insuffisants, sur l'avant-projet de mer intérieure tel que M. Roudaire l'a conçu, votre commission reconnaît avec lui la nécessité préalable d'exécuter dans le lit du chott El-Djerid des sondages destinés à faire connaître la nature du sous-sol. On devrait avoir en vue, dans l'exécution de ces sondages, d'apprécier aussi les difficultés d'exécution d'un canal destiné à amener directement l'eau de la mer au chott Rharsa, dans le cas où le sol du chott El-Djerid ne pourrait pas être abaissé par l'écoulement des eaux souterraines, ainsi qu'on l'a supposé. Si l'entreprise conçue par M. Roudaire se continue, de nouvelles opérations de nivellement, appuyées sur les résultats déjà acquis, devront être étendues à travers les trois chotts pour donner plus exactement la mesure de leur capacité. Des sondages devront être exécutés en outre dans les trois seuils qui séparent le golfe de Gabès du chott El-Djerid, celui-ci du chott Rharsa et le chott Rharsa du chott Melrir.

« Le projet d'introduire l'eau de la mer dans les chotts du désert de l'Afrique peut sembler aussi d'une réalisation difficile en se plaçant au point de vue des dépenses qu'il entraînerait; mais nous ne devons point perdre de vue que l'industrie est entrée, depuis un temps bien court, dans une nouvelle ère où sa puissance grandit avec rapidité. Depuis que l'homme a acquis le moyen de faire travailler la chaleur à son profit, les richesses, qui sont le produit du travail accumulé, ont augmenté dans une proportion considérable. Ce mouvement n'est pas près de s'arrêter. De même que le canal de Suez n'aurait pu être fait, tel qu'il est, dans un temps antérieur au nôtre, les générations qui nous suivront mèneront à bonne fin des entreprises qui seraient, au moment présent, inexécutables.

« *Conclusions.* — En résumé, l'eau ramenée, par quelque moyen que ce soit, dans les chotts qu'elle a autrefois remplis, près du versant Sud de l'Aurès, exercerait, sans nul doute, une très favorable influence sur de vastes contrées actuellement presque désertes; elle ferait pénétrer graduellement la civilisation européenne vers le centre d'un continent livré à la barbarie.

« Si les nouvelles études dont nous avons signalé la nécessité doivent amener un jour la réalisation du projet dont nous venons de nous occuper, M. Roudaire aura eu l'incontestable mérite de l'avoir conçu et d'en avoir le premier provoqué l'exécution par des travaux sérieux. En conséquence, votre commission vous propose d'accorder l'encouragement de vos éloges à M. Roudaire comme une récompense due à sa vaillante et généreuse entreprise. »

Les conclusions de ce rapport furent adoptées dans la séance du 21 mai 1877.

Afin de subvenir aux frais des études complémentaires et principalement des sondages dont la nécessité venait d'être reconnue par l'Académie des sciences, M. Bardoux allait demander un crédit supplémentaire, lorsque M. Georges Périn prit l'initiative de cette demande de crédit par un amendement au budget. Cet amendement fut développé avec beaucoup de chaleur et d'éloquence par l'honorable député, et adopté par la Chambre dans sa séance du 11 février 1878.

Ce vote ayant été confirmé par le Sénat, je fus chargé de la mission dont je vais avoir l'honneur de vous rendre compte.

J'avais à cette époque à terminer un plan relief de la région des chotts qui devait figurer à l'Exposition. D'un autre côté, la saison la plus favorable aux travaux que je devais exécuter dans cette région étant la saison d'hiver, mon départ fut remis à l'automne. Il me restait donc plusieurs mois pour organiser le personnel et le matériel de l'expédition.

Il fallait pour les sondages un outillage spécial qui, tout en permettant d'atteindre des profondeurs de 50 à 60 mètres, pût facilement se démonter et se diviser par caisses transportables à dos de chameau. Je m'adressai à M. Dru, ingénieur civil, constructeur d'appareils de sondages, qui étudia la question avec beaucoup de soin. Les appareils spéciaux qu'il construisit se composaient :

1° D'une sonde légère de 7 centimètres de diamètre avec chevalet en fer portatif (elle était destinée aux explorations superficielles pouvant atteindre une profondeur de 10 à 15 mètres) ;

2° D'une sonde un peu plus forte pour les recherches de 25 à 30 mètres, se mouvant à l'aide d'une bigue également en fer, avec treuil fixe sur l'appareil ;

3° Pour les sondages d'une plus grande profondeur, d'une chèvre en bois composée de quatre montants assemblés par longueurs de 2 mètres afin de faciliter le transport à dos de chameau.

Les pièces accessoires de cette chèvre se démontaient de manière à former des colis de 75 à 80 kilogrammes.

A cet appareil de sondage étaient jointes plusieurs séries de tubages destinés à garantir les trous de sonde des éboulements. Ces tubes, fractionnés par longueurs variables ne dépassant pas 2 mètres, se réunissaient au moyen de manchons à vis. On avait, avec ce système, l'avantage de manœuvres rapides, condition indispensable dans des terrains meubles, souvent fluides, où les colonnes devaient être employées à l'exécution du trou de sonde, puis retirées pour l'exécution d'un autre sondage.

Un plancher de 30 mètres de surface, assemblé par parties, avait été prévu pour le cas où l'on rencontrerait des terrains compressibles et mouvants.

Chaque outillage était combiné pour fonctionner isolément avec des séries différentes, mais pouvant se réunir et former, si cela était nécessaire, une longueur de sonde de plus de 70 mètres.

Des instruments spéciaux avaient été également prévus pour constater la température des eaux dans les trous de sonde et leur qualité. Enfin une bouteille-éprouvette permettait de se rendre un compte exact de la densité des eaux et de leur salure à la base des sondages.

Les instruments destinés aux opérations de nivellement et de topographie et aux observations météorologiques étaient les suivants :

Deux niveaux à bulle d'air (systèmes Brünner et Gravet-Lenoir, avec leurs mires parlantes);

Un théodolite réitérateur de MM. Brünner (cet instrument, dont le réticule portait cinq fils verticaux, pouvait servir à la fois aux observations géodésiques et astronomiques);

Un grand chronomètre du Dépôt de la marine battant la demi-seconde ;

Trois grandes boussoles;

Deux petites boussoles ;

Un psychromètre;

Plusieurs thermomètres, dont un thermomètre à maxima et un à minima;

Un baromètre Fortin ;

Trois baromètres anéroïdes;

Un ozonomètre;

Trois évaporomètres Piche;

Un bassin destiné à observer directement l'évaporation;

Un pluviomètre;

Et enfin un appareil de photographie.

Le personnel de l'expédition fut composé de la manière suivante :

1° M. Baronnet, ingénieur civil, qui m'avait déjà accompagné dans l'expédition de 1876 (M. Baronnet était spécialement chargé des nivellements et de la photographie);

2° M. Jégou, ingénieur civil, qui m'avait été désigné par M. Dru et qui devait diriger les travaux de sondage;

3° M. Dufour, chargé de la surveillance du camp, des ravitaillements, et devant coopérer au besoin aux diverses opérations;

4° M. André, médecin-major au 15e bataillon de chasseurs, que M. le Ministre de la guerre avait bien voulu mettre à ma disposition (M. André était chargé des observations météorologiques ainsi que de l'étude de la faune et de la flore de la région explorée);

5° Derœux, sous-officier d'artillerie et six soldats du 15e bataillon de chasseurs à pied, mis à ma disposition par le Ministre de la guerre. (Derœux, fils d'un maître sondeur de la maison Dru, connaissait parfaitement la pratique des travaux de sondage, et son concours m'a été des plus utiles. Les six soldats devaient être employés au service du camp et à surveiller comme contremaîtres les Arabes employés aux manœuvres des sondages.)

Je complétai plus tard ce personnel à Tunis, en attachant comme interprète à la mission M. Laurent Allegro, qui m'avait déjà accompagné en 1876 et dont je n'avais eu qu'à me louer sous tous les rapports.

Je m'embarquai le 13 novembre à Marseille, avec MM. Baronnet, Dufour, Jégou et le sous-officier Derœux. A Bône, où le bâtiment fit escale, le docteur André et les six hommes du bataillon de chasseurs à pied se joignirent à nous. Le 17, nous débarquions à Tunis, où nous trouvions M. Lacoste, vice-consul de France à Gabès, qui avait quitté son poste pour venir au-devant de nous.

Il me fallut environ huit jours pour me concerter avec les autorités tunisiennes par l'intermédiaire de notre consul général, M. Roustan. Je fus reçu par le Bey et le premier ministre, qui me promirent le concours des autorités locales des régions que je devais explorer, et me firent remettre des lettres m'accréditant auprès des chefs de tribus de l'Arad et du Djerid. Un odobachi, muni lui-même de lettres spéciales qui l'accréditaient auprès des caïds comme représentant du Bey, fut mis à ma disposition pour la durée de l'expédition.

M. Ferdinand de Lesseps, appelé à Tunis par un devoir de famille, y était arrivé en même temps que nous. Il avait été reçu par le Bey avec des honneurs tout particuliers. La bienveillance qu'il nous témoignait avait beaucoup contribué à l'accueil favorable qui nous avait été fait. L'illustre promoteur du canal de Suez, qui en toute circonstance s'est montré favorable au projet de mer intérieure, résolut de profiter de son voyage à Tunis pour aller visiter le seuil de Gabès. Le Ministre de la marine avait mis à sa disposition un bâtiment de l'État (*le Champlain*), commandé par M. Michaux, capitaine de vaisseau. Le 25 novembre, nous nous embarquions à la Goulette, accompagnés de M. Lacoste, et le 27 nous débarquions à Gabès.

Dès le lendemain matin, MM. de Lesseps, Baronnet, Jégou et moi, nous montions à cheval; nous nous dirigions sur l'embouchure de l'oued Melah, et nous explorions le seuil en remontant le cours de cette rivière; le soir, nous étions rentrés à Gabès après avoir parcouru de 50 à 60 kilomètres. M. de Lesseps avait reconnu que nulle part on ne trouve de vestiges de pierre et que les berges de l'oued Melah, très élevées en certains endroits, sont uniquement formées de terre ou de sable agglutiné. J'aurais désiré qu'il pût rester quelques jours avec nous pour assister aux premiers travaux de sondage, mais le temps le pressait; il dut repartir le lendemain sur *le Champlain*. Le 9 décembre, il était de retour à Paris, et faisait à l'Académie des sciences un récit succinct de sa visite au seuil de Gabès[1].

Les journées des 29 et 30 novembre furent consacrées aux derniers préparatifs de l'expédition. Je louai les quinze ou seize voitures que possède Gabès, et le 1er décembre nous allions camper à la fontaine d'Oudref. Cette source, qui fournit en abondance une eau très bonne pour le pays, est située à peu près à égale distance entre la mer et le sommet du seuil. De ce point nous pouvions, sans que les hommes eussent un trop long trajet à faire pour se rendre au travail, exécuter des sondages dans toute cette partie du seuil, longue d'environ 12 kilomètres.

Le 2 novembre fut consacré à l'exploration sur la ligne de faîte. Nous choisîmes le point où devait être exécuté le premier sondage. Le 3 décembre, nous fîmes ouvrir les caisses contenant les appareils et les instruments. MM. Jégou et Derœux montrèrent aux hommes l'emploi des différentes pièces de l'outillage et leur apprirent à monter et à démonter les chèvres. Le 4 décembre, le grand appareil fut transporté au point choisi comme emplacement du premier sondage, et le 5 les opérations commençaient. A partir de ce moment, elles ne furent plus interrompues qu'un seul jour, le 1er janvier. A plusieurs reprises, nous organi-

[1] *Comptes rendus de l'Académie des sciences*, t. LXXXVII, séance du 9 décembre 1878.

sâmes même des ateliers de nuit, et le travail fut continué nuit et jour sans interruption.

Avant d'entrer dans le détail des opérations et d'exposer les résultats obtenus, je vais faire un rapide résumé historique de la marche des opérations pendant la campagne.

Pendant que les travaux du sondage n° 1 continuaient sans relâche sous la direction du maréchal des logis Derœux, assisté du soldat Rolland, je fis commencer le 12 décembre, avec le petit appareil, un autre sondage en face d'Oudref, près du cours de l'oued Melah, à l'altitude de 20^{m},75. Ce travail, dans lequel les Arabes étaient dirigés par les soldats Marcilly et Toquet, fut arrêté le 31 décembre, à la profondeur de 30^{m},75, c'est-à-dire à 10 mètres au-dessous du niveau de la mer. Les sondes n'avaient rencontré que des sables et des marnes argileuses.

Le 2 janvier, le petit appareil fut transporté sur le bord de la mer, à l'embouchure de l'oued Melah, et le sondage n° 3 fut commencé. Il fut arrêté le 6 janvier, à la profondeur de 10 mètres au-dessous du niveau de la mer.

Le petit appareil étant devenu libre, je fis commencer le sondage n° 4, dans le chott Hameïmet, à 2,600 mètres à l'Est du sondage n° 1, à l'altitude de 34^{m},86.

Dans le sondage n° 1, après n'avoir traversé, jusqu'à la profondeur de 34^{m},18, que des sables et des marnes argileuses, les sondes avaient rencontré un banc de calcaire de 1^{m},57 d'épaisseur. Elles traversèrent ensuite 3^{m},13 de marnes très tendres, dans lesquelles étaient intercalés deux petits bancs de calcaire de 20 centimètres et de 17 centimètres d'épaisseur. Mais le 30 décembre nous retrouvions le calcaire à la profondeur de 38^{m},88. Cette roche était assez dure. Avec notre outillage peu puissant, nous n'étions parvenus le 10 juin qu'à la profondeur de 40^{m},01. Je résolus alors de faire faire de nouveaux sondages sur la ligne de faîte afin d'étudier le relief de ce banc de calcaire souterrain. Le 10 janvier, je fis arrêter les travaux, et le 11 janvier nous commencions le sondage n° 5 à 1,280 mètres au Sud du sondage n° 1, à l'altitude de 47^{m},31.

Les sondages entre Oudref et la mer étant terminés, il y avait grand intérêt à rapprocher le camp de la ligne de faîte du seuil. Le 8 janvier, M. Jégou avait fait commencer un puits en un point situé à 250 mètres à l'Est de l'emplacement du sondage n° 5, a l'altitude de 46^{m},89. Le 10 janvier, on y trouvait en abondance une eau qui, quoique légèrement saumâtre, était propre aux usages domestiques. Le 13 janvier, je fis lever le camp d'Oudref, et nous vînmes nous installer près de ce puits, que nous appelâmes *Bir Toquet,* du nom d'un de nos soldats, qui y avait travaillé avec beaucoup d'ardeur.

L'installation du camp à Bir Toquet imprima aux travaux une activité nouvelle.

Le 26 janvier, on rencontrait, au sondage n° 5, le calcaire à la profondeur de 26^{m},89, et par conséquent à l'altitude de 20^{m},42 au-dessus du niveau de la mer; tandis que nous ne l'avions trouvé, au sondage n° 1, qu'à l'altitude de 13^{m},19. Il était donc probable que la faille, si elle existait, se trouvait au Nord de ce dernier sondage. Le 27 janvier, nous commençâmes le sondage n° 1^{2}, à l'altitude de 46^{m},85, à 400 mètres au Nord-Est du sondage n° 1. Le 4 février, nous rencontrions le calcaire à la profondeur de 28^{m},40, c'est-à-dire à l'altitude de 18^{m},45 au-dessus du niveau de la mer.

Le 5 février, nous entreprîmes le sondage n° 1^{3} à l'altitude de 47^{m},50, à peu près à égale distance entre les sondages n°s 1 et 5. Le 12 février, nous nous arrêtions en rencontrant le calcaire à la profondeur de 28^{m},51, soit à l'altitude de 18^{m},99. Le même jour, nous commencions le sondage n° 1^{4} à l'altitude de 47^{m},24, et à 90 mètres environ au Nord du sondage n° 1. Le 17 février, le calcaire y fut rencontré à la profondeur de 34^{m},84, et par conséquent à l'altitude de 12^{m},40.

En abandonnant le 10 janvier le sondage n° 1, nous avions laissé le tubage en place, afin de pouvoir, au besoin, reprendre le travail. Le premier banc de calcaire que nous avions trouvé n'avait qu'une épaisseur de 1^{m},57, et nous l'avions traversé assez facilement. Nous avions rencontré ensuite 3 mètres de marnes très tendres. Je voulais essayer de forer le deuxième banc et d'en déterminer l'épaisseur. Le 18 février, les travaux furent repris. Le 21, on ne s'était enfoncé que de 22 centimètres, et, devant les difficultés d'une opération pour laquelle notre outillage était insuffisant, nous abandonnions définitivement le sondage n° 1.

L'outillage fut alors transporté un peu plus au Nord, à 160 mètres environ du sondage n° 1, et le sondage n° 1^{5} fut commencé à l'altitude de 47^{m},08.

Pendant que les sondages n° 5, n° 1^2, n° 1^3, n° 1^4, n° 1^5 étaient exécutés avec le grand appareil, le petit appareil n'avait cessé de fonctionner. Les travaux commencés le 7 janvier au sondage n° 4, avec ce dernier outillage, avaient continué sans interruption. Après n'avoir traversé que des sables et des marnes argileuses, on rencontra le calcaire à la profondeur de 41^{m},72, soit à l'altitude de 6^{m},86 au-dessous du niveau de la mer. Le 5 février, je fis arrêter le travail à 41^{m},90, et l'appareil fut transporté à l'entrée du chott Fejej, où un nouveau sondage (n° 6) fut commencé le 6 février. Le 16 février, on était arrivé à la profondeur de 41 mètres, et l'on était encore dans des terrains très mous et très vaseux, lorsqu'un trépan se brisa et resta dans le trou de sonde. Il fut impossible de le retirer. On se trouvait d'ailleurs à ce moment à 8^{m},52 au-dessous de la marée basse. Il n'y avait pas intérêt à aller plus loin; le travail fut arrêté.

Le petit appareil fut alors transporté sur le versant Ouest du seuil, à 400 mètres de la ligne de faîte, et un nouveau sondage (n° 1^6) fut entrepris le 17 février, à l'altitude de 45^{m},35. Ce sondage était destiné à nous donner des indications sur le pendage du sous-sol rocheux dans la direction de l'Ouest. La présence du calcaire fut constatée à la profondeur de 37^{m},95, c'est-à-dire à l'altitude de 7^{m},40 au-dessus de la mer, et le sondage fut arrêté le 1er mars, à 38^{m},12.

Le même jour, je faisais cesser les travaux au sondage n° 1^5, commencé le 21 février avec le grand appareil. On y avait rencontré le calcaire à la profondeur de 35^{m},14, et par conséquent à l'altitude de 11^{m},94 au-dessus du niveau de la mer. Les sondages n° 1, n° 1^4 et n° 1^5 nous prouvaient que le sous-sol rocheux s'abaissait vers le Nord. Peut-être, en faisant de nouveaux sondages dans cette direction, eussions-nous trouvé le calcaire à une profondeur beaucoup plus grande, mais le temps nous pressait, nous étions déjà au 1er mars. Il nous restait à explorer le chott Djerid et le seuil situé entre ce chott et le chott Rharsa. En se plaçant d'ailleurs au point de vue pratique de l'exécution d'un canal, il n'y avait aucun intérêt à trouver plus au Nord un passage sans roches dures. Les couches alternées de calcaires et de marnes, dont l'étendue est exactement limitée à l'Est par le sondage 4 et dont le sondage 1^6 fait connaître l'inclinaison vers l'Ouest, ne présenteront qu'un obstacle insignifiant qu'il ne faut pas hésiter à attaquer plutôt que d'allonger le canal en le rejetant vers le Nord en dehors de son trajet normal, dût-on n'y rencontrer absolument que des sables et des marnes.

En 1876, j'avais suivi de préférence le rivage Sud du chott, parce qu'on y trouve plus d'eau que sur la rive Nord et que la proximité des oasis du Nifzaoua y rend les ravitaillements beaucoup moins difficiles. Afin de compléter les études, je pris la résolution de suivre cette fois la rive Nord.

Pendant notre séjour à Oudref et à Bir Toquet, j'avais, avec M. Baronnet, refait de nombreux nivellements sur le seuil de Gabès et de nombreuses excursions topographiques dans les chaînes de montagnes qui forment, au Nord et au Sud, la ceinture du bassin. Le 27 février, le nivellement avait été poussé dans le chott Fejej jusqu'à un point situé à 10 kilomètres à l'Ouest du sondage n° 6. Ce point fut choisi comme emplacement d'un nouveau sondage. Au Nord, à 5 kilomètres environ, se trouvent des ruines romaines très importantes, probablement les ruines de Silesva, placée, par les Tables de Peutinger, à 54 milles de *Capsa* (Gafsa) et à 19 milles d'*Aquæ Tacapitanæ* (la Hamma). Un vieux puits romain très bien conservé, que les Arabes appellent *Bir Lhmra*, y fournit une eau abondante et assez bonne. Le 2 mars, une cinquantaine de chameaux transportaient le camp et le matériel de sondage de Bir Toquet à Bir Lhmra, où nous nous installions avec une trentaine d'Arabes exercés aux manœuvres, qui avaient pris l'engagement de nous suivre jusqu'à la fin de l'expédition.

Le 3 mars, le sondage n° 7 était commencé avec le grand appareil à l'altitude de 27^{m},65. Afin d'utiliser le petit appareil, je fis installer le même jour le sondage n° 8 à 2 kilomètres à l'Ouest du sondage n° 7, à l'altitude de 26^{m},60.

A la profondeur de 11^{m},82, il se produisit, dans ce dernier sondage, un éboulement qui remblaya le trou. On ne put parvenir à dégager la sonde, qui rompit sous l'effort des vérins. Nous choisîmes alors, à 200 ou 300 mètres à l'Ouest, un nouvel emplacement où le sondage n° 9 fut entrepris à l'altitude de 26^{m},30.

Le 14 mars, le sondage n° 7 était parvenu à la profondeur de 34^{m},52. Le trou était protégé par environ 20 mètres de tubes qu'il fut impossible d'enfoncer plus profondément. Comme nous étions déjà à 6^{m},87 au-dessous du niveau de la mer, et que rien d'ailleurs ne faisait prévoir le voisinage de roches dures, je fis arrêter le travail.

A ce moment le sondage n° 9 était arrivé à la profondeur de 17^{m},50. Ce travail n'avait été entrepris que pour utiliser le petit appareil; les couches traversées étaient identiques à celles du sondage n° 7; il n'y avait pas d'intérêt à continuer, et le travail fut arrêté également le 14 mars.

Pendant que l'on exécutait les sondages n°s 7, 8 et 9, le nivellement avait été continué vers l'Ouest. Le 15 mars au matin, nous levions le camp de Bir Lhmra, et le soir nous faisions dresser nos tentes sur le bord Nord du chott, à 2 kilomètres sud des puits de Berrada, en face du point où nous devions faire exécuter le sondage n° 10. Commencé le 15 mars, à l'altitude de 21^{m},42, ce sondage fut arrêté le 24 mars, à la profondeur de 30^{m},65, et par conséquent à la cote de 8^{m},75 au-dessous du niveau de la mer.

Le 24 mars, nous quittions Bir Berrada, et nous venions camper à Bir Beni Zid. L'eau de Bir Berrada était assez mauvaise, mais celle de Bir Beni Zid était exceptionnellement saumâtre. Afin de ne pas trop fatiguer nos hommes déjà très épuisés, je résolus de n'y pas exécuter de sondage, me réservant de combler plus tard cette lacune en en faisant un sur la rive opposée, à Seftimi, où nous devions camper en rentrant à Gabès.

Il ne faut pas s'étonner que la question d'eau ait joué un rôle assez important pour influencer la marche des opérations. Les Arabes eux-mêmes fréquentent très peu cette partie du rivage Nord du chott Djerid. S'ils y séjournaient avec nous, c'est qu'ils étaient rassurés par notre présence et par la vue du drapeau français qui flottait au-dessus du camp; mais en temps ordinaire ils ne se hasardent que rarement, et toujours avec crainte, dans cette région mal famée, où la tribu des Hammama, très puissante et très redoutée, fait de fréquentes incursions. Aussi n'obtenions-nous d'eux que des renseignements non seulement insuffisants, mais presque toujours inexacts. Ceux que j'avais consultés m'avaient affirmé, par exemple, que l'eau de Bir Beni Zid était excellente, tandis qu'il suffisait, en réalité, d'y plonger la main et de la laisser sécher à l'air pour qu'elle fût recouverte d'une légère couche de sel. D'un autre côté, il ne nous était guère possible de songer à transporter avec nous l'eau nécessaire pour les besoins du camp, car notre petite colonne, avec les soldats, les spahis, les Arabes manœuvres et les chameliers, ne comptait pas moins de cent hommes, vingt chevaux et une cinquantaine de chameaux.

Pendant que le camp se transportait le 24 de Bir Berrada à Bir Beni-Zid, j'avais continué le nivellement avec M. Baronnet, et nous étions arrivés à peu près à hauteur de ce dernier puits. Mon intention était d'aller camper à l'oued Zitoun, où, d'après les Arabes, nous devions trouver beaucoup d'eau ; mais il était nécessaire de pousser d'abord le nivellement plus avant vers l'Ouest. Malgré la mauvaise qualité de l'eau, je me décidai donc à séjourner le 25 à Bir Beni Zid. Le 26, le camp fut levé, et nous arrivions le soir, à la nuit tombante, à l'oued Zitoun, que nous trouvions complètement à sec.

Il fallut nous résigner à y passer la nuit, et, le lendemain 27, nous venions camper à l'Aïn Kebirita, qui fournit une eau relativement douce et suffisamment abondante.

Le 28 mars, le sondage n° 11 fut installé dans le chott, à 2 kilomètres de la rive Nord, à l'altitude de $14^{m},52$. Le 30, les sondes avaient pénétré à la profondeur de 26 mètres, et par conséquent à $11^{m},48$ au-dessous du niveau de la mer, après n'avoir traversé que des sables et des vases très fluides, séparés par de minces couches d'argile.

Pendant qu'avec le grand appareil on forait le sondage n° 11, je fis avec M. Jégou une reconnaissance vers l'intérieur du chott. Nous y trouvâmes des ouvertures circulaires qui laissaient apercevoir une nappe d'eau souterraine. Nos hommes purent sans difficulté y enfoncer à la main les barres de sonde qu'ils avaient apportées. Ces trous sont appelés par les Arabes *Aïn el-Behhar* (œil de la mer). Nous fîmes transporter le petit appareil auprès de l'un d'eux et nous y installâmes le sondage n° 12, à 5 kilomètres Sud du sondage n° 11, à l'altitude de $14^{m},29$.

Le 30 mars, on descendit la sonde, et en deux heures on parvint à la profondeur de 17 mètres. Les hommes qui manœuvraient ne pouvant plus, à cette profondeur, soulever les barres, on décida que le trou serait tubé, et on remit le travail au lendemain. Le 31 mars, on descendit 14 mètres de tube, et en 45 minutes on parvint à 22 mètres. Le 1er avril, on poussa jusqu'à 26 mètres, soit $11^{m},71$ au-dessous du niveau de la mer, et le travail fut arrêté.

Pendant qu'on exécutait les sondages, le nivellement avait été continué, et, le 31 mars, il avait été poussé jusqu'au delà du sondage n° 11, dans la direction de Kriz.

Le 2 avril, le camp fut transporté d'Aïn Kebirita à Kriz. Le

4 avril, le sondage n° 13 fut installé dans le chott, au Sud-Est de Kriz, à 1 kilomètre environ du rivage, à l'altitude de $15^m,50$. Le 8 avril, on était parvenu à la profondeur de $33^m,10$, et par conséquent à $17^m,60$ au-dessous du niveau de la mer.

Pendant notre séjour à Bir Lhmra, j'avais reçu une lettre de M. Roustan. Il m'annonçait que j'avais été nommé membre de la commission d'enquête chargée d'examiner le différend qui s'était élevé entre le Gouvernement tunisien et un de nos compatriotes, M. de Sancy. M. Roustan insistait beaucoup pour que j'acceptasse ces fonctions, et ajoutait que le désir en avait été exprimé par M. le Ministre des affaires étrangères, président du Conseil. Considérant ce désir comme un ordre, espérant d'ailleurs que la commission ne se réunirait qu'au mois de mai, époque où nos travaux seraient terminés, j'avais répondu à M. Roustan que je me tenais à sa disposition. Le 5 avril, à 3 heures de l'après-midi, je faisais le nivellement du col de Kriz, lorsque je reçus une lettre de M. Lacoste, vice-consul de France à Gabès. Il me transmettait une lettre de M. Roustan qui lui annonçait que la commission allait se réunir et que la frégate à vapeur *le Forbin* partait pour Gabès afin de m'y prendre et de me conduire à Tunis.

Quelque contrarié que je fusse de ce contretemps, il m'était impossible de reculer. Je pouvais d'ailleurs compter sur M. Baronnet pour le nivellement et sur M. Jégou pour les sondages. J'employai la journée du 6 avril à leur donner des instructions détaillées, que je leur laissai en outre par écrit. Je venais de reconnaître que le seuil de Kriz, que je n'avais pas eu le temps de niveler en 1876, avait une altitude beaucoup plus grande que celle que j'avais déduite à cette époque de mes observations barométriques. Je chargeai donc M. Baronnet de continuer le nivellement vers l'Ouest jusqu'au delà de Nefta, afin de chercher un point de passage plus favorable, de pousser ensuite les opérations aussi loin que possible dans le chott Rharsa, et de revenir, en côtoyant la rive Nord de ce chott, se vérifier au repère que j'avais laissé le 5 avril au sommet du col de Kriz.

Le 7 avril, je me séparai de la mission et je me dirigeai sur Gabès, où j'arrivai le 10.

Le 9 avril, le camp de Kriz fut levé et la mission vint s'installer à Tozeur, auprès du marabout de Si Ali bou Lifa, où nous avions déjà campé en 1876. Le même jour, MM. Baronnet et Jégou déterminaient l'emplacement du sondage n° 14. Le sol était très vaseux, et l'on ne put pénétrer dans le chott à plus de 600 ou 700 mètres du rivage. On dut installer le plancher de manœuvre afin d'avoir un appui solide pour la chèvre et les hommes qui manœuvraient.

Commencé le 10 avril, à l'altitude de 17m,41, le sondage parvenait le 15 à la profondeur de 28m,07, soit à 10m,66 au-dessous du niveau de la mer.

Pendant ce temps, les opérations de nivellement avaient été continuées par M. Baronnet, assisté de M. Allegro, et avaient été conduites le 13 avril jusqu'à Tozeur. De Tozeur le nivellement fut dirigé sur la crête des hauteurs qui séparent le chott Rharsa du chott Djerid. Les opérateurs suivirent ensuite constamment la crête en se dirigeant vers l'Ouest.

Le 17 avril, le camp fut transporté de Tozeur à Nefta. Le même jour, le sondage n° 15 fut installé à environ 1,500 mètres du rivage, dans la partie du chott appelée la saline de Nefta. On ne put aller plus loin : le sol était extrêmement vaseux, et encore fallait-il, pour arriver jusqu'au sondage, suivre un sentier de 50 centimètres de largeur qui décrit de nombreux lacets afin de contourner les endroits dangereux.

Ce sondage, situé à l'altitude de 16m,95, fut rattaché par un nivellement partiel exécuté par M. Jégou, à la mire 888 de la ligne principale du nivellement. Les travaux y furent commencés le 18 avril et arrêtés le 22 avril, à la profondeur de 26m,53, soit à 9m,58 au-dessous du niveau de la mer.

Ainsi que je viens de le dire plus haut, le nivellement, à partir de Tozeur, avait été éxécuté sur la crête des collines qui séparent le chott Rharsa du chott Djerid. Cette crête, après s'être maintenue à des hauteurs supérieures à 150 mètres, n'atteint plus, en face de Nefta, que l'altitude de 97 mètres. Elle continue ensuite à s'abaisser régulièrement dans la direction de l'Ouest, jusqu'au col de l'oued Kebir, situé à 12 kilomètres Ouest de Nefta. La hauteur de ce col est de 50 mètres; mais, à 500 mètres du point culminant, le lit de l'oued Kebir ne se trouve déjà plus qu'à l'altitude de 43m,80.

Cette région est très tourmentée, sillonnée de ravins et couverte d'excavations larges et profondes, dans lesquelles il était impossible de faire descendre le nivellement, sous peine de n'opérer que par portées excessivement courtes, ce qui aurait considérablement allongé le travail. Les mires étaient donc toujours placées sur des points élevés du sol. Il en résulte qu'en calculant les déblais d'après les cotes du nivellement, on obtient des chiffres exagérés, puisque entre les mires se trouvaient des excavations souvent profondes d'une dizaine et même d'une quinzaine de mètres.

Dans un de ces entonnoirs situé à peu de distance du sommet du col se trouve le puits de Bir Sultan, où nous avions campé en 1876. Ce fut près de ce puits que l'on installa, le 25 avril, le sondage n° 16, à l'altitude de $34^{m},18$. Le travail fut arrêté le 4 mai. On était arrivé à la profondeur de $44^{m},25$, soit $10^{m},07$ au-dessous du niveau de la mer, après n'avoir rencontré que des sables et des marnes.

Après être arrivé au sommet du col de l'oued Kebir, M. Baronnet avait rattaché par un nivellement partiel ce point au chott Djerid. Le 26 avril, il continuait les opérations en se dirigeant au Nord sur le chott Rharsa. La nécessité de poursuivre le nivellement sur le littoral de ce chott et d'aller se raccorder au repère du col de Kriz le décida à se séparer du gros de l'expédition retenu au sondage de Mouïat Sultan. Après être arrivé à la cote de $7^{m},36$ au-dessous du niveau de la mer, sur le bord même du chott Rharsa, dont le lit s'inclinait rapidement dans la direction du Nord, il côtoya le rivage en se dirigeant vers l'Est, et, le 5 mai, il atteignait le sommet du col de Kriz. Le 7 et le 8 mai, il fit un profil en travers vers le Nord dans le but de se raccorder à un repère que nous avons laissé en 1876 sur le bord oriental du chott Rharsa, mais ce repère avait été probablement détruit par les indigènes, et ses recherches furent infructueuses.

Les opérations de nivellement étaient terminées. Depuis le 7 avril, jour où j'avais dû me séparer de la mission, M. Baronnet les avait dirigées avec beaucoup d'intelligence et n'avait reculé devant aucune difficulté pour remplir aussi bien et aussi consciencieusement que possible la tâche que je lui avais confiée.

Après avoir terminé le 4 mai le sondage de Mouïat Sultan, la partie principale de l'expédition était revenue sur ses pas. Le 5 mai, elle avait campé à Tozeur, le 6 mai à Kriz, le 7 elle traversait le chott Djerid sur le chemin d'El-Mensof, que nous avions nivelé en 1876, et campait le soir à Dbabcha. Le 8 mai, elle dressait ses tentes à Seftimi, où le sondage n° 17 fut installé et où M. Baronnet la rejoignit le 11 mai.

Le sondage n° 17 fut arrêté le 14 mai, à la profondeur de 28m,32, soit à 4m,97 seulement au-dessous du niveau de la mer, par suite de la rupture du dernier cordage. Les terrains traversés avaient été les mêmes qu'au sondage n° 10, exécuté sur la rive Nord du chott.

La mission reprit alors la route de Gabès, où elle arriva le 17 mai.

L'enquête sur l'affaire de Saucy m'avait retenu à Tunis jusqu'au 15 mai. Grâce au télégraphe qui relie Gabès à Tunis, j'avais pu me tenir en correspondance avec l'expédition, dont j'avais suivi la marche et les travaux. Le 15 mai, je m'embarquai à Tunis sur *le Forbin*, et le 18 je débarquais à Gabès, où j'avais la satisfaction de retrouver tout le personnel bien portant. À part quelques indispositions sans gravité, tout le monde avait parfaitement supporté les fatigues de la campagne. Du reste, on n'avait eu réellement à souffrir que de la mauvaise qualité des eaux. Les vivres n'avaient jamais manqué. Les ravitaillements, organisés par M. Lacoste, vice-consul de France à Gabès, et M. Sicard, actuellement agent consulaire, nous étaient toujours parvenus en temps opportun. En toute occasion, d'ailleurs, MM. Lacoste et Sicard se sont mis entièrement à notre disposition avec un dévouement dont je leur témoigne ma reconnaissance. Ils ont usé de toute l'influence qu'ils avaient su acquérir sur les Arabes, pour faciliter nos rapports avec eux.

Nos relations avec les indigènes avaient du reste toujours été excellentes. Je dois dire cependant qu'à Nefta, ville très fanatique, l'expédition rencontra une hostilité marquée, qui se traduisit bientôt par des actes de violence, car les Arabes se portèrent en foule au sondage et s'opposèrent à la continuation des travaux. Mais, grâce à l'énergie du cheik, dont la conduite en cette circonstance mérite les plus grands éloges, ce mouvement fut promptement et sévèrement réprimé. L'accès du camp et du chantier fut interdit à la population sous les peines les plus rigoureuses, et les travaux furent continués sans entrave.

NIVELLEMENT.

En 1876, il m'avait été impossible de faire des observations régulières sur la marée. J'avais dû m'en tenir à quelques observations rapides et aux renseignements que m'avaient fournis les indigènes. En 1878, le séjour prolongé que nous fîmes à Aïn-Oudref, à proximité du rivage du golfe de Gabès, me permit de combler cette lacune. Je fis établir un maréomètre près de l'embouchure de l'oued Melah. La plus grande marée observée fut celle qui eut lieu le 11 décembre 1878, un jour et demi environ après la pleine lune du 9. La différence de niveau entre la haute mer et la basse mer fut de $2^m,08$. D'après la connaissance des temps, la hauteur de cette marée était de $0^m,77$. On peut en conclure qu'au moment des plus grandes marées, comme par exemple celle qui eut lieu après la pleine lune du 18 mars 1878, dont la hauteur était $1^m,17$, la différence de niveau peut atteindre 3 mètres dans le golfe de Gabès. Quoi qu'il en soit, un piquet-repère fut enfoncé au ras de terre sur la rive droite de l'oued Melah, à environ 260 mètres du rivage, et relié au maréomètre par un nivellement. La hauteur de la tête de ce repère au-dessus de la basse mer du 11 décembre fut reconnue égale à $1^m,5815$, et cette cote servit de point de départ à nos nivellements. Toutes les altitudes que nous avons déterminées se trouvent donc rapportées au niveau de la plus basse mer que nous ayons pu observer, celle du 11 décembre 1878.

Les nivellements ont été exécutés avec l'appareil (système Brunner) dont je m'étais déjà servi en 1873, 1874, 1875 et 1876. Afin de déterminer l'écartement des fils qui servaient de stadia, je fis mesurer une base avec soin, et la distance angulaire comprise entre le fil central et chacun des fils excentriques fut, d'après les observations faites le long de cette base, reconnue égale à 16'57",36, dont la cotangente est 202,75. Les lectures étaient faites en doubles centimètres. Pour obtenir la portée en mètres, il suffisait donc de multiplier la différence des lectures par $202,75 \times \frac{2}{100} = 4,055$. Ces calculs ont été faits au moyen d'une table dressée à l'avance.

Nous ne nous sommes pas astreints à donner la même longueur aux portées d'avant et d'arrière. Il y avait donc lieu de faire subir une correction aux cotes brutes déduites des lectures faites sur les mires. Ces corrections ont été faites sur les registres de nivellement, où elles sont inscrites, à l'encre rouge, en dixièmes de millimètre. Elles ont été calculées au moyen de la formule $\varepsilon = \frac{0,5 - n}{\rho} \times K^2$ dans laquelle ε représente l'erreur faite sur la lecture, par suite de la sphéricité de la terre et de la réfraction,

ρ le rayon de la terre, K la longueur de la portée, et n le coefficient de réfraction, pour lequel j'ai adopté la valeur 0,06 déduite des observations géodésiques que j'avais faites en 1873 sur les bords du chott Melrir; les corrections sont négatives pour les portées d'arrière, et positives pour les portées d'avant. Après un parcours de 296 kilomètres, leur somme algébrique ne s'est élevée qu'à $0^m,2719$. Afin de simplifier le travail, j'avais calculé une table dans laquelle on entre par l'argument K.

Dans cette dernière expédition, le seuil de Gabès a été nivelé quatre fois, de la mer au chott Fejej : deux fois en suivant les sinuosités du cours de l'oued Melah, et deux fois en marchant en ligne droite à travers la plaine. De nombreux nivellements ont, en outre, été exécutés, tant sur la ligne de faîte du seuil qu'entre les divers sondages et dans les directions où il paraissait intéressant d'étudier le relief du sol. Ces dernières opérations m'ont permis de dresser la carte topographique de la partie supérieure du seuil par courbes équidistantes de 1 mètre.

Nos nivellements se sont vérifiés de la manière suivante :

PIQUET-REPÈRE DU SONDAGE N° 1 AU POINT CULMINANT DU SEUIL.

Premier nivellement	$47^m,3720$
Deuxième nivellement	47 3670
ÉCART	0 0050

REPÈRE PLACÉ À L'ENTRÉE DU CHOTT FEJEJ.

Premier nivellement	$32^m,5695$
Deuxième nivellement	32 5546
ÉCART	0 0149

REPÈRE N° 2 DANS LE CHOTT FEJEJ.

Premier nivellement	$30^m,5426$
Deuxième nivellement	30 5467
ÉCART	0 0041

Entre le repère n° 2 et le repère placé à la mire 566, près de Kriz, le nivellement n'a pas été vérifié directement, c'est-à-dire qu'il n'a été exécuté qu'une fois. Mais à chaque station on faisait deux lectures au fil central et deux lectures aux fils supérieur et inférieur, et l'on ne quittait jamais la station sans s'être assuré que la moyenne des lectures faites aux fils excentriques était sensiblement égale à la moyenne des lectures faites au fil central. On peut donc dire que chaque opération se vérifiait d'elle-même, et que les erreurs de lecture ou autres étaient absolument impossibles.

On se rendra bien compte de la valeur de cette vérification par l'examen de nos registres de nivellement, dont nous extrayons, comme exemple, la page suivante :

	Nos des MIRES.	VISÉES en doubles centimètres.	STADIAS.	VISÉES en mètres.	DIFFÉRENCES. +	DIFFÉRENCES. —	ALTITUDES.	PORTÉES.	AZIMUTS.
		52,90	34,10						
1,0575	1096			1^{m}0585			— 13^{m}2830	76^{m}67	92^{gr}25
		52,95	71,65						
					......	0^{m}0945			
		57,60	38,90						
1,1530	1097			1 1530			— 13 3775	75 84	295 00
		57,70	76,40						
		49,85	28,85						
0,9985	1097			0 9985			....	85 16	90 00
		50,00	71,00						
					......	0 2770			
		63,85	45,60						
1,2760	1098			1 2755			— 13 6545	74 04	296 00
		63,70	82,00						
		69,20	47,25						
1,3865	1098			1 3855			....	89 29	94 00
		69,35	91,40						
					0^{m}2490	......			
		56,80	37,70						
1,1355	1099			1 1365			— 13 4055	77 46	296 75
		56,75	75,85						
		53,30	29,70						
1,0690	1099			1 0695			....	95 71	88 00
		53,65	77,20						
					......	0 2870			
		67,90	49,60						
1,3560	1100			1 3565			— 13 6925	74 25	290 25
		67,75	86,00						

Les chiffres inscrits en marge, à gauche, représentent la somme des lectures faites aux fils excentriques, lectures inscrites dans la colonne intitulée *Stadias*. On voit que cette somme est toujours identique, à un millimètre près, à la somme des deux lectures faites au fil central, avant et après le retournement de la lunette, lectures inscrites dans la colonne intitulée : *Visées en mètres*.

Ces additions étaient faites sur le terrain, et toutes les fois que les résultats présentaient un écart sensible, on refaisait les observations. En procédant ainsi, nous faisions, en réalité, deux fois le nivellement, puisqu'on pourrait calculer les altitudes à l'aide des seules lectures faites aux fils excentriques, aussi bien qu'à l'aide des lectures faites au fil central. On obtiendrait presque identiquement le même résultat. Nos opérations étaient donc, en réalité, soumises à une vérification rigoureuse.

Du piquet-repère placé à la mire 566, au Sud de Kriz, le nivellement avait été dirigé sur le col de Kriz, au sommet duquel un repère avait été laissé. Les opérations furent ensuite reprises à la mire 566, et continuées dans la direction de l'Ouest, d'abord le long du chott Djerid, et ensuite sur la ligne de crête des collines qui sépare ce chott du chott Rharsa. Enfin, après avoir franchi le col de l'oued Kebir, près de Mouïat Sultan, et côtoyé le chott Rharsa de l'Ouest à l'Est, la ligne nivelée était venue se refermer au repère du col de Kriz. La nouvelle cote trouvée pour ce repère fut $91^{m},3774$; les premières opérations avaient donné $91^{m},1714$. La vérification se faisait donc à $0^{m},206$ près, après un parcours de 123,454 mètres.

En 1876, deux nivellements avaient été exécutés entre le chott Rharsa et le chott Djerid : l'un à l'Ouest par Mouïat Sultan et Bir et Tame, et l'autre à l'Est par la route de Tozeur à la Hamma. Le temps limité dont nous disposions ne nous avait pas permis de déterminer géométriquement l'altitude du col situé au Nord de Kriz. Malgré le peu de confiance que j'ai dans la précision des résultats donnés par les baromètres anéroïdes, j'avais dû déduire provisoirement cette altitude d'observations faites avec un de ces instruments. Cette lacune a été comblée pendant la dernière expédition, et nous avons reconnu que la hauteur de 45 mètres calculée à l'aide des indications du baromètre anéroïde était considérablement erronée, puisqu'elle est en réalité de 91 mètres, ainsi que l'a prouvé le nivellement géométrique.

Nos dernières observations nous ont donné en outre l'occasion de rectifier les limites du bassin inondable du chott Rharsa. Ce bassin se trouve agrandi et sa superficie est élevée de 1,350 à 1,390 kilomètres carrés par suite d'une inflexion que la courbe zéro fait vers le Sud dans la direction de Mouïat Sultan, inflexion qui n'avait pas été indiquée dans la carte publiée en 1877.

En additionnant tous les nivellements exécutés dans la dernière expédition, on trouve une longueur totale de 422,126 mètres. Si l'on divise ce chiffre par le nombre des portées (4,438), on trouve 95 mètres pour la longueur moyenne de la portée.

En 1874, 1875 et 1876, le parcours du nivellement exécuté dans le bassin des chotts algériens et tunisiens avait été de 1,089 kilomètres. En y ajoutant les 422 kilomètres de la dernière expédition, on arrive à un total de 1,511 kilomètres nivelés pas à pas.

OBSERVATIONS MÉTÉOROLOGIQUES.

Pendant toute la durée de l'expédition, des observations météorologiques ont été faites régulièrement trois fois par jour, à 7 heures du matin, à midi et à 5 heures du soir. M. le docteur André en était chargé. Afin de ne pas surcharger ce rapport, je me bornerai à donner les moyennes mensuelles des observations.

TEMPÉRATURE.

MOIS.	THERMOMÈTRE AIR.				THERMOMÈTRE NOIRCI.				THERMOMÈTRE SABLE.				TEMPÉRATURE EXTRÊME.		
	7h matin.	Midi.	5h soir.	Moyenne.	7h matin.	Midi.	5h soir.	Moyenne.	7h matin.	Midi.	5h soir.	Moyenne.	Maximum.	Minimum.	Moyenne.
Décembre.	7° 65	19° 43	15° 45	14° 18	7° 47	24° 03	19° 43	16° 98	9° 80	15° 42	15° 54	13° 59	21° 32	4° 05	12° 68
Janvier...	4 98	18 19	15 20	12 79	4 83	26 46	16 97	16 09	7 86	14 24	15 55	12 55	20 27	2 28	11 28
Février...	6 86	18 80	18 67	14 78	7 37	27 42	20 29	15 03	10 24	14 80	17 29	14 11	23 56	2 51	13 08
Mars....	8 65	20 76	16 66	16 66	9 05	26 27	24 68	20 00	13 07	16 37	20 05	16 49	24 04	3 60	13 82
Avril....	13 90	25 15	21 18	21 18	17 02	30 78	29 00	25 60	16 30	24 35	27 74	22 79	28 66	7 09	17 87
Mai.....	16 02	25 32	22 03	22 03	19 82	32 35	29 25	27 14	17 80	27 53	28 72	24 68	29 02	7 77	18·39

OBSERVATIONS PSYCHROMÉTRIQUES.

MOIS.	TENSION DE LA VAPEUR.	HUMIDITÉ RELATIVE.
	millimètres.	
Décembre	5,78	51
Janvier	5,61	53
Février	4,58	40
Mars	4,84	40
Avril	5,00	31
Mai	4,87	26

ÉVAPORATION.

Nous avions trois évaporomètres Piche et un évaporomètre cylindrique que j'avais fait construire sur les indications de M. d'Abbadie, membre de l'Institut. Cet instrument se composait d'un bassin métallique de 40 centimètres de diamètre dont la paroi était munie intérieurement d'une tige recourbée de bas en haut et terminée par une pointe que l'on amenait, au moyen d'une vis, en contact avec la surface du liquide. Un vernier permettait d'apprécier, à un demi-dixième de millimètre près, les déplacements de cette tige, et par conséquent la hauteur de la tranche liquide évaporée entre deux observations.

Cet évaporomètre donnait en général des résultats légèrement plus forts que les évaporomètres Piche. Ainsi, pendant le mois de décembre, les évaporomètres Piche ont donné une moyenne de $7^{mm},373$, et l'évaporomètre de M. d'Abbadie une moyenne de $7^{mm},484$. La différence provient sans doute de la facilité avec laquelle s'échauffaient les parois métalliques du vase, malgré la précaution que nous avions prise de les entourer extérieurement de matières mauvaises conductrices de la chaleur.

Nous voulions faire des observations comparatives entre l'évaporation de l'eau douce et celle de l'eau de mer. Nous nous aperçûmes bientôt que les évaporomètres Piche ne pouvaient nous donner aucun renseignement précis sur l'évaporation de l'eau de mer.

Au bout de quelques heures, le sel obstruait les pores de la rondelle de carton, et l'appareil ne fonctionnait plus. Je m'estimai donc très heureux de m'être muni de l'évaporomètre cylindrique, qui nous rendit un véritable service en cette circonstance. C'est avec cet instrument qu'ont été faites sur l'eau de mer les observations dont les résultats sont consignés dans le tableau suivant. Les chiffres donnés pour l'eau douce sont la moyenne des indications fournies par deux évaporomètres Piche, indications qui d'ailleurs étaient presque toujours identiques.

MOIS.	EAU DOUCE.	EAU DE MER.
	millimètres.	millimètres.
Décembre	7,37	//
Janvier	5,64	3,49
Février	8,86	5,49
Mars	7,23	5,48
Avril	7,88	//
Mai	8,33	//

PLUIE.

L'hiver 1878-1879 a été exceptionnellement sec au Sud de la Tunisie. Nous n'avons eu à enregistrer que 15^{mm},3 de pluie, ainsi répartis :

5 décembre	1^{mm}	,0
15 décembre	1	5
24 janvier	10	0
12 février	1	0
1er mars	0	5
29 mars	0	3
8 mai	1	0
TOTAL	15	3

Le 7 janvier, le 5 février et le 19 mars, il était tombé quelques gouttes de pluie, mais le pluviomètre n'avait donné aucune indication.

VENTS.

Les observations régulièrement faites pendant la campagne ont donné le résultat suivant :

MOIS.	DIRECTION DES VENTS.								
	O.	N. O.	N.	N. E.	E.	S. E.	S.	S. O.	TOTAL.
Décembre	8	6	0	10	2	1	0	35	62
Janvier	13	8	1	5	3	3	1	30	64
Février	11	5	2	8	1	1	3	39	70
Mars	12	6	4	22	4	5	0	17	70
Avril	13	10	1	2	0	4	2	26	58
Mai	3	3	0	2	4	0	0	3	15
TOTAUX	60	38	8	49	14	14	6	150	339

SONDAGES.

Pendant l'expédition, 23 sondages ont été exécutés : 11 au seuil de Gabès, 11 dans les chotts Fejej et Djerid, et 1 au seuil de Mouïat Sultan. 670 mètres de terrain ont été ainsi explorés souterrainement par la sonde. Partout les travaux ont été poussés jusqu'à une profondeur variant entre 8 et 12 mètres au-dessous du niveau de la mer, à travers des couches uniquement composées de sables, ou de marnes sableuses ou argileuses. Il faut excepter toutefois le faîte du seuil de Gabès, où la présence du calcaire a été constatée à des altitudes comprises entre 12 et 20 mètres.

Les travaux étaient exécutés sous la direction de M. Jégou, assisté du sous-officier Derœux, qui remplissait les fonctions de contremaître. Chaque fois que l'on constatait un changement dans la nature du terrain traversé par la sonde, on remontait un échantillon. 265 échantillons ont été recueillis et classés.

Je ne puis entrer ici dans le détail des opérations auxquelles a donné lieu chaque sondage. Les résultats sont résumés et généralisés dans la coupe géologique annexée à ce rapport. Cette coupe a été exécutée sous la direction de M. Dru, ingénieur civil.

Il a été dressé pour chaque sondage un tableau donnant la nature des terrains, l'épaisseur des couches, la profondeur à laquelle elles ont été rencontrées et le numéro des échantillons recueillis. Je donne ci-dessous comme spécimens les tableaux des sondages n° 1 et n° 1[6], exécutés au sommet du seuil de Gabès, et celui du sondage n° 13, exécuté sur le bord du chott Djerid, au Sud-Est de Kriz.

SONDAGE N° 1.

Cote du sol + 47,37.

NUMÉRO des échantillons.	PROFONDEUR.	NATURE DES TERRAINS TRAVERSÉS.	ÉPAISSEUR.	EAU.
1	//	Sable rougeâtre pulvérulent avec *Helix aspersa*.	0m,77	//
2	0m,77	Sable fin gypseux rosé avec gypse aggloméré. .	0 30	//
3	1 07	Sable fin gypseux avec traces noirâtres de vase ou de matières organiques.	8 47	3m,67
4	9 54	Marne jaune blanchâtre avec gypse blanc. . . .	1 46	3 70
5	11 00	Gypse un peu marneux, avec sables fins pulvérulents, rougeâtres.	2 44	3 70
6	13 44	Rognons de gypse blanc avec petits cristaux. .	0 81	3 70
7	14 25	Gypse un peu verdâtre avec marne.	5 03	3 70
8	19 28	Marne blanche très gypseuse.	0 07	3 70
9	19 35	Plaque de gypse saccharoïde rougeâtre.	0 07	3 70
10	19 42	Argile très sableuse jaune.	3 82	3 70
11	23 24	Marne verdâtre plastique.	0 08	3 70
12	23 32	Marne jaune verdâtre veinée, un peu sableuse.	2 74	4 15
13	26 06	Marne rougeâtre gypseuse.	7 04	3 70
14	33 10	Marne jaunâtre avec cailloux roulés de calcaire et de quartz (horizon des poudingues.). . . .	1 08	3 31
15	34 18	Calcaire blanc dur, cristallin.	1 57	3 31
16	35 75	Marne jaune rougeâtre très tendre.	0 55	3 56
17	36 30	Marne blanche.	0 55	3 56
18	36 85	Calcaire.	0 20	3 56
19	37 05	Marne jaunâtre très tendre.	1 35	3 44
20	38 40	Roche dure, calcaire blanc jaunâtre, un peu siliceuse.	0 17	3 44
21	38 57	Marne jaune.	0 31	3 31
22	38 88	Calcaire blanc dur.	//	3 18
//	40 01	Fin du sondage dans cette couche.		

SONDAGE N° 16.

Cote du sol + 45,35.

NUMÉRO des échantillons.	PROFONDEUR.	NATURE DES TERRAINS TRAVERSÉS.	ÉPAISSEUR.	EAU.
1	//	Sable très fin, rougeâtre, gypseux et salifere	0m,40	1m,73
2	0m,40	Gypse aggloméré en petits cristaux et sableux	2 15	1 73
3	2 55	Sable jaune pulvérulent, gypseux	14 75	1 73
4	17 30	Argile marneuse verdâtre, un peu sableuse, salifère	4 72	1 73
5	22 02	Argile marneuse jaunâtre, sableuse, salifère.	4 02	1 73
6	26 04	Argile marneuse, jaune rougeâtre, plastique, légèrement sableuse	11 71	1 73
7	37 75	Marne jaune, sableuse	0 20	1 73
8	37 95	Sables et graviers quartzifères (niveau des poudingues.)	0 17	1 73
//	38 12	Fin du sondage dans la même couche.		

SONDAGE N° 13.

Cote du sol + 15,50.

NUMÉRO des échantillons.	PROFONDEUR.	NATURE DES TERRAINS TRAVERSÉS.	ÉPAISSEUR.
1	//	Marne jaune, rosée, gypseuse et salifère	1m,00
2	1m,00	Marne grise salifère	0 30
3	1 30	Sable noirâtre vaseux, un peu salifère	0 40
4	1 70	Sable gris pulvérulent, très salé	0 30
5	2 00	Argile jaune gypseuse (gros cristaux), salifère	0 40
6	2 40	Sable jaune gypseux, pulvérulent, salé	0 50
7	2 90	Sable blanc gypseux, pulvérulent, salé	0 40
8	3 30	Sable bleuâtre et jaunâtre, gypseux, pulvérulent, salé	0 70
9	4 00	Sable bleuâtre argileux (traces de lignite.)	0 30
10	4 30	Argile verte très salée	2 70

NUMÉROS des échantillons.	PROFONDEUR.	NATURE DES TERRAINS TRAVERSÉS.	ÉPAISSEUR.
11	7m,00	Sable fin, verdâtre	1m,00
12	8 00	Argile gris verdâtre et brune, avec gros cristaux de gypse, un peu salée	1 40
13	9 40	Argile verte	1 10
14	10 50	Sable blanc, vaseux, très salé	0 50
15	11 00	Argile verdâtre, gypseuse, salifère	0 30
16	11 30	Sable gris bleuâtre, vaseux, gypseux, salé	1 50
17	12 80	Sable fin gris, très argileux, salé	5 20
18	18 00	Argile verte, sableuse, salifere	2 05
19	20 05	Sable gris roussâtre, argileux	2 65
20	22 70	Argile jaune, sableuse, gypsifère	1 40
21	24 10	Argile verte, un peu sableuse, légèrement salifère	1 70
22	25 80	Sable verdâtre agglutiné, dur, avec gypse	1 20
23	27 00	Sable verdâtre, argileux	6 10
"	33 10	Fin du sondage dans la même couche. Eau salée très amère trouvée à 1m,30, remontée à 0m,70.	

M. Dru a examiné avec soin tous les échantillons de terrain que nous avons rapportés. Il a bien voulu se charger de la détermination et de la classification de nos fossiles, parmi lesquels se trouvent plusieurs espèces nouvelles, en recourant au besoin aux lumières des savants spéciaux, parmi lesquels je citerai notamment M. Munier-Chalmas, sous-directeur du laboratoire de géologie de la Sorbonne. MM. Dru et Mulnier-Chalmas ont résumé dans les notices suivantes le résultat de l'étude à laquelle ils se sont livrés sur l'hydrologie, la géologie et la paléontologie de la région des chotts, d'après les renseignements que je leur ai fournis.

NOTE SUR L'HYDROLOGIE, LA GÉOLOGIE ET LA PALÉONTOLOGIE DU BASSIN DES CHOTTS, PAR M. DRU.

HYDROLOGIE.

Le régime des eaux souterraines a, dans la région des chotts, une importance plus considérable qu'on ne pourrait le supposer, étant donnée la sécheresse exceptionnelle de cette contrée. Partout on rencontre, à peu de profondeur sous le sol, des nappes d'infiltration superficielles, et dans les parties où le terrain crétacé acquiert un certain développement, on trouve des sources nombreuses et abondantes.

La nature a réservé une compensation aux habitants de ces immenses solitudes, dépourvues de la végétation qui enrichit toujours les contrées douées d'un climat humide; le sol recèle dans sa masse profonde des niveaux puissants qui pourront un jour, grâce aux efforts de l'homme, répandre sur ce pays le bien-être et la prospérité. Quand la colonisation cherchera à cultiver cette terre, elle y trouvera, comme dans l'Algérie, l'élément indispensable à la culture : l'eau jaillira des formations géologiques qui entourent les chotts, pour fertiliser les solitudes de l'Erg et les versants abandonnés qui bordent la dépression saharienne.

Dans ces parages peu connus, la diversité des terrains donne naissance aux régimes les plus variés. Au Sud, c'est la région de l'Erg ou des dunes qui domine, absorbant les eaux qui tombent à la surface et les emmagasinant pour de longues années dans ses masses sableuses. Sur les rives des chotts, ce sont les roches crétacées qui constituent le régime aquifère, et lorsque ces terrains émissaires affleurent ou sont recouverts faiblement par les dépôts plus récents, ils donnent naissance aux belles sources du Nifzaoua et du Djerid. Enfin, dans les sebkhas, dont le sol argilo-sableux présente un degré de perméabilité moindre que l'Erg, on obtient encore, à la surface, des nappes d'infiltration abondantes et salées, mais en profondeur on retrouve des eaux douces et même des griffons naturels qui se font jour à travers les sédiments accumulés dans le fond de ces dépressions.

J'ai tracé, sur la coupe géologique de Gabès, au seuil de Mouïat Sultan, le niveau et les ondulations des nappes d'infiltration, et il est remarquable de les voir suivre les pentes et les sommets des seuils avec une continuité parfaite. Malgré les sécheresses prolongées et l'absence de pluies, la permanence du régime superficiel se maintient. Ce phénomène s'explique par la composition sableuse de la surface du terrain, qui permet l'absorption des eaux; une fois qu'elles sont accumulées dans les couches arénacées qui leur servent de réservoir, elles s'écoulent lentement de ce filtre fin et ténu. Des pluies excessivement rares mais abondantes suffisent pour y entretenir pendant de longues périodes une humidité générale et constituer à de grandes hauteurs des régimes même artésiens. Au sondage n° 1[2] du seuil de Gabès, les eaux rencontrées vers le fond du trou de sonde, à $28^{m},75$, se sont écoulées à $0^{m},11$ au-dessus du sol, soit à la cote + 46,96 au-dessus du niveau de la mer. A la cote + 47,31, au sondage n° 5, la traversée des premiers terrains a fait découvrir des eaux amères et sulfatées : c'est le caractère presque constant des nappes superficielles; mais, à la profondeur de $17^{m},16$, un niveau d'eau douce s'est élevé à la surface du sol et a servi à l'alimentation du camp pendant les travaux d'étude du seuil. L'eau était potable et même de qualité supérieure à celle de la source voisine de l'aïn Oudref, dont je donnerai l'analyse. Ces faits prouvent l'abondance des eaux souterraines qui suivent les ondulations du sol dans un même système de couches; les points qui dominaient l'orifice des trous de sonde étaient situés seulement à quelques mètres plus haut, et cela suffisait à établir la pression nécessaire à ce petit régime artésien.

Quant à l'ordre de superposition des niveaux, il est constamment le même : les eaux salées, malgré leur densité, sont toujours à la surface et les eaux douces au-dessous; elles se trouvent ainsi étagées dans les couches sableuses et argileuses du terrain quaternaire.

Vers l'Ouest des chotts, les nappes superficielles affleurent dans les parties submergées. Aujourd'hui elles sont déjà très rares, et tendent chaque jour à disparaître. Ce sont les endroits où l'émergence naturelle des nappes fait équilibre à l'absorption atmosphérique et à l'évaporation. C'est principalement le cas pour le chott Rharsa. Dans les chotts Djerid et Fejej, la période de dessèchement est en pleine activité. M. Tissot rapporte que, dans son voyage fait il y a une vingtaine d'années, en 1857, il a traversé pendant plusieurs heures, aux environs de Mensof, en suivant la route de Dbabcha à Kriz, de grandes étendues d'eau dans lesquelles les chevaux de sa caravane entraient jusqu'au poitrail. Mais ces eaux, anciennement plus profondes, ont presque totalement disparu. M. le commandant Roudaire, dans l'intervalle de ses missions, n'a plus retrouvé la même submersion, et, dans son dernier voyage, il a constaté un assèchement des régions qu'il avait antérieurement parcourues. Les eaux séjournent au-dessous de la surface, mais maintiennent encore, dans les parties centrales des dépressions, surtout au nord du chott, un état d'humidité tel, que le sol est élastique et mouvant. On y rencontre des ouvertures que les indigènes appellent *Aïn el-Behhar* (œil de la mer), où l'on voit les eaux de la nappe souterraine des chotts à quelques décimètres de la surface. C'est dans une de ces cheminées naturelles, sorte de griffon qui amène les eaux au sol, que fut pratiqué le sondage n° 12, à la cote +14,29, en face du seuil de Kriz. La sonde y traversa d'abord des vases noirâtres et verdâtres sur 3 mètres environ de hauteur, puis le même système argilo-sableux que l'on rencontre partout, mais très vaseux et fluide jusqu'à 33 mètres. Ces terrains, remontés par la sonde, ont été analysés au laboratoire de l'École des mines par les soins de M. Carnot [1], et leur composition donne pour 100 parties :

Sables et argiles		59.33
Carbonate	de chaux	11.53
	de magnésie	5.54
Sulfate de chaux		21.78
Peroxyde de fer		1.82
	Total	100.00

Comme dans les sondages précédents, les eaux de la surface étaient séléniteuses, salées, contenant 140 à 150 grammes de résidu fixe par litre; mais plus bas, à la profondeur de 33 mètres, elles étaient beaucoup plus douces, et l'auraient été complètement si le trou de sonde avait traversé toute la couche argilo-sableuse que l'on perçait. On aurait même obtenu des eaux fortement jaillissantes en continuant le sondage, car la nappe du fond s'écoulait, malgré un tubage assez imparfait, à 12 centimètres au-dessus du sol. Beaucoup de ces ouvertures sont des puits artésiens naturels dont les eaux émergent à la surface. Par l'évaporation solaire, ces eaux donnent naissance à un dépôt salé dont les éléments sont empruntés aux formations qu'elles traversent. La croûte salée ainsi formée est peu épaisse et continuellement détruite par le mouvement ascensionnel de la nappe. C'est ce qui explique le fait de la présence du sel, soit à l'état de dissolution, soit à l'état de dépôt cristallin, à la partie supérieure de ces terrains. C'est toujours le même apport continuellement élaboré.

La force ascensionnelle des eaux souterraines est encore suffi-

[1] M. A. Carnot, ingénieur, professeur de docimasie à l'École nationale des mines, à Paris.

samment énergique pour traverser ces masses sableuses assez denses. Cependant on reconnaît qu'elles agissent rapidement pour la réduire, et c'est quand leur résistance fait équilibre à la pression de la nappe que celle-ci cesse de couler. Toutes les sources disparues, entraînant avec elles la perte d'oasis jadis florissantes, se sont taries par cette seule cause, et il n'y a que dans quelques rares localités, où les efforts des indigènes ont contribué à entretenir et à désensabler les sources, que la végétation a persisté, récompensant ainsi leur persévérance. Aujourd'hui on compte près de cent oasis perdues dans la région, par suite du tarissement des sources, et le moment n'est peut-être pas fort éloigné où celles du Nifzaoua, de Nefta et de Tozeur disparaîtront à leur tour, abandonnées qu'elles sont à l'incurie et à l'insouciance de leurs habitants.

La distribution géographique des eaux dans le bassin des chotts est intimement liée à l'orographie et à la géologie du sol; mais on n'y voit pas les sources former, à la naissance des thalwegs, des ruisseaux et rivières, qui viennent ensuite converger dans une vallée basse et centrale. Il y a fort peu de rivières à régime constant, et si l'on excepte l'oued Gabès et l'oued El-Hamma, celles qui présentent cette continuité dans leur régime ne débitent qu'une quantité d'eau excessivement faible. De ce nombre, on peut citer l'oued Melah (rivière de sel), qui déverse ses eaux dans le golfe de Gabès. Cette rivière prend sa source au djebel Gloua, à 20 kilomètres au Sud du chott Hameïmet. Elle coule directement du Sud au Nord, puis, après avoir atteint la pointe orientale du chott, dont elle draine les eaux superficielles, elle fait un coude vers l'Est pour aller se jeter dans le golfe de Gabès. D'Oudref à la mer, son lit est fortement encaissé entre des berges de 15 à 20 mètres de hauteur. Vers son embouchure cependant, les rives s'abaissent et n'ont plus que 5 à 6 mètres, mettant à jour des alluvions stratifiées. Au bord du golfe, la rivière a une largeur de 150 à 200 mètres, formant un marais bordé sur le littoral par des dunes d'alluvions marines d'environ 5 à 6 mètres de hauteur. Les eaux s'étalent sur le dépôt d'atterrissement vaseux, et s'écoulent dans la mer par une brèche qu'elles ont pratiquée à travers le cordon littoral d'alluvions.

La salure de l'oued Melah démontre que cette rivière ne draine guère que les eaux salées des nappes superficielles.

A 15 kilomètres plus au Nord, la plage de Gabès reçoit l'oued Akarit, qui est à sec une grande partie de l'année. Cette rivière, alimentée par des eaux douces, et par conséquent des nappes profondes, prend sa source dans les terrains crétacés du Khanghat el-Aïcha, du djebel Mida et du djebel Roumana. Sur un parcours de 17 kilomètres, son lit est formé d'alluvions épaisses, terreuses; les berges atteignent une hauteur de 15 à 17 mètres, et donnent à ce thalweg l'aspect d'un profond sillon. C'est un des points le mieux cultivés de la région, la nature des alluvions permettant avec succès la culture des céréales.

On voit dans cette vallée des ruines romaines assez nombreuses, ce qui fait supposer qu'elle avait autrefois une plus grande importance. Sur le littoral existent plusieurs *oued*, mais leurs thalwegs desséchés ne sont plus actuellement que de simples ravines d'écoulement des eaux pluviales.

Au Sud de l'oued Melah se trouve Gabès, dont la rivière est alimentée par des sources, qui sont, avec celles de l'oued El-Hamma, les plus considérables de la contrée; les eaux émergent du terrain crétacé; elles sont douces et de bonne qualité.

Un massif isolé, le djebel Hadissa, situé au Sud de l'oued Melah, près de la route de Gabès à la Hamma, donne naissance à quelques sources et à quelques ruisseaux presque toujours à sec, qui s'écoulent vers le rivage du golfe. Leurs berges très rapprochées forment des ravines de 15 à 20 mètres de hauteur, creusées dans des couches marno-sableuses qui reposent sur des calcaires blancs, parfois siliceux. Un de ces petits cours d'eau aboutit à une sebkha située entre M'touia et Aouinet.

Si l'on remonte ensuite dans la direction du chott Fejej, on trouve au pied du djebel Tebaga les sources thermales de la Hamma, dont la température est de 45 degrés [1]. Cinq à six griffons amènent, sans qu'il y ait trace de captage, les eaux chaudes à la surface du sol, où elles remplissent des piscines étroites qui remontent à l'époque romaine. Au sortir des bains, les eaux arrosent l'oasis et tombent dans l'oued El-Hamma, qui, à son arrivée dans le chott Fejej, possède encore 26 degrés. Dans l'antiquité, elles étaient connues sous le nom d'*Aquæ Tacapitanæ;* leur composition a toujours été indiquée comme sulfureuse; mais le degré sulfhydrométrique est faible, comme d'ailleurs celui de toutes les eaux sulfureuses chaudes.

[1]. Température de l'air le jour de l'observation, 16°.

De cette station on ne trouve plus, en marchant vers l'Ouest, que l'oued Magroun, qui sort du massif du djebel Tebaga, dont le régime soit à peu près permanent dans une fraction de son parcours. La partie supérieure de son lit contient des eaux de source pures et fraîches qui coulent dans des grès crétacés très durs; mais la partie inférieure est complètement à sec.

Puis vient l'oued Nakla, alimenté seulement dans les périodes pluvieuses. Sur la route qui part de la Hamma et qui suit la rive Sud du chott parallèlement à la chaîne du Tebaga, le voyageur ne rencontre que quelques sources rares et peu abondantes, dont les plus importantes sont celles de Nebchet ed-Dib et de la petite oasis de Limagues. A partir de Limagues et de l'oasis voisine de Seftimi, la chaîne du djebel Tebaga se rapproche du chott, pour former plus loin le promontoire de Dbabcha, où abordent toutes les caravanes venant du Djerid.

C'est à 3 kilomètres Nord-Ouest de Seftimi que fut exécuté le sondage n° 16, descendu à $28^{m},32$ de profondeur, et dans lequel le niveau s'éleva à $0^{m},25$ au-dessous du sol. Au Nord de Seftimi, qui possède des eaux analogues à celles de Limagues, on peut voir, en plein chott Fejej, les traces d'une oasis (Aïn Tarafi) disparue avec les sources qui l'alimentaient.

A Seftimi commence la région des nombreuses sources et oasis qui composent la contrée du Nifzaoua. Les eaux abondent sur ce littoral du chott Djerid, notamment à Bechni, Mansourah, Kebilli, Rhamat, et, plus au Sud, à Douz, Sobria et Aïn Foouara. Cette abondance de sources est due aux affleurements crétacés moyens et inférieurs dans lesquels la mission a découvert de nombreux gîtes fossilifères.

A Bou Abdallah existent encore des puits percés de galeries transversales qui s'étendent assez loin dans les couches crétacées du Tebaga. Ce sont d'anciens captages destinés à recueillir les eaux souterraines.

Lorsqu'on quitte le Nifzaoua pour suivre le bord Sud du Djerid, on ne retrouve plus, à partir d'Aïn Foouara, que des puits plus ou moins abondants, à une altitude ne dépassant pas 18 à 20 mètres. C'est l'ouverture du Djerid vers les solitudes de l'Erg, le passage des masses sableuses qui ont dû concourir au remplissage des immenses sebkhas du Melrir, du Rharsa et du Djerid.

Après avoir contourné la pointe occidentale du chott Djerid, qui prend le nom de chott El-Abed, si l'on marche 20 kilomètres environ dans la direction de l'Est, on arrive à la grande oasis de Nefta, qui dispute à Tozeur le titre de Reine du Djerid. C'est de Nefta que partent les nombreuses caravanes qui se dirigent vers Tebessa, Biskra, l'oued Rhir et le Souf. Ses jardins riants sont arrosés par des sources importantes qui entretiennent une grande humidité sur les rives mêmes du chott. Au trou de sonde n° 15, en face de Nefta, il fallait suivre un étroit sentier de 0m,50 pour ne pas s'enliser, sentier frayé par les indigènes qui exploitent le sel produit par l'évaporation des eaux à la surface du chott. Le sondage, arrêté à la profondeur de 26m,53, a donné des eaux jaillissant à 1m,13 au-dessus du sol. C'est le plus fort jaillissement que l'on ait obtenu par voie de sondage dans le chott; mais les eaux traversant le même système de terrains salifères avaient encore 16 degrés à l'aréomètre et une température de 22 degrés. Dans un trou voisin du sondage, l'eau de la nappe d'infiltration marquait 39 degrés centigrades et 31°,2 de densité; une petite couche de sel diaphane était cristallisée à la surface, et le rayonnement solaire suffisait pour augmenter de plusieurs degrés la température de la masse liquide située au-dessous de cette couche. On se trouvait en présence de combinaisons pareilles à celles que l'on produit par la méthode d'évaporation dans les salines avec des eaux ayant le maximum de saturation, soit 28 degrés, condition recherchée dans l'industrie salinière.

Tozeur, la véritable capitale du Djerid, possède, comme Nefta, des eaux abondantes; le débit des sources n'est pas estimé à moins de 2,500 litres par minute, quoiqu'il ait beaucoup diminué dans ces dernières années. Le chott est vaseux au Sud de l'oasis; aussi, pour l'installation du sondage n° 14, a-t-on eu recours au plancher mobile que l'on avait emporté en prévision de difficultés de cette nature; sans cette plate-forme, les manœuvres auraient été impraticables, les hommes pénétrant par leur poids (de 0m,60 à 0m,70) dans le sol sans consistance.

Une route conduit de Tozeur au chott Rharsa par l'oasis de la Hamma du Djerid; une seconde route de Tozeur à Dgache et à Kriz, où commence la region montagneuse du Cherb el-Dakhlania, qui forme la ceinture Nord du bassin du chott Fejej.

Kriz est le point de départ du Djerid pour le Nifzaoua. La route, tracée dans le terrain argilo-sableux du chott, passe par El-Mensof et aboutit à Dbabcha. Elle offre sur son parcours un sol fangeux et détrempé. Dans cette partie du chott Djerid, une des plus basses où l'on ait pu pénétrer pour faire le nivellement, se trouvent de nombreuses ouvertures, sortes de regards formés par l'ascension des eaux de la nappe souterraine. Quelques-unes sont recouvertes d'une croûte de sel qui cache des eaux verdâtres amères, dégageant une forte odeur d'hydrogène sulfuré. Beaucoup sont asséchées ou oblitérées; elles se reconnaissent par une sorte de cône aplati d'environ 150 mètres de rayon, formé de déjections amenées à la surface par les anciennes eaux jaillissantes. Le sondage n° 12, dont j'ai déjà parlé, fut placé dans une de ces tubulures naturelles créées par la circulation des niveaux inférieurs.

A partir de Kriz, la bordure du chott décrit une ligne ondulée à peu près parallèle au 34° degré de latitude Nord. Elle est dominée par les massifs des djebel Bou Hellal, Tarfaoui, Keribiti et Zitouna. Au point de vue hydrologique, cette ligne présente peu d'intérêt. On n'y rencontre que quelques sources assez élevées, entre autres celle de l'aïn Kebirita, qui prend naissance au pied du massif de ce nom, pour former ensuite l'oued Kebiriti, puis l'oued Zitouna, qui contient un peu d'eau; plus loin les puits de Bir Rekeb, de Bir Beni-Zid et de Bir Berrada. Ce dernier est situé en face du Cherb el-Berrania, dont la courbe accentuée passe par le djebel Hadifa, montagne remarquable par ses gisements de sel tertiaire, et se continue par le djebel Stehe, le Goroun Storan, le Coudiat Sekkeur, le djebel Aïdoudi, le Fejej Kbir, le Fejej Srir, le Zemlet el-Bida et le Khanghat el-Amor, qui se redresse brusquement vers le Nord-Est pour aller se rattacher au Khanghat el-Aïcha et au djebel Mida, où l'oued Akarit prend sa source.

Au pied du mamelon de Ras Knafès, extrémité occidentale de la chaîne de l'Aïdoudi, au milieu de ruines importantes qui doivent être celles de la station de Silesva, des Tables de Peutinger, il y a, à l'altitude de 50 mètres, deux puits de construction romaine, d'une profondeur d'environ 15 mètres, les puits de Knafès et de Lhmra, qui fournissent une eau relativement assez bonne. Tel est à peu près l'ensemble de la distribution des eaux dans les contours de l'immense bassin qui enclave les chotts Fejej et Djerid.

Ainsi qu'on a pu le remarquer, les eaux de bonne qualité y sont rares, notamment dans les terrains quaternaires et tertiaires; on peut même dire que c'est une exception; car la plupart de ces eaux, ainsi que le démontrent les analyses, contiennent toujours en dissolution des sels abondants de chaux, de magnésie et du chlorure de sodium. Comme type d'eau potable, on peut citer celle qui a été recueillie au sondage n° 5 du seuil de Gabès. Elle appartient par sa position géologique à la base du terrain quaternaire; peut-être est-elle due aussi à des sources tertiaires ou crétacées circulant à travers les couches supérieures. Quoi qu'il en soit, on peut lui attribuer une origine tertiaire, car elle se rapproche du type déterminé par M. Ville, d'après les nombreuses analyses de M. Marigny sur les eaux de l'Algérie. De longues recherches avaient permis à ce savant ingénieur d'établir la quantité moyenne des sels en dissolution par litre et de fixer le classement ci-dessous, qui donne une relation entre les eaux et la nature des terrains :

1° Eau des terrains secondaires, 325 milligrammes;

2° Eau des terrains tertiaires, $1^{gr},991$.

Les eaux du sondage n° 5 ont donné $1^{gr},626$ par litre. Elles seraient également du type tertiaire, bien supérieures cependant comme qualité à celles de la source d'Aïn Oudref qui émergent à la surface du sol dans le voisinage de ce trou de sonde et qui contiennent $3^{gr},41$ de résidus fixes par litre. Si des échantillons des sources du Nifzaoua ou de Tozeur avaient pu être rapportés, on aurait obtenu bien certainement une composition voisine de celle des eaux du terrain secondaire, qui est représenté dans la contrée par des assises puissantes.

La température n'a pas sensiblement varié dans les sondages; elle s'est maintenue d'une façon assez constante entre 21 et 22 degrés, celle de l'air variant de 12 à 15 degrés. Il n'a pas été possible de vérifier la loi d'accroissement, la profondeur des trous de sonde n'ayant pas dépassé 30 à 40 mètres.

Dans tous les cas, il est un fait constant, c'est que, sous cette latitude et dans le pays exploré par l'expédition, la température des eaux superficielles a toujours été de 21°,5 à 22 degrés centigrades, soit environ 10 degrés de plus que les nappes de même profondeur de nos régions. Pour les sources plus profondes émergeant naturellement du sol ou des terrains crétacés, elle a offert de grandes variations; quelques-unes, comme l'aïn Oudref et l'aïn Kebirita, ont accusé 18 degrés; mais, en général, elles ont une température plus élevée. Les sources de Tozeur, par exemple, sortent à 30 degrés; celles de Nefta et de Kriz marquent 30 à 31 degrés. D'autres enfin atteignent une thermalité très grande, comme celle de la Hamma de Gabès.

Un aperçu résumant les conditions de régime et d'écoulement des sources et des oueds, avec l'indication des provenances et de la composition des eaux, n'était pas, à mon sens, dépourvu d'intérêt. J'ai donc recueilli fidèlement les observations utiles ayant trait à cette question, convaincu qu'elles pourront guider les recherches ultérieures qui seraient faites dans le but de découvrir des eaux souterraines, le succès en étant dès aujourd'hui assuré par les documents importants de la mission de M. le commandant Roudaire.

SOURCES (TEMPÉRATURE).

AÏN OUDREF. — Température prise une dizaine de fois : 18°; la température de l'air variant de 6° à 22°.

LA HAMMA DE GABÈS. — Le 8 février, à 3h du soir, la température de l'aïn El-Bordj était de 44°.

AÏN KEBIRITA. — 31 mars : 8h matin, la température de l'air étant de 15°,4, celle de la source est de 18°,2.

Le même jour, à 2h du soir, la température de l'air étant de 24°, celle de la source est de 17°,6.

J'attribue cette différence à l'évaporation plus rapide de l'eau mouillant le thermomètre.

KRIZ. — Température prise plusieurs fois : 28° au milieu du bassin, 31°,5 à l'endroit où l'eau jaillit du rocher.

TOZEUR. — 5 mai : 29°,5 au milieu de la source; l'eau vient en filtrant à travers l'argile. Si l'on creuse un peu avec la main sur les bords de la source, on obtient 30°.

NEFTA. — Température prise plusieurs fois : 26°,2 au milieu du bassin, 28° sur les bords, aux points où l'eau sort de terre, et 30° sous les cabanes en troncs de palmier qui vont chercher l'eau un peu plus profondément dans l'argile.

SEFTIMI. — 14 mai : 7h matin, température de l'air, 16°; température de la source, 23°; 2h soir, température de l'air, 24°,9; température de la source, 24°,5.

SONDAGES.

TEMPÉRATURE ET DENSITÉ DES EAUX.

DÉSIGNATION des SONDAGES.	PROFONDEURS.	DENSITÉ À L'ARÉOMÈTRE.	TEMPÉRATURE	
			DE L'EAU.	DE L'AIR.
			1er essai, 22°	14°
N° 1..........	38m,88	2°	2e essai, 21° 8	12° 2
			3e essai, 21° 5	12° 8
N° 5...........	27 69	//	22°	14° 9
N° 8..........	11 82	//	22°	15° 1
N° 11.........	26 00	15° 2	22°	14°
N° 15.........	26 53	16° 1	22°	24°

ANALYSES DES ÉCHANTILLONS D'EAUX PROVENANT DES SONDAGES FAITS DANS LES CHOTTS[1].

EAU DU CHOTT HAMEÏMET.

		Dose par litre.
Chlorure	de magnésium....................	22gr,428
	de potassium....................	3 287
	de sodium.......................	108 439
Sulfate	de soude........................	18 243
	de chaux........................	2 040
	Total............	154 437

EAU DU CHOTT DJERID.

		Dose par litre.
Chlorure	de magnésium....................	7gr,014
	de potassium....................	3 586
	de sodium.......................	123 697
Sulfate	de soude........................	1 775
	de chaux........................	6 664
	Total............	142 736

[1] Ces analyses ont été faites au laboratoire de l'École des mines, sous la direction de M. A. Carnot, professeur de docimasie.

EAU DE L'AÏN OUDREF.

		Dose par litre.
Carbonate	de chaux	0gr,2542
	de magnésie	0 1825
Sulfate	de chaux	1 0272
	de soude	0 5820
Chlorure	de sodium	1 3053
	de potassium	0 0614
	TOTAL	3 4126

EAU ASCENDANTE DU SONDAGE N° 5.

		Dose par litre.
Carbonate	de chaux	0gr,2694
	de magnésie	0 2270
Sulfate de chaux		0 9117
Chlorure	de sodium	1 2069
	de potassium	0 0543
Acide sulfhydrique[1]		0 1568
	TOTAL	1 6268

GÉOLOGIE ET PALÉONTOLOGIE.

Dans les diverses missions dont il avait été chargé de 1872 à 1876, M. le commandant Roudaire avait étudié avec soin la topographie de la région des chotts, et fixé, au moyen de nivellements de précision, l'altitude de ces immenses dépressions. Mais les ressources dont il disposait ne lui avaient pas permis de déterminer la nature géologique du sous-sol.

L'expédition de 1878 a comblé cette lacune; car, en dehors des nivellements exécutés sur un parcours considérable, la mission a réuni, grâce à de nombreux sondages et à de fréquentes excursions sur les rives des chotts, un ensemble de documents qui permettent aujourd'hui d'avoir une idée exacte de la structure des terrains dans lesquels s'est formé le bassin des chotts, et d'en fixer l'âge géologique.

Chargé par M. le commandant Roudaire de collationner les re-

[1] L'acide sulfhydrique contenu dans l'eau du sondage n° 5 paraît être en partie libre et en partie combiné (sulfures de calcium et de sodium).

levés des sondages et les échantillons rapportés par la mission, j'ai pris soin de réunir les faits les plus intéressants, capables d'apporter quelque lumière sur la géologie et de cette contrée. On avait, il est vrai, conjecturé des terrains qui circonscrivent les chotts par des études faites dans les formations similaires de l'Algérie; les déductions, assez justes d'ailleurs, qu'on en avait tirées de l'hypothèse de la continuité des couches qui bordent vers l'Est le littoral méditerranéen, semblaient confirmées par les rapports de MM. A. Pomel et Fuchs sur l'isthme de Gabès. Cependant il restait à compléter *de visu* l'exactitude de ces informations pour redresser les erreurs inséparables d'examens faits sur de si vastes étendues, dont quelques points seulement avaient été rapidement visités. C'est ce résultat que M. le commandant Roudaire s'est donné la tâche d'obtenir dans son récent voyage.

Les chotts Fejej et Djerid, qui ont été le principal objectif des travaux, ne forment qu'une seule et même dépression dont les contours sont assez nettement définis et que l'on confond le plus souvent sous l'unique dénomination de *Chott Djerid.*

Au Nord et au Sud, les rives du chott Fejej sont dessinées par une bordure rocheuse dont les sommets atteignent des altitudes de 400 à 500 mètres. La bordure Sud, le djebel Tebaga, affecte la forme d'un arc immense qui appuie l'une de ses extrémités au soulèvement de Gabès, et dont l'autre extrémité forme un promontoire avancé entre les chotts Djerid et Fejej.

C'est de Dbabcha, dans le Nifzaoua, que part la route principale des chotts, laquelle, après un parcours de 45 kilomètres dans ces solitudes souvent marécageuses, aboutit à Kriz et Dgache. Ce chemin est la ligne de séparation, plus fictive que réelle, des chotts Fejej et Djerid.

Vers le Nord, le relief est plus accusé et d'une allure irrégulière, formant en divers points le rivage même du chott Fejej. Il commence au seuil de Gabès pour se continuer par les massifs d'Aïdoudi, Hadifa, Cherb Berrania et Dakhlania, dont les escarpements prennent naissance sur le chott et vont se joindre au seuil de Kriz par les djebel Zitouna, Kebiriti et Bou Hellal. Le seuil de Kriz limite le chott Djerid au N. O. et le sépare du chott Rharsa, qui est situé entre le 5e et le 6e degré de longitude orientale du méridien de Paris, et où les nivellements ont accusé des cotes de

30 mètres au-dessous du niveau de la mer. Le seuil de Gabès est le seuil opposé à l'Est, sorte de barrage fermant la communication du Fejej avec la mer.

Le chott Djerid, le plus important, n'est pas limité dans toutes ses parties par des rives rocheuses; ses bords sont, au Sud, à une altitude moyenne de 18 à 20 mètres, et en contact avec la région des dunes (l'Erg). C'est de ce côté qu'il faut vraisemblablement voir une partie de l'apport des terrains qui ont, dans la dernière période géologique, comblé les chotts.

Contrairement à l'opinion qui tend à établir un écoulement vers le golfe de Gabès, la pente est de l'Est à l'Ouest; le point le plus bas qui ait été nivelé se trouve entre les sondages n° 11 et n° 12, à la hauteur du djebel Kebiriti, à l'altitude de 13m,33. Par l'inspection générale des rives, on voit que toutes les côtes sont dentelées; partout on constate des formations redressées sous des angles divers se rapprochant même de la verticale. Il en résulte une série de failles, de déchirures, dont les intervalles sont comblés par des terrains plus récents. Dans ces failles ou brisures se sont formés de nombreux thalwegs où viennent émerger des sources qui s'écoulent vers les chotts.

Avec leur bordure rocheuse, les chotts présentent une immense vallée dont les rives se redressent en sens opposé; celle du Nord, plus élevée, montre ses stratifications inclinées dans la même direction. Au Sud, les masses minérales, orientées plus régulièrement, donnent une ligne d'horizon moins agreste, accusant un pendage vers le Sud.

Les sondages entrepris dans l'expédition de 1878-1879 sont reproduits en partie sur la coupe géologique[1] qui traverse les chotts, de Gabès à Mouïat Sultan, situé à l'Ouest de Nefta.

Ils donnent un total de 670 mètres de terrains explorés souterrainement par la sonde. C'est un chiffre assez important, si l'on songe aux difficultés de tels travaux dans ces régions où l'on ne dispose pas toujours de moyens de transport faciles, puis aux inconvénients d'un état climatérique spécial, toujours sec, où le vent du Sud souffle continuellement et acquiert parfois une telle intensité qu'il bouleverse les abris et aveugle les travailleurs. Quoi qu'il en soit, les observations ont été faites avec le

[1] Planche II.

plus grand soin, et l'on peut dire que les points les plus extrêmes des chotts présentent une stratification assez régulière dans le dépôt des couches superficielles.

Tout l'ensemble des terrains relevés par les sondages est sableux, salifère ou marno-gypseux. A la surface, ce sont des sables récents d'épaisseur variable, où les *Helix* et le *Cardium edule* se rencontrent en grand nombre. Cette couche n'a quelquefois que 30 à 40 centimètres, et repose, comme dans les sondages n°s 8 et 9 du chott Fejej, sur des marnes rougeâtres.

Vers les régions basses, la couche sableuse disparaît sous un dépôt marno-salifère vaseux dû au transport et au séjour des eaux pluviales ou de celles qui s'écoulent des oueds. En d'autres endroits elle continue en profondeur avec une coloration presque toujours grisâtre. Son épaisseur ne dépasse pas 21 mètres environ au trou de sonde n° 14 (région extrême du chott), et repose sur une zone à peu près semblable, plus marneuse cependant et souvent jaunâtre. J'ai indiqué dans la coupe cette séparation, parce qu'elle me semble pouvoir être déterminée, quoique, par suite de la déviation de la coupe où les sondages n°s 11 et 13 sont indiqués par projection, les couches se confondent en quelques points du diagramme, surtout vers l'Ouest, où les horizons sableux et argileux alternent; mais pour l'étude du seuil qui est l'objectif des travaux, la séparation est bien manifeste dans les sondages n°s 1 et 6, par exemple, où le dépôt a de 13 à 20 mètres.

Ces sables, argiles et marnes subordonnés sont tous gypsifères; le gypse est à l'état pulvérulent ou cristallisé, coloré par des oxydes de fer. Les parties supérieures sont fortement imprégnées de sel et couvertes d'efflorescences salines.

Le deuxième niveau contient les mêmes éléments, mais plus marneux. Les marnes vertes y sont plus développées, mais la coloration en est généralement jaunâtre. Sur le versant Ouest du seuil, ce niveau suit une ligne à peu près parallèle au premier et s'abaisse rapidement dans la direction du seuil de Kriz.

Le troisième horizon est mieux défini. C'est un ensemble de marnes et argiles vertes et rouges accompagnées de gypses en cristaux, où les sables sont plus rares. Il est superposé, au seuil de Gabès, à un lit mince de marnes contenant des fragments de quartz et de calcaires remaniés, passant à un poudingue à base calcaire, qui a été observé dans les trous de sonde intercalés entre les n°s 1,

4 et 5. Cette couche de poudingues que l'on retrouve sur les deux versants du seuil doit limiter les dépôts quaternaires. Par suite du plongement des formations vers l'Ouest, les poudingues n'ont pas été atteints dans les sondages du chott Djerid; il aurait fallu descendre à de grandes profondeurs; mais il est certain qu'alors ils auraient été constatés. C'est immédiatement au-dessous que furent rencontrés au sondage n° 1, à la profondeur de 34m,18, les calcaires blancs à texture fine et cristalline alternant avec des marnes qui, suivant toutes probabilités, représentent les terrains du Coudiat Hameïmet.

Au point culminant de la coupe de Gabès, ce troisième et dernier horizon a une dizaine de mètres, mais il est facile de remarquer qu'il acquiert, dans son prolongement sur les deux versants du seuil, un développement plus considérable.

La réunion de toutes ces assises donne la série des couches qui ont comblé les chotts à l'époque quaternaire. Il serait difficile de dire si le fond du bassin dans le chott Djerid n'est pas constitué par des couches tertiaires en place, formées pendant les périodes pliocène ou miocène. Il y a quelques probabilités pour que cette hypothèse soit fondée, si l'on tient compte de ce que, dans la région, les dépôts tertiaires sont fréquents. On serait donc peut-être en présence d'un ancien bassin tertiaire, en partie remanié à sa surface, et comblé ensuite soit par l'apport de terrains détritiques empruntés aux formations environnantes, soit surtout par celui des sources propres au régime des chotts, dépôt qui a coïncidé avec la période quaternaire.

Les différentes phases de ce mouvement s'expliquent par le soulèvement des terrains crétacés dont les sommets atteignent 400 à 500 mètres d'altitude. Ce soulèvement a donné naissance à l'immense dépression, accompagnée de failles, qui s'est produite à la place où nous voyons les chotts, dépression qui a été remplie d'abord par tous les débris éboulés des berges crétacées et des terrains englobés entre ces rives au moment du phénomène. Sous l'action puissante des eaux, le nivellement s'est ensuite opéré graduellement par l'apport des couches meubles. Enfin l'Erg, avec ses masses puissantes de sables dont l'entrée n'a dû rencontrer aucun obstacle à la partie Sud du Djerid, a donné au sol des chotts son dernier facies. Il est certain que, à différents intervalles, des oscillations modifiaient aussi les centres de la dépression et déterminaient la prédominance de certains dépôts; mais de l'ensemble des faits il résulte bien que cette période quaternaire a dû commencer par le remaniement et l'ablation des couches tertiaires si répandues dans les chaînes du Tebaga, du Cherb el-Dakhlania, où l'on a trouvé abondamment l'*Ostrea crassissima*, et que l'exhaussement le plus récent s'est manifesté au seuil de Gabès, renversant ainsi la pente naturelle du bassin.

Ce dernier phénomène est visible sur le rivage du golfe, où un cordon littoral, coquillier, constaté par M. Fuchs en 1874[1], contenant des espèces encore vivantes dans la Méditerranée, telles que le *Murex trunculus* (Lin.), l'*Ostrea edulis* (Lin.), des *Natices*, plusieurs variétés de *Cardium edule*, etc., s'élève à une altitude d'une quinzaine de mètres au-dessus du niveau de la mer, chiffre qui se rapporte assez bien à la position des calcaires crétacés trouvés au sondage n° 15, à l'altitude de 12 mètres. La partie interne du soulèvement indiqué dans la coupe géologique fait voir le parallélisme des couches superposées à ces calcaires. L'amincissement de tous les dépôts argilo-sableux déposés sur l'axe du profil est d'ailleurs bien conforme au mode d'écoulement ou de déformation des masses minérales élastiques et malléables. Si donc par la pensée on rétablit les choses en l'état où elles se trouvaient avant le soulèvement que le cordon littoral détermine, on reconnaît que, pendant la période quaternaire, la dépression saharienne était en communication avec la mer. Les calcaires devaient même encore être au-dessous du point où nous les constatons aujourd'hui. C'est l'hypothèse probable.

Il est alors plus facile d'expliquer, pour la contrée du Djerid, l'existence géologique de ces grandes sebkhas qui se continuent à l'Ouest par les chotts Rharsa et Melrir. A l'époque quaternaire, le chott Fejej devait être une sorte de chenal bordé par deux rives crétacées, qui reliait le bassin des chotts à la Méditerranée.

Il a fallu, dans la suite, un état climatérique spécial, une humidité excessive, pour engendrer les eaux nécessaires au transport et au remaniement de ces masses considérables, dans lesquelles on reconnaît une stratification assez régulière.

Les derniers mouvements des formations crétacées ont fermé par des seuils, dont le soulèvement s'est continué après l'époque

[1] *Comptes rendus de l'Académie des sciences*, 2e semestre 1874, p. 353 et 354.

quaternaire, les dépressions que nous retrouvons aujourd'hui et dont quelques-unes sont au-dessous du niveau de la mer. Elles occupent encore, dans le Nord du continent africain, des surfaces importantes. Tous les chotts qui sont alignés à peu près parallèlement à la chaîne de l'Atlas et que l'on rencontre à partir du Maroc, tels que les chotts Gharbi, Chergui, El-Hodna et Melrir, ont une origine commune avec ceux du Rharsa et du Djerid de la Tunisie; mais les phénomènes de soulèvement ont eu en Algérie une action bien plus puissante, car quelques-unes de ces sebkhas ont été relevées à 700 ou 800 mètres au-dessus du niveau de la mer.

Du delta que présentait le grand atterrissement du golfe de Gabès, il ne reste de témoin visible que l'île de Kerkenna, formée de sédiments quaternaires. M. Pomel, dans son étude géologique sur la petite Syrte et la région des chotts (1877), traçait les conditions de cette île, et il ajoutait même que l'on devait fixer sa phase de séparation du continent tunisien à une époque antérieure à la constitution orographique du relief actuel du golfe.

Je dois finir l'exposé de ces considérations en rappelant l'opinion très judicieuse émise par M. Tournouër dans son rapport à la section géologique du congrès de Paris en 1878. Il terminait ses conclusions en déclarant qu'il ne voyait pas l'impossibilité de la communication de la mer quaternaire avec la dépression du Djerid, et il appuyait son hypothèse sur les oscillations très grandes commencées avec la période quaternaire et dont sont encore affectés, de nos jours, les rivages de la Méditerranée, principalement les côtes barbaresques. On ne pouvait, il faut le reconnaître, envisager la question sous un point de vue plus exact.

La coupe géologique traverse le seuil dans ses points les plus déprimés, laissant, à droite et à gauche, des hauteurs formées de couches tertiaires et crétacées; elle doit donc donner, à mon sens, un diagramme très juste de l'allure des terrains, les sommets, par leur attitude, étant beaucoup plus sujets à des renversements et à des déformations.

Si l'action érosive des agents atmosphériques a pu modifier le relief en quelques endroits et contribuer à la création de nouveaux terrains, les eaux souterraines ont joué un rôle peut-être plus prépondérant dans la composition des couches récentes, et ce rôle est toujours très actif; les sources nombreuses du bassin du Djerid contribuent à former encore de nos jours les grands dépôts de sels, de gypses et de travertins que l'on rencontre dans les chotts et sur leurs versants.

Il est avéré aujourd'hui que tous les gisements salifères de l'Algérie et de Tunisie ont une origine tertiaire; cette opinion a été appuyée par les travaux de M. Dubocq, ingénieur des mines, qui a démontré que les dépôts de sels étaient toujours supérieurs aux terrains crétacés et subordonnés à l'*Ostrea crassissima*. M. Coquand (exploration de la province de Constantine) dit avoir reconnu que les formations salifères des Zouabis d'Aïn Gueber et du djebel el-Melah, près d'El-Outaïa, étaient toutes supérieures au terrain crétacé et presque au contact des couches à Inocérames qui représentent le niveau supérieur de la craie.

Dans la région tunisienne, ces gisements sont également au-dessus des terrains secondaires et intercalés dans les assises tertiaires, probablement dans le miocène, ou peut-être le pliocène, quoique sa présence semble douteuse dans le Djerid. Aucun des fossiles, très rares d'ailleurs, de cette assise tertiaire n'a été recueilli par la mission, et il est difficile d'affirmer ou de nier l'existence de ce niveau. Le terrain tertiaire est l'horizon commun à la plupart des dépôts gypso-salifères. On en a trouvé en Sicile, dans l'Arménie, la Perse, etc. Les lacs salés de l'Algérie, la mer Caspienne, la mer Morte, les lacs de Hurmiah, d'Elton et de Van en Arménie sont des sebkhas dont le niveau s'est maintenu, mais qui, dans leur évaporation continuelle, conservent toujours la salure empruntée aux terrains encaissants.

Pour la production du sel, quelques géologues ont fait entrer, comme agent actif, les sources thermo-minérales salées; mais rien ne peut justifier cette intervention. Toutes les sources thermales comme celles de la Hamma de Gabès sont peu minéralisées; il en est de même, à quelques exceptions près, de toutes celles de l'Algérie, et encore les sources thermales qui donnent des eaux minérales salées ne contiennent-elles qu'une très faible proportion de chlorure de sodium et de sulfate de soude. Dans la région des chotts, les sources profondes sont généralement pures, surtout celles dont le régime prend naissance dans le terrain crétacé, et cette dernière remarque a été faite bien des fois par M. Ville dans ses nombreuses recherches en Algérie. Les dépôts salifères du bassin des chotts sont dus aux sources, qui se chargent, dans leur passage à travers les assises tertiaires et quaternaires, de principes salés, qu'elles abandonnent ensuite à l'évaporation solaire. Dans certaines régions des chotts, cette évaporation est accusée par une sorte de cône de matière saline qui borde leur ouverture.

Les gisements de sel et les gypses qu'ils accompagnent sont toujours en amas et affectent la forme lenticulaire. On en rencontre d'importants sur la rive Nord du chott Fejej, au djebel Hadifa.

Quant aux gypses, ils sont disséminés dans les assises tertiaires et quaternaires; dans ce dernier étage, ils ont quelquefois le caractère d'un véritable gisement; leur présence est due à l'émission des sources, qui de nos jours amènent encore à la surface les mêmes sédiments. Quelques bancs de gypse peuvent cependant exister dans les couches crétacées, comme en Algérie dans le turonien, au col de Sfax près Biskra, ou dans le santonien de l'oued Tebessa (province de Constantine); mais ces formations gypseuses crétacées sont l'exception. Sur le versant Est du seuil de Gabès, l'action des sources a déterminé l'accumulation de couches calcaires assez remarquables et déposées sur de larges surfaces. Le calcaire ainsi formé rappelle le travertin; c'est quelquefois un tuf blanc, ou coloré en jaune par les oxydes de fer en dissolution; il contient des *Helix*. Une étendue importante des versants Est du Coudiat Hameïmet est couverte de cette formation, qui modèle les pentes et les reliefs du sol. On la suit au Sud dans le djebel Hadissa, à Ghannoush, près de l'oued Melah, et plus au Nord sur un parcours d'environ 20 kilomètres vers l'oued Zaouaï. Son développement n'a rien d'anormal, car dans bien des pays ces produits de sources minéralisées ont une importance très grande : en Italie par exemple, à San Vignone, Viterbe et Tivoli; en France, dans l'Auvergne; à Maragha, dans le Caucase, etc. Ces dépôts couvrent de grands espaces et atteignent quelquefois une épaisseur de 50 à 60 mètres. On connaît également en Algérie les sources des vallées de Mafruch (province de Constantine), de la Chiffa (province d'Alger) et de Hamma bou Hadjar (province d'Oran), qui de nos jours forment encore des concrétions calcaires. Sur les rives du golfe, ces terrains sédimentaires sont peu épais, situés à une altitude qui n'est pas inférieure à celle de Gabès, et ne semblent pas avoir changé, ce qui indiquerait que leur formation est assez récente. Dans les parties basses, les travertins sont mélangés à des poudingues et se montrent, à l'intérieur des couches les plus rapprochées de la surface du sol, avec le facies d'une véritable brèche imprégnée de sable jaunâtre terreux renfermant de nombreux *Cardium edule* qui se retrouvent également dans l'oued Beni Zid, au djebel Diabit. Lorsque ces calcaires se rencontrent à une altitude plus élevée, au contact des terrains tertiaires, on pourrait supposer qu'ils appartiennent au pliocène; mais en tenant compte de l'ensemble des faits géologiques et de la continuité de tous les caractères propres à ces dépôts jusque dans les couches récentes, il paraît logique de les rattacher à l'horizon des terrains quaternaires et probablement en grande partie à l'époque des dernières périodes de cet étage.

Parmi les sédiments encore récents dus à l'action des eaux, je dois citer ceux du Belad Hameïmet. Ils sont composés de sables d'une très grande finesse, presque impalpables; vers le sommet du seuil, ils ont 2 à 3 mètres d'épaisseur, couvrent une grande partie du chott Hameïmet, et atteignent, vers l'oued Melah, jusqu'à 25 et 30 mètres. Cette matière blanche, pulvérulente, d'une ténuité extrême, contient environ 50 p. o/o de silice et de quartz, du sulfate de chaux dans une forte proportion, un peu de carbonate de chaux, des quantités appréciables de chlorure de calcium et de sodium, enfin des traces de magnésie. On peut encore reconnaître dans ces couches l'action des sources chaudes chargées de silice. La silice, dont la solution a dû être activée par la présence des alcalis, a formé ce dépôt important en se précipitant dans des eaux tranquilles. Je dois signaler en faveur de ces hypothèses le fait particulier de l'existence, dans le voisinage de ce gisement, de sources actuelles très abondantes, la source d'Oudref, par exemple, et principalement celle de la Hamma de Gabès, dont la thermalité est encore de 45 degrés.

Tels sont, dans leur ensemble, les phénomènes principaux qui ont présidé à la formation des terrains de l'époque quaternaire, si développés dans la région des chotts, et dont l'importance ne peut échapper dans la question qui fait l'objet de ce rapport. Le peu de consistance de ces formations, les nappes qui imbibent toute leur masse, les sources nombreuses qui émergent naturellement des terrains crétacés qui sont en dessous, et qui fournissent la majeure partie du volume des eaux que l'on voit aujourd'hui à la surface du sol, donneront incontestablement les plus grandes facilités pour l'exécution des travaux qui pourront être entrepris pour la jonction des chotts à la Méditerranée.

La faune de ce terrain est en partie composée d'espèces actuelles. Dans les sables récents qui couvrent la surface, on trouve de nombreux débris d'*Helix*, de *Mélanies*, *Mélanopsides*, *etc.*, et plusieurs variétés de *Cardium edule*, espèce caractéristique du quaternaire ancien et souvent du pliocène. Le *Cardium edule* présente deux variétés principales : l'une commune aux mers actuelles, et que l'on retrouve sur tous les rivages méditerranéens; l'autre propre aux eaux des mers moins salées et vivant dans les lagunes. Cette forme saumâtre existe dans les étangs de la Barre, de Lavalduc, d'Arcachon, dans la mer Caspienne et dans la Baltique. On a reconnu, dans différentes régions, que ses conditions d'existence pouvaient encore s'accorder avec des eaux dont la salure ne dépassait pas 15 à 20 degrés. Elle devait donc se développer facilement dans cette contrée, au milieu d'eaux saumâtres de saturation variable. Sur les bords du chott, à Bir Beni Zid, le *Cardium edule* est si abondant qu'il constitue une brèche grossière avec les sables agglutinés de l'oued. Quelques *Helix* ont été retirées des couches du sondage de Bir Toquet (seuil de Gabès), à $1^{m},70$ du sol; elles peuvent se rapporter à l'*Helix vermiculata* (Muller).

A Zemlet el-Bida et sur le sommet de l'Hameïmet, on a recueilli des échantillons de *Zonites candidissima* et de *Bulimus decollatus*. Une très belle variété d'*Helix*, voisine de l'*Albella* et de l'*Oxygira*, a été également trouvée par le médecin attaché à la mission. Elle est décrite par M. le commandant Morlet[1] et dédiée à M. Lacoste, vice-consul de Gabès (*Helix Lacosteana*).

Je fais enfin mention de traces de stations préhistoriques rencontrées du côté de Ras Knafès et dans le djebel Tebaga; des spécimens de silex taillés avaient été déjà découverts au seuil de Gabès, dans l'oued Akarit et l'oued Melah[2].

Les formations qui composent la série géologique visible dans les reliefs tunisiens appartiennent aux étages du tertiaire supérieur et du crétacé. Les sondages sont tous restés dans les assises quaternaires. Ces dépôts peu épais, par suite du relèvement du seuil de Gabès, ont permis la rencontre, à environ 13 mètres au-dessus du niveau de la mer, des calcaires blancs qui se rattachent aux

[1] M. le commandant Morlet, préparateur au Muséum, a bien voulu se charger du classement des coquilles terrestres. Son travail est annexé au rapport.

[2] D'ailleurs, les témoins de l'âge de la pierre taillée abondent dans tout le Djerid; partout on a rencontré des vestiges de silex taillés, et il y aurait à faire à cet égard une étude fort intéressante.

assises crétacées du Coudiat Hameïmet. Le miocène est caractérisé par des marnes vertes et rouges avec lits renfermant en grande abondance l'*Ostrea crassissima* (Lamk.) qui a été retrouvée dans les chaînes du Tebaga, du djebel Diabit et de Ras Knafès.

Ces marnes sont mélangées de grès rouges, roses ou violets, à texture fine, cristalline, et sans apparence de fossiles, puis de poudingues et de grès à facies molassique. Dans les couches marneuses du sommet du seuil de Kriz, du djebel Aïdoudi et du Diabit, on a trouvé quelques beaux spécimens de l'*Ostrea Maresi* (M.-Ch.), qui est spéciale au miocène.

Les gypses y sont fréquents et toujours en amas. Ils sont blancs ou colorés, à texture grenue ou fibreuse, et présentent, en outre, toutes les variétés de forme cristalline les plus répandues. Ils accompagnent les gisements de sel gemme qui ont dû fournir une grande partie des dissolutions salines de l'époque quaternaire.

Un caractère constant du terrain tertiaire est d'être en stratification discordante avec le terrain crétacé; de sorte qu'à première vue, sauf les accidents locaux, fort nombreux, il est vrai, qui ont disloqué les couches tertiaires et qui les ont placées au contact des assises crétacées, on reconnaît très bien les deux formations par leur mode de superposition. La présence des terrains tertiaires est commune à toute la région comprise entre Ras Knafès et le seuil de Kriz. Tous les témoins de ces couches sont souvent relevés à de grandes altitudes, rejetés dans les failles, sur les versants des collines des chotts, et ne peuvent, par suite de ces dislocations, occuper de grands espaces.

Il est difficile d'affirmer, faute de fossiles, la présence du pliocène et de l'éocène. Au premier on pourrait peut-être attribuer les calcaires blancs et les poudingues à petits éléments et à pâte calcaire du Coudiat Hameïmet, du djebel Mida et de Ras Knafès; mais de nombreuses recherches n'ont pu faire rencontrer aucune trace des couches nummulitiques de l'éocène.

Le terrain crétacé qui constitue l'immense substratum de toute la contrée du Djerid offre à l'étude de la paléontologie une faune excessivement riche, et les couches puissantes, composées de calcaires blancs ou cristallins, de marnes et grès à Trigonies, qui renferment les gîtes fossilifères, se retrouvent de Kriz à Gabès sur une étendue de 140 kilomètres et dans la longueur de toute la chaîne du Tebaga.

Dans les intervalles, malheureusement trop courts où l'on pouvait quitter la ligne des sondages, la mission a recueilli plusieurs centaines de mollusques fossiles qui, à défaut de diagramme indiquant la position respective des espèces dans les divers horizons des terrains, peuvent encore donner une idée suffisamment exacte des différents étages de la craie du Djerid, qui n'a pas, jusqu'à ce jour, été exploré par les géologues. Dans le classement assez long de toutes ces coquilles, j'ai consulté MM. Douvillé, ingénieur des mines, et M. Munier-Chalmas, le sous-directeur du laboratoire de M. Hébert, dont la collection et les conseils sont toujours mis si obligeamment à la disposition du public : je tiens ici à leur adresser mes remerciements pour les renseignements qu'ils m'ont donnés. J'ai classé les fossiles par localités et par étages. Leur réunion permet de recomposer l'ensemble du système crétacé qui entoure les chotts et dont les affleurements sont à peu près en relation avec les mouvements du sol, c'est-à-dire que dans la partie centrale de la rive Nord du massif, où les altitudes dépassent 250 à 300 mètres, apparaissent les couches les plus anciennes, les niveaux de l'étage cénomanien et peut-être de l'urgo-aptien, tandis que sur les points extrêmes on a des couches plus élevées dans la série géologique. Le soulèvement qui a donné naissance à l'immense brisure dans laquelle se sont formées ces grandes sebkhas, et qui, dans sa disposition orographique, affecte, comme le pays de Bray, la forme d'une boutonnière, a atteint son maximum d'expansion entre le djebel Kebiriti et le djebel Aïdoudi.

Sur la bordure opposée, les probabilités sont pour une pareille hypothèse; le djebel Tebaga, avec sa structure plus régulière et des altitudes de 350 mètres environ, a été côtoyé dans le retour de l'expédition, et, malgré des étapes de 60 kilomètres, on a pu encore recueillir des indices certains de la présence du miocène (*Ostrea crassissima*), et de deux étages du terrain crétacé, le sénonien par l'*Ost. flabellata* (d'Orb.) et l'*Ost. Matheroniana* (d'Orb.), puis le cénomanien supérieur, avec l'*Ost. Mermeti* (Coq.), et une variété de cette dernière espèce, *var. Sulcata,* trouvée par M. Lartet en Pâlestine.

Sur les points extrêmes de la dépression, l'action du soulèvement a été moindre : au seuil de Gabès, dans le Coudiat Hameïmet, ce sont les niveaux supérieurs (le sénonien) qui s'élèvent à une hauteur moyenne de 85 mètres. Les mêmes terrains sont encore caractérisés, au Zemlet el-Bida et à Khanghat el-Aïcha, par les *Ino-*

ceramus regularis et d'autres variétés se rapprochant du *Goldfussi*, mais probablement nouvelles. On y a découvert une variété étroite de l'*Ostrea Boucheroni* (Coq.) : l'*Ost. Pomeli* et la *Plicatula Fourneli*, qui sont des espèces algériennes.

A l'extrémité opposée, vers l'Ouest, au seuil de Kriz, situé à une altitude un peu plus élevée (80 à 100 mètres environ), on remarque aussi le même horizon (santonien ou sénonien) qui domine jusque dans le versant de l'Oudian. Quelques *Echinides* appartenant aux genres *Echinobrinus*, *Botryopygus*, tels que les *Ech. Setifensis* (Cott.), *Bot. Coquandi* (Cott.), furent trouvés dans ces deux localités. Deux autres espèces d'Échinodermes trouvés également à Kriz sont actuellement désignées par MM. Péron et Gauthier sous le nom de *E. cassiduliformis* et *E. Meslei*. Ils paraîtront prochainement dans leurs publications des espèces sénoniennes d'Algérie. Ajoutons encore que l'*Ost. Matheroniana* (d'Orb.), *Vesicularis* (Lamk.) et sa variété *Costata*, l'*Ost. dichotoma* (Bayle), *Sollieri* et *Plicifera* (Coq.), enfin des moules de Rostellaires et de Natices ont été rapportés également du seuil de Kriz. De l'autre côté du seuil, sur les pentes du chott Rharsa, vers l'oued Chakmo, on a constaté la même faune qui caractérise la craie supérieure, notamment l'*Ost. Nicaisei* (Coq.) et *Plicifera*, variété *spinosa* (Coq.). Non loin du seuil de Kriz, au-dessous du djebel Kebiriti, les affleurements de l'aïn Kebirita ont donné des spécimens d'*Echinobrissus Julieni* (Coq.) et *Coquandi* (Cott.) qui appartiennent au sénonien supérieur; puis l'*Hemiaster Latigrunda* (Cott.) avec plusieurs autres espèces turoniennes.

Les localités les plus importantes au point de vue fossilifère et qui présentent la majeure partie des étages crétacés sont : Ras Knafès, le djebel Diabit et le petit massif de l'Aïdoudi. Cette remarque résulte du nombre et de la variété des échantillons rapportés.

A Ras Knafès, on a recueilli quelques espèces d'*Epiasters*, dont un voisin du *Valonnei* (d'Orb.), l'*Hemiaster verrucosus?* (d'Orb.), *Fourneli* (Desh.), quelques *Plicatules*, de nombreux *Inoceramus Regularis* (variété); des moules d'*Astartes*, de *Turritelles* et de *Cardites*. Dans la quantité très considérable de fossiles appartenant à cette station, M. Munier-Chalmas a reconnu cinq espèces nouvelles, ce sont : *Spondylus Jegoui*, *Scolymus stromboides*, *Astarte Numidica*, *Citherea Africana* et *Roudairia Drui*.

La série des Ostracés y est représentée par de nombreux échantillons. On y distingue l'*Ostrea Haliotidea* (d'Orb.), *Ost. syphax*

(Coq.), qui déterminent bien le niveau du cénomanien inférieur ou rothomagien.

Les couches supérieures renferment l'*Ostrea Matheroniana* (d'Orb.), *Proboscidea* (Arch.), l'*Ostrea lateralis* (Nil.), *Vesicularis* (variété *costata*, Coq.), *Talmontiana* (variété *d'Arch.*) et *Pomeli*. Ce dernier fossile paraît jouer un rôle prépondérant dans la stratigraphie de toute la région; il est localisé dans une zone marneuse jaunâtre ou blanchâtre, passant quelquefois à l'état calcaire. Il y est accompagné de nombreux débris de fossiles, parmi lesquels on remarque des *Plicatules* et quelques espèces d'huîtres, dont une voisine de la variété étroite de l'*Ostrea Boucheroni*. Cette assise, par l'abondance des Ostracées qu'elle renferme, a quelquefois l'aspect d'une lumachelle; elle est presque toujours superposée à des grès ou à des calcaires renfermant les *Inocerames* de la craie supérieure; dans d'autres localités, elle supporte un système tertiaire marno-gréseux au milieu duquel on a constaté la présence de l'*Ostrea crassissima* (Lamk.).

L'*Ostrea Pomeli* a été trouvée dans la plupart des stations : à Kriz, dans l'oued Chakmo, au djebel Kebiriti, dans l'oued Zaouaï, à Ras Knafès, à Khanghat el-Aïcha, et toujours dans le niveau marneux. C'est avec l'*Ostrea proboscidea* et l'*Ost. vesicularis*, le fossile le plus commun aux oueds qui descendent les pentes de Kriz, des Cherb el-Dakhlania et el-Berrania. La nature friable de la roche qui constitue cet horizon fossilifère facilite la désagrégation du terrain et permet le transport de ces espèces très résistantes.

Dans l'Aïdoudi, massif très voisin de Knafès, ce sont les mêmes étages. On y distingue des *Astartes*, des *Fusus* et des *Strombus*, un *Bryozoaire*, de nombreuses huîtres, parmi lesquelles il faut distinguer les *Ostrea plicifera*, *syphax*, *Matheroniana* et *flabellata*, une *Astarte* nouvelle, ainsi qu'une espèce d'acéphale très commune à Ras Knafès, formant, d'après M. Munier-Chalmas, un genre nouveau qu'il a désigné sous le nom de *Roudairia* et dont il donne plus loin la description.

Je crois important de faire remarquer la présence dans l'Aïdoudi de l'*Ostrea syphax*, qui, comme à Ras Knafès, caractérise le rothomagien ou cénomanien et dont le type ne peut se distinguer des exemplaires algériens.

Au Djebel Diabit, on est presque exclusivement dans la craie moyenne avec l'*Ostrea flabellata* (d'Orb.), *Auressensis* (Coq.), *Lin-*

gularis (Lamk.), une des variétés voisines de l'*Ostrea Eumenides* (Coq.), le *Strombus Mermeti* (Coq.) et de nombreux moules appartenant aux genres *Venus, Pteroceras, Cypricardia, Isocardia, Arca, Astarte*, etc.

C'est du djebel Diabit que provient l'*Ostrea Tunetana* (Mun.-Ch.), qui se rapproche beaucoup de l'*Ost. Delettrei* (Coq.), mais que M. Munier-Chalmas a considérée à juste raison comme une espèce nouvelle offrant de nombreuses variétés.

J'ai parlé de l'hypothèse probable des couches aptiennes; elles me paraissent indiquées par la présence, à Bir Beni Zid et au djebel Diabit, de deux espèces qui se rapprochent de l'*Ostrea Pes elephantis* (Coq.) et *Callimorphe* (Coq.). Ces espèces ont été décrites par M. Coquand dans la paléontologie de l'aptien de l'Espagne.

Près de Bir Beni Zid se rencontrent des couches turoniennes avec la *Nerinea Pauli* (Coq.) et l'*O. Caderensis* trouvée aussi à Bir Berrada. Entre ces deux localités, on voit les niveaux inférieurs de la craie moyenne, et, sur la plage qui borde le chott, le voyageur foule aux pieds des bancs pétris de nombreux fossiles, parmi lesquels dominent des *Astarte, Mytilus, Cassiope, Cytherea*, appartenant à des espèces nouvelles.

Le gault semble faire défaut dans la série crétacée. Aucun fossile n'apparaît pour témoigner de son affleurement, et l'on peut supposer son absence par la constatation, dans le voisinage immédiat, d'espèces très voisines de celles de l'aptien. Ces faits concordent d'ailleurs avec l'ensemble de la géologie algérienne, dont la Tunisie forme une suite directe aussi bien par son facies que par le caractère constant de ses fossiles.

En résumé, les échantillons rapportés par M. le commandant Roudaire, quoique sortant un peu du programme des études souterraines de la partie centrale des chotts, sont assez nombreux pour déterminer la succession des terrains qui constituent la bordure rocheuse de la dépression saharienne, et établissent nettement la présence, dans la région des chotts, de terrains quaternaires dont la mer s'est trouvée en communication avec la Méditerranée avant l'exhaussement du seuil de Gabès. Ils permettent en outre de constater l'existence du terrain miocène, qui offre des gisements abondants d'*Ostrea crassissima*, comparables peut-être à ceux d'El-Kantara (province de Constantine), découverts par M. Fournel; de plusieurs étages crétacés : le sénonien, le turonien et le cénomanien, et enfin, d'assises appartenant à l'horizon probable de l'aptien.

ESPÈCES FOSSILES.

SEUIL DE KRIZ.

Echinobrissus Setifensis, Cott.	Sénonien supérieur.
Echinobrissus cassiduliformis, Péron et Gauthier	*Idem.*
Botryopygus Coquandi, Cott.	*Idem.*
Ostrea Sollieri, Coq.	*Idem.*
Ostrea Matheroniana, d'Orb.	*Idem.*
Ostrea vesicularis, Lamk.	*Idem.*
Ostrea vesicularis (variété *costata*)	*Idem.*
Ostrea dichotoma, Bayle.	*Idem.*
Ostrea proboscidea, d'Arch.	*Idem.*
Ostrea plicifera (variété *spinosa*), Coq.	*Idem.*
Ostrea plicifera (passant à la *Matheroniana*), Coq.	*Idem.*
Cardium	*Idem.*
Rostellaria	*Idem.*
Pterodonta	*Idem.*
Natica	*Idem.*

OUED CHAKMO.

Ostrea Nicaisei, Coq.	Sénonien supérieur.
Ostrea Pomeli, Coq.	*Idem.*
Ostrea vesicularis, Lamk.	*Idem.*
Ostrea plicifera (variété *spinosa*)? Coq.	*Idem.*

OUDIAN.

Orbitoides (voisine de l'*O. Media*), d'Orb.	Sénonien supérieur.
Polypier	*Idem.*
Echinobrissus Setifensis, Cott.	*Idem.*
Echinobrissus Meslei, Péron et Gauthier	*Idem.*
Echinobrissus cassiduliformis, Péron et Gauthier	*Idem.*
Botryopygus Coquandi, Cott.	*Idem.*
Cardium	*Idem.*
Cucullœa	*Idem.*
Pholadomya (variété de la *P. elongata*)	*Idem.*
Rostellaria	*Idem.*
Fusus	*Idem.*

DJEBEL KEBIRITI.

Ostrea crassissima (individu jeune), Lamk.	Miocène.
Ostrea (individus jeunes; espèce indéterminée)	*Idem.*
Ostrea Matheroniana, d'Orb.	(Sénonien supérieur.)
Ostrea Pomeli, Coq.	*Idem.*
Sphærulites Syriacus.	Turonien.
Ostrea Mermeti (var. *communis*, Lartet, Palestine), Coq.	Cénomanien supérieur.
Arca (moule)	Cénomanien inférieur.
Ostrea Delettrei, Coq	*Idem.*
Rostellaria	*Idem.*

AÏN KEBIRITA.

Botryopygus Coquandi, Cott.	Sénonien supérieur.
Echinobrissus Julieni, Coq.	*Idem.*
Hemiaster Latigrunda, Cott.	Turonien supérieur.
Arca	Turonien inférieur.
Cardium	*Idem.*
Rostellaria	*Idem.*

DJEBEL DIABIT.

Ostrea crassissima, Lamk.	Miocène.
Ostrea Marcsi, Mun.-Chal.	*Idem.*
Ostrea Tunetana, Mun.-Chal.	Sénonien.
Ostrea (voisine de l'O. *Eumenides*), Coq.	Turonien supérieur.
Tellina (moule)	*Idem.*
Strombus Mermeti, Coq.	*Idem.*
Pterodonta (moule), individu jeune	(Indiqué avec doute par Coquand dans le sénonien; doit être placé plutôt dans la craie moyenne [turonien]).
Ostrea flabellata, d'Orb.	Cénomanien supérieur.
Ostrea lingularis, Lamk.	*Idem.*
Natica	*Idem.*
Arca	Cénomanien inférieur.
Astarte (moule)	*Idem.*
Anisocardia	*Idem.*
Cypricardia	*Idem.*
Venus	*Idem.*
Isocardia (moule)	*Idem.*
Pholadomya	*Idem.*
Cerithium	*Idem.*
Ostrea Auressensis, Coq.	*Idem.*
Acteonella	*Idem.*
Ostrea (voisine de l'O. *Pes elephantis*), Coq.	Aptien.
Ostrea (*Gryphoidæa?*)	*Idem.*

BIR BENI ZID.

Nerinæa Pauli, Coq	Turonien supérieur.
Pterodonta	*Idem.*
Ostrea (voisine de l'*O. callimorphe*), Coq	Aptien.

BIR BERRADA.

Ostrea Caderensis, Coq	Turonien supérieur.
Mytilus Andrei, Mun.-Chal	*Idem.*
Cytherea cycladella, Mun.-Chal	*Idem.*
Cassiope Dufouri, Mun.-Chal	*Idem.*
Astarte	Cénomanien inférieur.

Une pince de crabe indéterminable.

BORDURE NORD DU CHOTT ENTRE BERRADA ET KRIZ.

Ostrea Nicaisei, Coq	Sénonien supérieur.
Ostrea Pomeli, Coq	*Idem.*
Anisocardia	Cénomanien inférieur.
Ostrea Auressensis (?), Coq	*Idem.*

PLAGE DU CHOTT EL-FEJEJ (NORD)

AU SUD DE BIR BERRADA.

Ostrea Caderensis, Coq	Turonien supérieur.
Astarte	Cénomanien inférieur.

RAS KNAFÈS.

Ostrea crassissima, Lamk	Miocène.
Hemiaster Fourneli, Deshayes	Sénonien supérieur.
Echinobrissus Meslei, Péron et Gauthier	*Idem.*
Ostrea Matheroniana, d'Orb	*Idem.*
Ostrea Pomeli, Coq	*Idem.*
Ostrea vesicularis (variété *Costata*), Lamk	*Idem.*
Ostrea (voisine de l'*O. Decussata*), Coq	*Idem.*
Ostrea lateralis (fragments), Nil	*Idem.*
Ostrea proboscidea, d'Arch	*Idem.*
Ostrea Talmontiana (variété), d'Arch	*Idem.*
Spondylus Jegoui, Mun.-Chal	*Idem.*
Plicatula (*species*)	*Idem.*
Inoceramus regularis, d'Orb	*Idem.*
Inoceramus regularis? (variété)	*Idem.*
Inoceramus Goldfussi? d'Orb	*Idem.*

Roudairia Drui, Mun.-Chal	Sénonien supérieur.
Astarte Numidica, Mun.-Chal	*Idem.*
Cytherea Tissoti, Mun.-Chal	*Idem.*
Cardita Baronneti, Mun.-Chal	*Idem.*
Scolymus stromboides, Mun.-Chal	*Idem.*
Pteroceras	*Idem.*
Fusus	*Idem.*
Hemiaster Fourneli? Desor	Turonien.
Natica	*Idem.*
Epiaster (voisin du *Vatonei*), d'Orb	Cénomanien supérieur.
Hemiaster verrucosus? d'Orb	Cénomanien inférieur.
Ostrea haliotidea, d'Orb	*Idem.*
Ostrea Syphax, Coq	*Idem.*
Turritella (*species*)	*Idem.*

AÏDOUDI.

Ostrea Matheroniana, d'Orb	Sénonien supérieur.
Ostrea Pomeli, Coq	*Idem.*
Ostrea plicifera (variété *Spinosa*), Coq	*Idem.*
Ostrea plicifera (variété à côtes sur le côté), Coq	*Idem.*
Ostrea proboscidea, d'Arch	*Idem.*
Roudairia Drui, Mun.-Chal	*Idem.*
Tellina	*Idem.*
Astarte Numidica, Mun.-Chal	*Idem.*
Scolymus stromboides	*Idem.*
Ostrea Caderensis, Coq	Turonien supérieur.
Bryozoaire (*Celleporina?*)	Cénomanien inférieur.
Ostrea Syphax, Coq	*Idem.*
Cardium	*Idem.*
Fusus	*Idem.*

ZEMLET EL-BIDA.

Inoceramus (moule, espèce nouvelle à sillon)	Sénonien supérieur.
Plicatula	*Idem.*
Cytherea	*Idem.*
Astarte	*Idem.*

KHANGAT EL-AÏCHA.

Ostrea Pomeli, Coq	Sénonien supérieur.
Ostrea Boucheroni (variété étroite), Coq	*Idem.*
Ostrea proboscidea (variété *Minor*), d'Arch	*Idem.*
Plicatula Fourneli	Cénomanien inférieur.

OUED ZAOUAÏ.

Inoceramus (voisin de l'*I. Goldfussi*), d'Orb..........	Sénonien supérieur.
Ostrea Pomeli, Coq..........................	*Idem.*

COUDIAT HAMEÏMET.

Inoceramus (deux variétés se rapprochant de l'*I. Goldfussi*, dont une à côtes larges), d'Orb..........	Sénonien supérieur.
Inoceramus regularis, d'Orb....................	*Idem.*
Cytherea..................................	*Idem.*
Nerinæa..................................	Turonien supérieur.
Ammonites (individu jeune, indéterminable).........	*Idem.*

DJEBEL TEBAGA.

Ostrea crassissima, Lamk......................	Miocène.
Ostrea Matheroniana, d'Orb....................	Sénonien supérieur.
Ostrea plicifera, Coq.........................	*Idem.*
Ostrea Mermeti (type), Coq....................	Cénomanien supérieur.
Ostrea Mermeti (variété *Sulcata* de Palestine), Coq....	*Idem.*
Ostrea flabellata, d'Orb.......................	*Idem.*

ESPÈCES NOUVELLES DE LA RÉGION DU DJERID,

DÉCRITES PAR M. MUNIER-CHALMAS,

SOUS-DIRECTEUR DU LABORATOIRE DE GÉOLOGIE À LA SORBONNE.

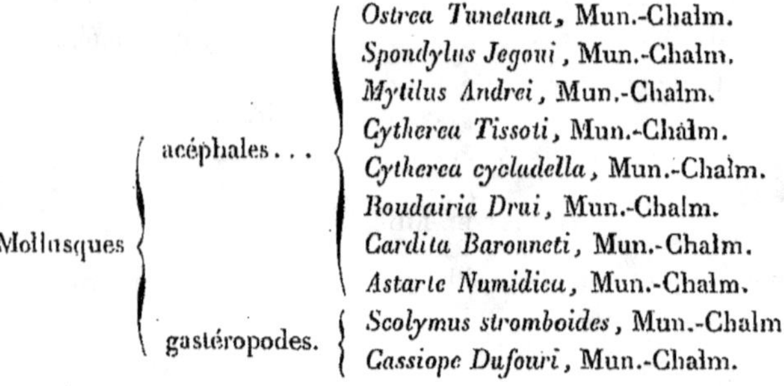

Mollusques
- acéphales...
  - *Ostrea Tunetana*, Mun.-Chalm.
  - *Spondylus Jegoui*, Mun.-Chalm.
  - *Mytilus Andrei*, Mun.-Chalm.
  - *Cytherea Tissoti*, Mun.-Chalm.
  - *Cytherea cycladella*, Mun.-Chalm.
  - *Roudairia Drui*, Mun.-Chalm.
  - *Cardita Baronneti*, Mun.-Chalm.
  - *Astarte Numidica*, Mun.-Chalm.
- gastéropodes.
  - *Scolymus stromboides*, Mun.-Chalm.
  - *Cassiope Dufouri*, Mun.-Chalm.

Une de ces espèces a été dédiée à M. Charles Tissot, quatre autres rappellent les noms de MM. Baronnet, Jégou, André et Dufour, membres de la mission dirigée par M. le commandant Roudaire.

L. Dru.

TABLEAU DES ÉTAGES, SUIVANT LES DEUX CLASSIFICATIONS DE M. AL. D'ORBIGNY ET DE M. COQUAND, RÉPARTIS PAR LOCALITÉS.

TERRAIN	CRAIE SUPÉRIEURE.			CRAIE MOYENNE.				CRAIE INFÉRIEURE.
TERTIAIRE	SÉNONIEN SUPÉRIEUR.		SÉNONIEN INFÉRIEUR	TURONIEN		CÉNOMANIEN		—
MIOCÈNE.	CAMPANIEN.	SANTONIEN.	Coniacien.	SUPÉRIEUR. Provencien.	INFÉRIEUR Angoumien.	SUPÉRIEUR. Carentonien.	INFÉRIEUR. Rothomagien.	URGO-APTIEN.
	Oued Chakmo. . . .	Oued Chakmo.						
Seuil de Kriz. .	Seuil de Kriz.	Seuil de Kriz.						
		Oudian.						
Djebel Kebiriti.	Djebel Kebiriti. . . .	. . . .	. . .	Djebel Kebiriti.	. . .	Djebel Kebiriti.	Djebel Kebiriti . . .	Djebel Kebiriti.
	Bir Berrada.	. . . .	. . .	Bir Berrada. . .	. . .	. . . .	Bir Berrada.	
Ras Knafès. . .	Ras Knafès.	Ras Knafès.	. . .	. . . .	. . .	Ras Knafès. . .	Ras Knafès.	
Djebel Aïdoudi.	Djebel Aïdoudi. . . .	Djebel Aïdoudi. . . .	. . .	Djebel Aïdoudi.	. . .	. . . .	Djebel Aïdoudi.	
	Zemlet el-Bida.							
	Khanghat el-Aïcha .	Khanghat el-Aïcha. .	. . .	. . . .	. . .	. . . .	Khanghat el-Aïcha.	
	Coudiat Hameïmet.	Coudiat Hameïmet.						
								Bir Beni Zid.
Djebel Tebaga.	Djebel Tebaga.	. . . .	. . .	Djebel Tebaga.	. . .	Djebel Tebaga.	Djebel Tebaga.	

NOTE PALÉONTOLOGIQUE

SUR LES FOSSILES RECUEILLIS PAR M. LE COMMANDANT ROUDAIRE DANS SON EXPÉDITION SCIENTIFIQUE EN TUNISIE, ET DESCRIPTION DES ESPÈCES NOUVELLES, PAR M. MUNIER-CHALMAS.

M. Dru, ingénieur, m'a prié d'examiner les fossiles qui lui ont été communiqués par M. Roudaire; ils appartiennent tous au terrain crétacé supérieur, sauf l'*Ostrea crassissima*, si caractéristique du miocène moyen, et une ou deux espèces rappelant des formes aptiennes. Toutes les espèces rigoureusement déterminées se répartissent dans le cénomanien, le turonien et le sénonien.

Les résultats géologiques et paléontologiques de l'expédition de Tunisie sont très intéressants, en ce qu'ils ont confirmé l'exactitude des relations qui réunissent étroitement la constitution géologique de la Tunisie à celle de l'Algérie. Ces relations sont telles, que les mêmes caractères minéralogiques et stratigraphiques, ainsi que les moindres variations des espèces, se retrouvent dans les deux régions.

Au point de vue paléontologique, il faut encore signaler l'intérêt que présente une variété d'*Ostrea Mermeti*, identique à une forme de Palestine, décrite par M. Louis Lartet, et un genre nouveau d'acéphale (*Roudairia*), voisin des Cyprines, genre qui a des représentants très voisins dans le terrain crétacé supérieur des Indes. Aujourd'hui que des études géologiques sérieuses ont été faites sur le littoral de la Méditerranée, en Europe, en Asie et en Afrique, on peut dire que le turonien et le sénonien de ces régions, à l'exception de quelques variations locales, présentent deux facies principaux assez tranchés : l'un situé au Nord, et l'autre au Sud de cette mer.

Le facies Nord ou alpin commence à prendre ses véritables caractères dans les Alpes, à l'Ouest du Véronais; il se poursuit à travers les Alpes vénitiennes, le Frioul et la province de Trieste; il contourne à l'Est l'Adriatique, qui n'est qu'une dépendance de la Méditerranée, en longeant l'Istrie et la Dalmatie. Sur tout ce parcours, il est caractérisé par des calcaires compacts roses, gris ou blancs, renfermant presque toujours, en très grande abondance, des *Radiolites*, des *Sphærulites*, et, sur quelques points, des *Brachiopodes*, en général peu nombreux, et des *Echinodermes*, assez rares.

Le type du facies Sud se trouve très bien représenté en Algérie, où il se montre dans tout son développement. Là, il a été étudié avec beaucoup de soin par MM. Fournel, Deshayes, Pomel, Coquand, Péron et Marès.

D'après les matériaux recueillis par M. le commandant Roudaire, ce facies se poursuit en Tunisie avec des caractères identiques; il passe ensuite en Égypte; mais, comme les travaux géologiques faits sur ce pays sont encore fort peu nombreux, il en résulte qu'il est à peine connu. Enfin, à l'Ouest de la Méditerranée, il a été rencontré en Palestine par M. Louis Lartet, qui l'a fait connaître dans son beau travail sur la géologie de cette région.

Le facies algérien, qui est connu de tous les géologues, est surtout caractérisé par un nombre considérable d'*huîtres* appartenant soit à des espèces propres au facies Sud, soit à d'autres espèces, moins nombreuses, se retrouvant dans le terrain crétacé supérieur d'Europe. Il faut encore ajouter, comme caractéristiques, un grand nombre d'Échinodermes appartenant surtout aux genres *Hemiaster, Echinobrissus*, etc.

Si l'on analyse maintenant les caractères des fossiles rapportés de Tunisie par M. le commandant Roudaire, il sera facile de se rendre compte de la grande ressemblance qui existe entre la faune de cette région et celle de l'Algérie.

Je vais passer rapidement, et très succinctement, en revue les matériaux que j'ai eus à ma disposition. Je n'ai pas à m'occuper de la répartition locale des espèces, ce travail ayant été fait par M. Dru, dans la partie stratigraphique à laquelle est jointe la liste de toutes les espèces recueillies.

POLYPIERS.

Ce groupe est à peine indiqué par quelques fragments indéterminables.

ÉCHINODERMES.

Les *Échinides* sont assez nombreux; ils se répartissent dans les genres *Hemiaster, Periaster Botryopygus* et *Echinobrissus*, MM. Cotteau et Péron ont bien voulu se charger de leur étude. Ces auteurs, qui ont fait de nombreux travaux sur les Échinodermes d'Algérie, ont reconnu que toutes les espèces qu'ils ont déterminées avec certitude étaient des formes algériennes.

Les *Hemiaster* sont, en général, comprimés et peu déterminables; on peut cependant, à la rigueur, signaler deux espèces : la première, dont on ne connaît qu'un exemplaire, a une grande affinité avec l'*Hemiaster Fourneli* (Desor); elle a été trouvée à Ras Knafès; la seconde provient également de Ras Knafès, elle rappelle l'*Hemiaster verrucosus* du cénomanien, si bien caractérisé par ses grosses granulations et par l'absence de sillon antérieur. La troisième forme est voisine de l'*Hemiaster Latigrunda* (Cotteau), et se trouve à Aïn Kebiriti.

Le genre *Epiaster* est seulement indiqué par une espèce très voisine de l'*Epiaster Vatonei* (Coq.).

Le genre *Botryopygus* est représenté au seuil de Kriz et à El-Oudian par des individus de différentes tailles, appartenant tous au *Botryopygus Coquandi* (Cotteau); ils rappellent absolument par leur forme le type algérien. Cette espèce et les espèces suivantes appartiennent toutes au sénonien et au turonien.

Les *Echinobrissus* ont fourni quatre espèces connues depuis longtemps en Algérie, savoir :

1° Deux échantillons du chott Djerid (Aïn Kebirita), en assez mauvais état, rappelant l'*Echinobrissus trigonopygus* (Cotteau), ou l'*E. Julieni* (Coquand);

2° Quatre autres individus d'El-Oudian et du seuil de Kriz, très bien caractérisés, mais de tailles inégales, appartenant à l'*Echinobrissus Setifensis* (Cotteau);

3° Une série d'exemplaires nombreux et bien conservés constituant deux espèces nouvelles, que MM. Péron et Gauthier avaient déjà indiquées, dans leur collection, sous les noms de *Echinobrissus Meslei* et *E. cassiduliformis*. Elles seront décrites d'après les diagnoses de ces auteurs.

BRACHIOPODES ET BRYOZOAIRES.

Ces deux classes ne sont représentées que par quelques fragments en mauvais état.

ACÉPHALES.

Les mollusques acéphales, au contraire, sont relativement très nombreux; ils appartiennent, en grande majorité, au genre *Ostrea;* les autres espèces se répartissent dans les genres *Plicatula*, *Spon-*

dylus, Inoceramus, Mytilus, Astarte, Cardita, Venus, Roudairia. Il y a bien encore quelques autres formes, mais elles ne sont indiquées que par des moules internes plus ou moins mal conservés et, par conséquent, sans intérêt.

Nous avons pu, M. Dru et moi, déterminer avec certitude vingt-deux espèces d'huîtres, dont onze sont spéciales au facies algérien, savoir : *Ostrea Auresensis, Boucheroni, Delettrei, dichotoma, gryphoides, Mermeti, Nicaisei, Pomeli, Syphax, Sollieri, vesicularis* (var. *costata*). Dix espèces se retrouvent à la fois dans le terrain crétacé supérieur d'Europe et d'Algérie, ce sont : *Ostrea Caderensis, flabellata, haliotidea, lateralis, lingularis, Matheroniana, plicifera, proboscidea, Talmontiana* et *vesicularis.* Enfin une dernière espèce, qui est nouvelle, est spéciale à la Tunisie, elle sera décrite sous le nom d'*Ostrea Tunetana.*

Je dois signaler ici quelques variations, assez intéressantes, parmi les huîtres. Au seuil de Kriz, où l'on trouve dans les mêmes strates les *Ostrea plicifera* (var. *spinosa*) et *Matheroniana,* on rencontre un certain nombre d'individus qui, ayant des caractères propres aux deux espèces, ne peuvent être séparés avec certitude. Un fait analogue se passe au djebel Tebaga. En triant les *Ostrea Matheroniana* et *flabellata* de cette localité, qui avaient été réunis ensemble, quoique provenant de couches différentes, j'ai constaté qu'après avoir séparé les formes typiques il restait un certain nombre d'exemplaires. intermédiaires qu'il était très difficile, sinon impossible, de placer plutôt dans une espèce que dans l'autre. Ces formes intermédiaires et ces variations n'ont rien qui doivent surprendre chez des espèces qui paraissent provenir d'un type commun.

L'*Ostrea vesicularis* présente au seuil de Kriz et à Ras Knafès une variété remarquable par des indices de côtes transverses. Cette variété, qui a été figurée par M. Coquand (Mon. du genre *Ostrea,* p. 35, pl. XIX, fig. 4), est jusqu'ici propre à la région africaine; elle peut être désignée sous le nom d'*Ostrea vesicularis,* Lamk. (var. *Costata*), à moins que plus tard de nouveaux échantillons ne permettent de lui assigner des caractères spécifiques.

Au djebel Tebaga, on rencontre encore, en même temps que la forme typique de l'*Ostrea Mermeti,* une variété de cette espèce, qui porte des côtes transverses très accusées (var. *Sulcata*). Cette forme intéressante, qui a été trouvée pour la première fois en Palestine par M. Louis Lartet, a été très bien figurée par cet auteur dans son ouvrage sur la géologie de cette région (L. Lartet, *Géologie de la Palestine*, p. 63, pl. X, fig. 14, 15).

Les *Plicatules* sont représentées dans quelques localités par des échantillons en général peu nombreux et d'une médiocre conservation. Elles appartiennent aux *Plicatula Fourneli, Pomeli*, espèces algériennes déjà citées dans la partie stratigraphique.

Les *Inoceramus* qui ont été recueillis sont de tailles très différentes : les uns très grands, à côtes espacées, larges et peu saillantes; les autres, de moyenne taille, à côtes plus élevées et plus serrées; quoique en général incomplets, ils paraissent cependant identiques ou très voisins des formes sénoniennes que l'on rencontre dans l'Aquitaine, les Pyrénées et le Hanovre; deux ou trois exemplaires se rapportent assez exactement à l'*Inoceramus regularis* (d'Orbigny).

Les *Rudistes* sont indiqués par quelques échantillons en assez mauvais état, appartenant aux genres *Radiolites* et *Sphærulites*. Ce sont des espèces turoniennes qu'il est presque impossible de déterminer avec certitude. Cependant l'une d'elles paraît appartenir, d'après M. Bayle, à une forme de Syrie, qu'il a désignée sous le nom de *Sphærulite Syriacus*.

Il faut encore ajouter aux Acéphales que je viens de passer en revue sept espèces nouvelles du sénonien et du turonien supérieurs, se répartissant ainsi : *Spondylus Jegoui, Mytilus Andrei, Astarte Numidica, Cardita Baronneti, Citherea Tissoti, Citherea cycladella, Roudairia Drui;* ce dernier genre, sur lequel j'ai du reste à revenir, est représenté dans le terrain crétacé supérieur de l'Inde par deux espèces très voisines de la forme tunisienne; c'est un rapprochement paléontologique intéressant entre les deux régions.

GASTÉROPODES.

Les mollusques gastéropodes n'offrent qu'un intérêt secondaire; ils se présentent en général à l'état de moules internes rarement déterminables. Les principaux sont : *Natica, Pterodonta, Turritella, Pteroceras, Nerinæa Pauli*, et quelques exemplaires paraissant se rapprocher beaucoup du *Strombus Mermeti* (Coquand).

J'ai encore à citer un *Cassiope* nouveau de Bir Berrada et un Gastéropode assez curieux provenant de Ras Knafès; il présente deux plis columellaires, et paraît devoir se ranger parmi les *Scolymus*, ou former un genre très voisin des *Turbinella*.

CÉPHALOPODES.

Il me reste encore à signaler un ou deux débris de *Céphalopodes*, annonçant la présence des genres *Nautiles* et *Ammonites*.

Maintenant que j'ai terminé l'examen rapide des différents groupes, je vais donner la description des espèces nouvelles.

MM. Péron et Gauthier ont bien voulu m'envoyer la diagnose des deux nouveaux échinides de Tunisie qu'ils avaient déjà rencontrés en Algérie et qui étaient désignés depuis longtemps dans leur collection sous les noms de *Echinobrisius cassiduliformis* et *E. Meslei* [1].

DESCRIPTION DES ESPÈCES NOUVELLES.

Echinobrissus cassiduliformis, Pér. et Gaut. (in litteris).

Espèce de grande taille, forme allongée, peu épaisse, rappelant celle des *Botryopygus* et des *Cassidulus*; partie antérieure arrondie, mais un peu étroite; partie postérieure très peu tronquée; dessous très plat.

Péristome légèrement excentrique en avant, entouré d'un floscelle bien accusé.

Périprocte très rapproché du bord postérieur; sillon anal très court, large; ambulacres larges et très pétaloïdes; pores allongés, les extérieurs plus longs.

Habitat. — Seuil de Kriz (Tunisie), Algérie. Sénonien supérieur.

Observations. — Cette espèce, tout en conservant ses principaux caractères, présente quelques variations individuelles qu'il est bon de signaler; il y a des exemplaires allongés et étroits, d'autres plus larges ou plus élevés. Voici leurs principaux rapports :

Longueur	Largeur	Hauteur
31mm.	24mm.	15mm
32	26	16
36	28	20
38	32	20

[1] Ces deux espèces paraîtront dans les *Echinides d'Algérie*, publiés par MM. Péron et Gauthier (*Annales des sciences géologiques*, 2e fascicule des espèces sénoniennes).

ECHINOBRISSUS MESLEI, PÉR. et GAUT. (in litteris).

Espèce courte, renflée, assez étroite, coupée très obliquement à la partie postérieure, qui est très déclive.

Dessous épais, renflé au pourtour, très déprimé au milieu, autour du péristome.

Sommet excentrique en avant.

Péristome très grand, central, pentagonal, profondément enfoncé.

Périprocte situé dans un sillon très long, étroit, oblique d'avant en arrière.

Ambulacres longs, étroits, très peu pétaloïdes. Pores peu développés; les intérieurs presque ronds, les extérieurs obliques et en forme de virgule.

Habitat. — Djerid (Tunisie), Algérie. Sénonien supérieur.

Observations. — L'*Echinobrissus Meslei* offre quelques différences assez notables dans la longueur et la largeur relatives de son sillon périproctal et dans la déclivité du bord postérieur. Les exemplaires de Tunisie sont, d'après M. Péron, semblables aux types moyens de l'espèce algérienne.

OSTREA TUNETANA, MUN.-CHALM. (pl. 1, fig. 1-5).

Test allongé, étroit, surbaissé; crochets aigus bien développés et légèrement inclinés ou courbés à gauche. Bord droit moins arqué que le gauche. Bord palléal arrondi.

Valve supérieure presque plane ou à peine convexe, présentant une petite inflexion concave submédiane faisant relever légèrement le bord palléal; surface externe ornée de lamelles concentriques assez rapprochées et régulières.

Valve inférieure peu convexe, exceptionnellement plus renflée près du crochet et présentant généralement sur le bord gauche une petite expansion lamelleuse, située un peu au-dessous du talon. Bord droit relevé plus brusquement que le bord opposé. Bords droit et gauche épais, laissant apercevoir les lames d'accroissement. Surface externe présentant des lamelles concentriques assez espacées qui présentent des indices de plissement. Surface fixée, en général peu étendue. Talon allongé et triangulaire, creusé d'une fossette longue et assez large.

Habitat. — Djebel Diabit (Tunisie). Sénonien (?)

Observations. — L'*Ostrea Tunetana*, qui rappelle beaucoup l'*Ostrea Delettrei*, s'en distingue nettement par ses lames, qui ne présentent pas les plis de cette dernière espèce. J'ai donné les dimensions des individus de moyenne taille; il y a des exemplaires qui atteignent le double de grandeur. Le dernier individu mesuré, qui a 30 millimètres d'épaisseur près du crochet, est une forme assez rare.

Spondylus Jegoui, Mun.-Chalm. (pl. II, fig. 9-11).

Test de petite taille. Aréa cardinale triangulaire assez surbaissée.

Valve supérieure peu convexe, ornée de quarante-deux à quarante-quatre côtes transverses, rapprochées, saillantes, droites ou très légèrement sinueuses, séparées par des sillons bien accusés. (Entre ces côtes, dont dix-huit à vingt portent des épines très espacées et à peine indiquées vers le milieu des valves, on trouve sur le côté gauche trois ou quatre petites côtes moins fortes, intercalées entre les premières.) Crochet assez saillant, ligne cardinale oblique.

Valve inférieure assez convexe, ornée de côtes droites plus larges que hautes, séparées par des sillons peu profonds; elles sont coupées près de la région cardinale par quelques expansions lamelleuses, épaisses et concentriques, et munies, sur le reste de leur étendue, d'épines espacées et fortes, également disposées en séries concentriques. Surface fixée peu considérable.

Diam. ant. post., 27^{mm}. Diam. trans., 34^{mm}. Épaiss., 17^{mm}.

Habitat. — Un seul exemplaire provenant de Ras Knafès (Tunisie). Sénonien supérieur avec *Astarte Numidica*.

Mytilus Andrei, Mun.-Chalm. (pl. III, fig. 15-16).

Test allongé, étroit, rétréci en avant, un peu dilaté en arrière. Valves ornées de stries d'accroissement plus ou moins accusées et présentant un angle longitudinal très oblique et obtus formé par la réunion des côtes antérieures et postérieures.

Côté antérieur étroit et peu développé. Côté postérieur régulièrement arqué. Bord palléal droit présentant une sinuosité en s'approchant de l'angle oblique qui sépare le milieu des valves.

Région cardinale allongée et presque droite.

Diam. ant. post., 21^{mm}. Diam. trans., 10^{mm}. Épaiss., 9^{mm}.

Habitat. — Bir Berrada (Tunisie). Turonien supérieur avec *Cytherea cycladella.*

Cardita Baronnetti, Mun.-Chalm. (pl. II, fig. 4-8).

Test transverse et subtrigone chez les jeunes et obliquement ovalaire chez les adultes. Crochets saillants et fortement recourbés.

Valves ornées de vingt-six à vingt-huit côtes transverses et arrondies, séparées par un sillon étroit et peu profond. Ces côtes, qui sont plus faibles et aplaties à leur base sur le côté postérieur, deviennent un peu plus écartées et plus saillantes sur le côté antérieur; près des crochets, elles présentent de petits tubercules espacés qui disparaissent assez promptement sur le côté postérieur et sur le milieu des valves, où ils sont remplacés par des stries d'accroissement, fines, serrées et assez régulières. Chaque valve porte, en général, de trois à six plis d'accroissement assez marqués.

Valve droite présentant une charnière large et subtrigone, munie d'une dent cardinale longue et saillante.

Diam. ant. post., 40^{mm}. Diam. trans., 40^{mm}. Épaiss., 36^{mm}.
29 32 26.

Habitat. — Ras Knafès (Tunisie). Sénonien supérieur avec l'*Astarte Numidica.*

Observations. — Cette espèce rappelle un peu la forme générale du *Cardita Beugnei* (Coq.) du carentonien de Batna (Algérie).

Astarte Numidica, Mun.-Chal. (pl. III, fig. 4-9).

Test trigone, presque aussi large que haut, en général peu renflé.

Valves peu convexes, ornées près des crochets de huit à dix côtes concentriques et surbaissées, entre lesquelles se montrent de très petits plis, également concentriques et peu accusés; ces côtes, qui se courbent sur le côté postérieur pour se diriger en avant, disparaissent sur tout le reste de la surface des valves, où elles sont remplacées par des lignes d'accroissement fines et serrées.

Côté antérieur beaucoup plus court que le postérieur.

Côté postérieur présentant un espace assez étroit, séparé du reste de la surface du test par un angle obtus et très peu accusé; bords postérieurs offrant de chaque côté de leur plan d'intersection une carène longitudinale délimitant une petite dépression (pseudo-lunule).

Ligament mince et allongé se logeant vers le milieu de la partie supérieure de la pseudo-lunule.

Diam. ant. post., 26^{mm}.	Diam. trans., 24^{mm}.	Épaiss., 15^{mm}.
24	23	13

Var. α (pl. III, fig. 1-3). — Test plus convexe; lunule plus large que dans le type.

Diam. ant. post., 26^{mm}. Diam. trans., 24^{mm}. Épaiss., 17^{mm}.

Var. β (pl. III, fig. 10-11). — Région palléale légèrement sinueuse près du bord postérieur.

Côté antérieur beaucoup plus court que dans le type. Lunule large et allongée.

Diam. ant. post., 27^{mm}. Diam. trans., 27^{mm}. Épaiss., 18^{mm}.

Var. γ (pl. III, fig. 12-14). — Test très obliquement transverse. Bord antérieur très court, tombant brusquement. Pseudo-lunule très développée.

Diam. ant. post., 23^{mm}. Diam. trans., 22^{mm}. Épaiss., 17^{mm}.

Habitat. — Ras Knafès (fig. 1-5, 7-4) et Aïdoudi (fig. 6, 12-4) (Tunisie). Sénonien supérieur.

Observations. — Cette espèce est assez répandue dans les deux localités citées ci-dessus; elle est, comme on vient de le voir, très variable. La variété γ surtout est assez éloignée du type; mais, comme on trouve tous les passages entre ces différentes formes, qui conservent du reste les mêmes ornements, on ne doit y voir que de simples variations individuelles.

Cytherea Tissoti, Mun.-Chalm. (pl. II, fig. 1-3).

Test ovalaire transverse et très renflé. Valves très convexes, ornées de stries concentriques étroites et serrées.

Côté antérieur très court, à peine saillant, et faisant un angle d'environ 90 degrés avec le côté opposé. Côté postérieur très développé, fortement arqué et convexe.

Lunule ovale et large, légèrement convexe vers son milieu et à peine séparée du reste de la surface des valves par un sillon étroit et peu profond.

Ligament étroit et allongé.

Diam. ant. post., 42^{mm}. Diam. trans., 37^{mm}. Épaiss., 32^{mm}.

Habitat. — Ras Knafès (Tunisie). Sénonien supérieur.

CYTHEREA CYCLADELLA, MUN.-CHALM. (pl. V, fig. 2-6).

Test subtrigone peu renflé.

Valves peu convexes, ne presentant que des stries concentriques d'accroissement plus ou moins accusées et serrées. Crochets peu recourbés et peu proéminents.

Côté postérieur tombant assez rapidement.

Côté antérieur presque aussi long que le côté opposé.

Ligament étroit et assez court.

Diam. ant. post., 22^{mm}.	Diam. trans., 20^{mm}.	Épaiss., 12^{mm}.
20	16	10

Habitat. — Bir Berrada. Rivages du chott Djerid. Turonien supérieur. Dans cette localité, on trouve réunis dans la même couche les *Cytherea cycladella, Mytilus* et *Cassiope.*

La présence du genre *Cassiope* au milieu de cette petite faune indique que la couche qui renferme ces trois espèces s'est déposée dans des eaux peu salées. Elle est directement en contact avec les couches à *Ostrea Caderensis.* On rencontre assez fréquemment cette dernière espèce dans les couches à *Hippurites cornuvaccinum* du midi de la France.

Observations. — Il ne m'a pas été possible de voir la charnière du *Citherea cycladella,* qui rappelle aussi par sa forme certains *Cyclas* et *Cyrena.* Il existe quelques échantillons de cette espèce dont la taille dépasse d'un tiers les types figurés.

ROUDAIRIA, MUN.-CHALM.

Test trigone et obliquement transverse; valves présentant un angle oblique formé par la rencontre du bord antérieur avec le bord postérieur qui constitue le corselet.

Valve gauche portant trois dents cardinales et une dent latérale postérieure, ainsi réparties : 1° une dent cardinale centrale, trigone et forte; 2° une dent cardinale antérieure en forme de V renversé, présentant en arrière une cavité non délimitée; 3° une dent cardinale postérieure, plus ou moins oblique, prenant naissance contre la nymphe ligamentaire et se prolongeant sur le côté antérieur en longeant le bord, pour passer au-dessus des deux premières dents cardinales décrites; 4° une dent latérale postérieure, forte et longue.

Valve droite munie de trois dents cardinales et d'une dent latérale postérieure, disposées de la manière suivante : 1° une dent cardinale postérieure, plus ou moins oblique, située contre la nymphe ligamentaire; 2° une dent antérieure subtrigone placée contre le bord antérieur, se prolongeant en avant au-dessus des deux dents cardinales décrites ci-dessous; 3° deux dents cardinales antérieures, de moyenne taille, situées sur le bord interne du plancher cardinal; 4° une dent latérale postérieure.

Impressions musculaires bien nettes; l'antérieure un peu plus petite que la postérieure.

Impression palléale simple.

Ligament externe et saillant, supporté par des nymphes assez larges et plus ou moins longues.

Type Roudairia Drui, Mun.-Chal.

Observation. — J'ai saisi avec empressement l'occasion qui m'était offerte d'attacher le nom de M. le commandant Roudaire au nouveau genre tunisien que j'avais à créer.

M. Stoliczka a fait connaître en 1870, dans son travail sur la paléontologie des Indes, deux espèces nouvelles de *Cyprines* qu'il a décrites sous le nom de *Cyprina cristata* et *Forbesiana;* ces deux espèces doivent rentrer dans le genre *Roudairia,* car leur forme générale, et surtout l'organisation de leur charnière, très bien décrite et figurée par M. Stoliczka, ne laissent aucun doute sur ce rapprochement. Les différences génériques qui existent entre les *Cyprines* typiques et le genre que je viens de décrire résident dans la forme générale des valves et surtout dans le mode de répartition des dents cardinales. Cette différence est telle que je ne crois pas devoir m'y arrêter.

Il me reste maintenant à examiner le sous-genre *Cicatrea,* que

M. Stoliczka a établi pour la *Cyprina cordialis*. Cette section, qui doit être élevée, sans aucun doute, au rang de coupe générique, présente plus de rapports avec les *Roudairia* qu'avec les *Cyprines*, mais la disposition et la forme des dents cardinales et de deux dents latérales ne permettent pas de réunir ces deux genres. Lorsqu'on étudie les descriptions et les figures que M. Stoliczka a données des différentes espèces dont j'ai parlé, on voit bien vite que les *Roudairia*, qui appartiennent certainement aux *Cyprinidæ*, doivent se placer à côté des *Cicatrea*.

ROUDAIRIA DRUI MUN.-CHALM. (pl. IV, fig. 1-7).

Test rappelant extérieurement la forme générale des trigonies du groupe des *Costatæ*.

Côté postérieur (corselet) large et long, faisant presque un angle droit avec le reste de la surface des valves et présentant en général une carène plus ou moins saillante. Valves ornées de côtes longitudinales larges, espacées, arrondies, rarement subanguleuses, en général plus saillantes sur le côté postérieur. Ces côtes, qui peuvent disparaître par places avant d'atteindre la carène, passent très souvent sur le corselet en denticulant la carène.

Charnière très forte.

Impressions musculaires fortement imprimées; l'antérieure, petite et profonde; la postérieure présentant en avant un renflement du test, qui produit une petite élévation semi-circulaire.

Diam. ant. post., 56mm.	Diam. trans., 45mm.	Épaiss., 43mm.
54	46	...

Ligament court, renflé, supporté par des nymphes ligamentaires assez larges.

Var. α (pl. IV, fig. 7, et pl. V, fig. 1). Test plus allongé et plus obliquement transverse que dans le type. Côté antérieur convexe.

Diam. ant. post., 62mm. Diam. trans., 42mm. Épaiss., ...

Habitat. — Ras Knafès (fig. 1, 2, 3, 4, 5, 6) et Aïdoudi (fig. 7) (Tunisie). Sénonien supérieur avec *Astarte Numidica*.

Observations. — Le *Roudairia Drui* est très abondant; il présente quelques variations individuelles. Entre la variété α et les autres formes, on trouve tous les intermédiaires.

Le nouveau genre que j'ai créé renferme actuellement les trois espèces suivantes, qui appartiennent au terrain sénonien :

Roudairia Drui, Mun.-Chalm (Tunisie).
Roudairia Forbesiana, Stol. sp.[1] (Indes).
Roudairia cristata, Stol. sp. (Indes).

En dédiant la première de ces espèces à M. Dru, je suis heureux de lui donner un témoignage d'estime et d'amitié.

Cassiope Dufouri, Mun.-Chalm. (pl. V, fig. 7-9).

Test turriculé, conique, croissant régulièrement. Spire composée de neuf à dix tours légèrement concaves vers leur milieu et présentant : 1° à leur base, contre la ligne suturale, un bourrelet en général surbaissé et peu saillant; 2° vers leur partie supérieure, une côte longitudinale ou carène obtuse, dernier tour montrant une côte longitudinale obtuse située un peu au-dessus de la carène. Surface ornée de stries d'accroissement assez espacées et plus ou moins fortes, ne denticulant que très rarement la carène ou les côtes longitudinales.

Long., 34^{mm}. Larg., 15^{mm}.

Habitat. — Bir Berrada (Tunisie). Turonien supérieur avec *Cytherea cycladella*.

Observations. — Les échantillons de *Cassiope* sont toujours incomplets; il ne m'a pas été possible d'en trouver avec l'ouverture entière. Cette espèce se distingue nettement de ses congénères par l'absence d'ornements et la forme de ses tours. Elle rappelle comme ornement le *Cassiope Helvetica*, mais l'enroulement des tours de spire est différent.

Scolymus stromboides Mun.-Chalm. (pl. V, fig. 10-11).

Test non ombiliqué, strombiliforme; partie supérieure inconnue. Spire conique et très courte, composée de cinq à six tours peu convexes, reproduisant en partie, près de la suture, les tubercules du tour précédent qu'ils recouvrent. Suture sinueuse, étroite et peu profonde.

Dernier tour très grand, présentant : 1° un peu au-dessus de la

[1] Les deux espèces décrites par Stoliczka se trouvent dans la subdivision du terrain crétacé supérieur établie par les géologues de l'Inde sous le nom d'*Arrialar group*. (Stoliczka, *Paléont. de l'Inde*, vol. III, p. 197, pl. IX, 1870).

suture, un rang de tubercules arrondis, saillants, espacés et assez larges; 2° à sa partie supérieure, une dépression longitudinale qui délimite une surface large et peu convexe comprise entre les tubercules et cette dépression.

Ouverture longue. Columelle munie de deux plis obliques et espacés; l'inférieur un peu plus fort que le supérieur.

Long., 53^{mm}. Larg., 40^{mm}.

Habitat. — Ras Knafès (Tunisie). Sénonien supérieur avec l'*Astarte Numidica*.

Observations. — J'ai décrit cette espèce d'après deux individus malheureusement incomplets, leur partie supérieure faisant complètement défaut. Malgré cette lacune, on peut encore facilement voir leurs principaux caractères génériques et spécifiques. Cette forme, intéressante pour les terrains crétacés, paraît devoir se ranger, par les caractères tirés de ses ornements et ses plis collumellaires, dans les *Scolymus* ou dans un genre très voisin des *Turbinella;* elle présente plus d'analogie avec les espèces tertiaires qu'avec les espèces actuelles.

MUNIER-CHALMAS.

En jetant un coup d'œil sur les coupes géologiques, on reconnaît que le seuil de Gabès n'est pas un massif entièrement composé de roches dures, comme un examen superficiel l'avait fait croire à quelques géologues. La dépression de l'oued Melah, que nous avons explorée, n'est, en effet, presque exclusivement formée que de sables et de marnes sableuses ou argileuses. Le calcaire y apparaît au-dessous de la ligne de faîte, mais il ne se trouve qu'à la profondeur de 30 et quelques mètres. Sur la ligne directe qui joint le chott Fejej à la Méditerranée, il ne forme, au-dessus du niveau de la marée basse, qu'une saillie peu considérable dont l'altitude, au-point culminant, ne dépasse pas 12 à 13 mètres. La coupe géologique n° 3 montre, en outre, que ce banc de calcaire s'abaisse vers le Nord. Il est très probable qu'en faisant de nouveaux sondages dans cette direction, nous aurions constaté sa présence à une profondeur plus grande; mais, ainsi que je l'ai déjà dit, ces recherches n'offraient aucun intérêt au point de vue du creusement d'un canal de communication. Des bancs composés de couches alternatives de calcaire et de marne ne présenteront pas un obstacle sérieux, et il vaudra mieux les attaquer que d'allonger le canal en le rejetant vers le Nord en dehors de sa direction normale, dût-on y trouver un passage absolument sans roches dures.

Dans son étude géologique sur le bassin des chotts[1], M. Dru conclut à la communication de ce bassin avec la Méditerranée pendant la période quaternaire. En 1877, à la suite de deux explorations topographiques, j'avançais, en m'appuyant sur la configuration des lieux, sur les traditions restées si vivaces dans le pays et sur divers passages d'Hérodote, de Scylax, de Pomponius Mela, etc., que, pendant la période historique, la dépression des chotts avait formé un golfe de la Méditerranée, sous le nom de *baie* ou *golfe de Triton*. Cette opinion d'ailleurs n'était pas nouvelle; elle avait déjà été émise par un grand nombre d'auteurs, parmi lesquels je citerai Shaw, sir Grenville Temple, Rennel, MM. Duveyrier et Guérin, etc. M. C. Tissot, actuellement ambassadeur à Constantinople, si connu par ses savantes recherches archéologiques, ayant visité le chott Djerid en 1853 et 1857, était arrivé aux mêmes conclusions et les avait consignées dans une thèse intitulée : *De Tritonide lacu*, soutenue en 1863 pour le doctorat ès lettres. M. Tissot a, en outre, publié dernièrement sur ce sujet, dans le *Bulletin de la Société de géographie*[2], un article remarquable qu'il avait bien voulu me communiquer depuis longtemps, et dont j'avais cité quelques passages dans mon rapport de 1877[3]. Tout récemment, M. de Lesseps m'a signalé une carte de Tunisie publiée en 1570 dans l'atlas d'Alathus, où le chott Djerid est relié à la Méditerranée par un détroit. Les noms des lieux et les indications y sont inscrits dans ce latin corrompu qui a cessé d'être en usage au XIIIe siècle : ce qui tendrait à faire supposer qu'elle avait été copiée sur une autre carte beaucoup plus ancienne. Au Congrès de l'association française pour l'avancement des sciences, tenu à Paris en 1878, M. Tournouër, ancien président de la Société géologique de France, terminait par les paroles suivantes une très intéressante communication sur les coquilles marines recueillies dans la région des chotts : « Tout ce que j'ai voulu dire, je le répète, à propos de quelques faits conchyologiques qui touchent à ces grandes questions, c'est que ces faits ne me paraissent pas,

[1] Page 276.
[2] *Bulletin* de juillet 1879.
[3] Pages 57 et suiv.

jusqu'à présent, concluants en faveur de l'hypothèse de la mer saharienne, quoiqu'ils ne soient pas contradictoires avec cette hypothèse. »

Notre dernière exploration géologique ne nous a fourni aucune preuve matérielle qui permette d'établir que le bassin des chotts ait été un golfe de la Méditerranée pendant la période historique. Les lais de mer, s'ils existent, ont été recouverts par les sables. Le faible diamètre de nos sondes ne nous laissait que bien peu de chances de constater leur présence, et si quelques vestiges sont restés à la surface du sol, ils ont échappé à nos recherches. Des investigations postérieures apporteront peut-être des éléments nouveaux à la question. Quoi qu'il en soit, en l'absence de preuves géologiques, je ne reprendrai pas la thèse de l'identité de la baie de Triton et du bassin des chotts, qui ne manquerait pas de donner naissance à des controverses dont le résultat serait de déplacer la question. Si séduisantes en effet que puissent paraître de semblables discussions, elles n'intéressent, ainsi que je le disais en terminant mon dernier rapport, que très indirectement le projet de mer intérieure, qui est avant tout un problème de géographie physique. La baie de Triton n'eût-elle jamais existé, il n'en serait pas moins mathématiquement démontré qu'il existe actuellement, au Sud de l'Algérie et de la Tunisie, une vaste dépression dont le niveau est inférieur à celui de la Méditerranée, et que cette dépression, occupée par des marais insalubres, serait recouverte par les eaux de la mer si elle était reliée au golfe de Gabès. Il est d'ailleurs un fait qui n'est contesté pas personne, c'est que, à l'époque historique, ces dépressions étaient recouvertes par les eaux. Les débris de la galère antique[1] trouvés à Gattan ech-Cheurfa, où la tradition place l'ancien port de Nefta, suffiraient à en établir la preuve. Un autre fait incontestable, c'est que les régions voisines où les Romains avaient fondé un grand nombre d'établissements[2] étaient incomparablement plus fertiles que de nos jours. Ainsi donc, *les régions voisines étaient fertiles lorsque les chotts contenaient de l'eau; elles sont devenues stériles lorsque les chotts se sont desséchés.* C'est là surtout le fait historique qui nous intéresse.

Il importe peu, en effet, que les chotts fussent alors séparés de

1. Rapport de 1877, p. 58.
2. *Ibid.*, p. 77 et suiv.

la mer ou en communication avec elle. Ils étaient remplis d'eau, et la fertilité était due aux pluies résultant de l'évaporation qui se faisait à leur surface. Cela ne peut faire aucun doute pour ceux qui ont lu sans parti pris le rapport du général Favé, ainsi que les développements dans lesquels je suis entré à ce sujet. L'expérience historique vient donc à l'appui des considérations théoriques fondées sur les lois physiques qui régissent la formation et la condensation des vapeurs d'eau. Nous pouvons aujourd'hui, en reliant les chotts à la Méditerranée, rétablir les anciennes conditions climatériques et créer en même temps, au Sud de l'Algérie au delà de la chaîne de l'Atlas, une voie commerciale et politique de la plus haute importance. Quelles seraient les difficultés à vaincre pour arriver à ce résultat? C'est ce que j'examinerai plus loin. Avant d'aborder cette question, il convient de répondre aux objections élevées contre l'opportunité du projet.

RÉPONSE AUX OBJECTIONS.

Dans le rapport que j'ai eu l'honneur de vous adresser en 1877, je me suis efforcé de répondre aux objections élevées contre le projet de mer intérieure. Depuis cette époque, la controverse a continué. Quelques arguments nouveaux ont été invoqués par les adversaires du projet. Le plus souvent, les mêmes objections ont été reproduites dans des termes presque identiques, soit devant l'Académie des sciences, soit devant la Société de géographie. Afin de faire la lumière aussi complète que possible autour de la question, je crois nécessaire de reproduire textuellement les attaques ainsi que les réponses qui leur ont été faites, en complétant, au besoin, ces dernières et en les corroborant des arguments tirés du résultat de mes derniers travaux.

AGRICULTURE. — A propos de la mer intérieure du Sahara algérien. (Lettre à M. Daubrée, par M. Naudin[1].)

« Je lis, dans l'avant-dernier numéro des *Comptes rendus* (21 mai, p. 1123), que vous avez, ainsi que M. Dumas, fait vos réserves sur les conséquences de la coupure du seuil qui, aujourd'hui, sépare du golfe de Gabès les chotts de la Tunisie et du Sahara algé-

[1] Communiquée à l'Académie des sciences le 11 juin 1877.

rien, coupure qui, dit-on, aurait pour résultat le remplissage de ces chotts et la création, dans cette partie de l'Afrique, de ce qu'on est convenu d'appeler une *mer intérieure.*

« Vos réserves sont certainement très fondées. Les partisans, on pourrait dire les admirateurs enthousiastes de ce projet, se complaisent à nous montrer, dans un prochain avenir, la vie, le mouvement, l'agriculture, le commerce, en un mot, toute une nouvelle ère de prospérité et de civilisation, s'éveillant dans cette région désolée, par le seul fait du remplissage de ces larges dépressions du sol actuellement noyées par les pluies de l'hiver, transformées dans les autres saisons en marécages insalubres, et qui semblent vouées à une éternelle stérilité. Il suffit cependant d'y réfléchir quelque peu pour voir s'évanouir ces espérances et pour qu'on en vienne à se demander si cette difficile et coûteuse opération ne serait pas un malheur irréparable pour notre colonie algérienne.

« On cite l'exemple de l'Égypte, dont le climat s'est sensiblement amélioré depuis la création du canal de Suez et à la suite des plantations d'arbres qu'il a dès lors été possible d'y faire; mais il n'y a aucune parité à établir entre les deux régions : l'Égypte est adossée à deux mers; de plus, elle est traversée par un fleuve immense, sujet à des crues périodiques, et, du côté du Sud, elle ne confine pas à la steppe aride et torride du Sahara. La région des chotts algériens, au contraire, est déjà très éloignée de la mer, et, si elle n'est pas tout à fait le plein Sahara, elle en est du moins le commencement. Ajoutez à cela qu'elle n'a point de Nil pour la rafraîchir et lui procurer l'eau douce indispensable à toute culture.

« On dit, il est vrai, que l'évaporation à la surface de la mer intérieure projetée engendrera des pluies plus fréquentes, parce que l'eau vaporisée par le soleil et poussée par le vent du Sud vers la chaîne de l'Aurès s'y condensera pour retomber en pluie et en neige et fera naître des sources et des rivières qui ramèneront à la mer intérieure une partie de l'eau qu'elle aura perdue. C'est là une hypothèse à laquelle il ne serait pas difficile d'en opposer d'autres d'égale valeur; toutefois ce n'est encore que la moindre objection à faire aux projets de M. le capitaine Roudaire. Selon moi, il y en a une autre bien plus grave et qui suffirait, si elle est fondée, comme je le crois, pour faire repousser à tout jamais l'exécution de ce projet.

« Cette objection est celle-ci : En remplissant d'eau de mer les bassins peu profonds des chotts algériens, on n'aura *très probablement* abouti qu'à établir, de main d'homme et à coups de millions, un immense foyer pestilentiel, bien autrement dangereux que les maremmes de la Toscane ou les marais Pontins. D'après les évaluations de M. le capitaine Roudaire, la profondeur maximum de la mer intérieure ne dépassera pas 24 à 25 mètres, et cela au centre du bassin; mais ce qui intéresse dans la question, c'est bien moins le centre que les bords. Quelle sera la profondeur de cette mer artificielle sur son contour? On peut dire qu'elle sera nulle, à cause de la faiblesse des pentes. Supposez les chotts remplis par la mer, leur périmètre ne sera qu'une plage basse, de plusieurs kilomètres de largeur, alternativement noyée dans la saison des pluies et laissée à sec pendant l'été, inabordable à la batellerie, et où se trouveront réunies toutes les conditions de la plus redoutable insalubrité, c'est-à-dire le mélange de l'eau douce et de l'eau salée, une vive lumière solaire et une chaleur tropicale pendant les deux tiers de l'année, conditions qui auront pour conséquence une active pullulation d'organismes végétaux et animaux. La putréfaction de ces organismes ne pourra manquer de corrompre l'air à plusieurs lieues à la ronde et rendra fort dangereux le voisinage de cette prétendue mer intérieure. Je le répète : à mes yeux, le point essentiel de la question n'est pas tant de savoir ce que sera la profondeur maximum de l'eau introduite dans les chotts, que de savoir ce que sera sa profondeur moyenne calculée d'après l'étendue totale de la nappe d'eau, et surtout de savoir quel sera le régime du littoral qui s'établira avec des alternatives de hausse et de baisse dans le niveau des eaux. C'est de ce côté, je crois, que les études de M. le capitaine Roudaire devraient dorénavant être dirigées.

« La région saharienne est incontestablement ce qu'il y a de plus mauvais dans toute l'Algérie, et c'est une idée généreuse de vouloir la transformer et la rendre habitable. Y réussira-t-on jamais? Nul ne saurait le dire, mais peut-être devrait-on dès à présent tenter la seule chose qui semble possible pour atteindre le but dans un avenir encore éloigné, je veux dire la plantation ou le semis d'une végétation arborescente capable de s'accommoder de la nature de ce sol et de ce climat. Si les eucalyptus de l'Australie, ou du moins quelques-uns d'entre eux, pouvaient croître tant bien que mal dans une terre imprégnée de sel, leur place y serait indiquée; à leur défaut, il faudrait chercher ailleurs, et, en attendant qu'on trouvât mieux, on pourrait se contenter des *Tamarix*, arbres et arbrisseaux du pays qui, sans grande valeur par eux-mêmes, prépareraient le sol à recevoir une végétation forestière plus importante. Quel que fût le résultat de ces essais, ils seraient peu coûteux comparativement aux travaux que nécessiterait le remplissage des chotts, et, dans tous les cas, ils ne compromettraient point l'avenir. Mais ce qui serait plus urgent encore, ce serait le reboisement des pentes et des sommets dénudés des montagnes de l'Algérie par des semis de pins laricio, de pins d'Alep, de chênes et de châtaigniers, suivant la nature calcaire ou siliceuse des terrains, parce qu'après tout les forêts sont le plus puissant modificateur des climats. Elles tempèrent la chaleur et le froid; elles modèrent la violence des vents, elles assainissent l'air en arrêtant au passage les effluves marécageuses, elles condensent la vapeur d'eau répandue dans l'atmosphère et provoquent la chute de la pluie. Ce sont encore les forêts qui défendent le sol contre les ravinements, qui y emmagasinent l'eau de pluie, et qui diminuent par là le danger des inondations. Enfin elles enrichissent la terre de leurs détritus, et, en fin de compte, elles produisent le bois, une des matières les plus indispensables à toute nation civilisée. Je pense donc que, si jamais l'État ou des compagnies veulent consacrer quelques dizaines de millions à faire des expériences en Algérie, leur argent sera infiniment mieux employé à reconstituer les forêts là où elles manquent, qu'à créer une mer problématique, sans profondeur, sans portée commerciale, dangereuse pour la santé des populations environnantes et d'une étendue beaucoup trop faible pour modifier sensiblement le climat saharien, à plus forte raison pour ouvrir une voie à la civilisation européenne vers le centre d'un continent livré à la barbarie. »

GÉOGRAPHIE. — Réponse aux objections élevées par M. NAUDIN contre le projet de mer intérieure d'Algérie. (Note de M. ROUDAIRE, présentée par M. de Lesseps[1].)

« Dans une note insérée au *Compte rendu* de la séance du 11 juin, M. Naudin élève contre le projet de la mer intérieure d'Algérie des objections que je ne puis laisser sans réponse.

[1] Académie des sciences (séance du 25 juin 1877).

« On dit, écrit M. Naudin, que l'évaporation, à la surface de la « mer projetée, engendrera des pluies plus fréquentes, parce que « l'eau vaporisée par le soleil, poussée par le vent du Sud vers la « chaîne de l'Aurès, s'y condensera pour retomber en pluie et en « neige et fera naître des sources et des rivières qui ramèneront à « la mer intérieure une partie de l'eau qu'elle aura perdue. C'est « là une hypothèse à laquelle il ne serait pas difficile d'en opposer « d'autres d'égale valeur. »

« Je pourrais me borner à renvoyer M. Naudin au rapport si concluant de M. le général Favé, mais je dois faire remarquer ce qu'il y a de spécieux dans une objection qui consiste à traiter d'hypothèses, à priori et sans discussion, des prévisions fondées sur l'observation et le calcul.

« D'après les observations précises faites aux lacs Amers, placés dans les mêmes conditions climatériques que les chotts, la hauteur de la couche évaporée en vingt-quatre heures est, en moyenne, de $0^{m},003$. En multipliant ce chiffre par la surface de la mer intérieure, on reconnaît qu'elle perdrait chaque jour 39 millions de mètres cubes d'eau par suite de l'évaporation. Est-ce là une hypothèse?

« Par les vents de Sud, de Sud-Est ou de Sud-Ouest, qui sont les vents dominants de la région[1], comme l'indique la disposition des dunes, dont le talus le plus doux fait toujours face à une de ces directions, cette énorme masse d'eau vaporisée serait nécessairement poussée vers le Nord et par conséquent sur l'Algérie et la Tunisie. Or, d'une part, le calcul prouve qu'elle suffirait pour saturer à demi, sous la pression $0^{m},760$ et à la température de 12 degrés, une couche d'air de 24 mètres de hauteur recouvrant toute l'Algérie et toute la Tunisie; d'autre part, la science démontre qu'une semblable couche d'air humide aurait la propriété d'atténuer considérablement l'ardeur des rayons solaires pendant le jour et le refroidissement dû au rayonnement pendant la nuit.

« Mais ces vapeurs n'agiront pas seulement comme écran protecteur; elles se condenseront en pluie et même en neige, car elles rencontreront presque immédiatement la haute chaîne de l'Aurès que la nature semble avoir placée tout exprès au Nord des chotts pour y servir de condenseur. Lorsqu'un vent du Sud, à demi

[1] Voir les observations météorologiques, p. 27.

saturé de vapeur d'eau, franchira ce massif, où l'on trouve encore de la neige au cœur de l'été, il suffira que la température s'abaisse de 25 à 14 degrés, par exemple, pour que la vapeur se condense. Or, l'évaporation sera doublée par le siroco, et ce vent, qui ne doit ses propriétés désastreuses qu'à son extrême sécheresse, poussera vers l'Aurès 78 millions de mètres cubes d'eau en vingt-quatre heures. Si ce sont là de simples hypothèses, quelles hypothèses d'égale valeur peut-on donc leur opposer?

« J'ajouterai, pour en finir avec cette objection, que le passé est garant de l'avenir. Personne ne conteste que les chotts étaient anciennement remplis d'eau. Or, l'Algérie et la Tunisie étaient à cette époque incomparablement plus fertiles que de nos jours.

« Examinons maintenant l'objection que M. Naudin considère comme la plus grave. Elle peut se résumer ainsi : Le périmètre de la nouvelle mer ne sera qu'une plage basse, alternativement noyée dans la saison des pluies et laissée à sec pendant l'été. On aurait ainsi créé un immense foyer pestilentiel.

« La carte du nivellement montre que le bassin inondable est limité par des pentes beaucoup plus accentuées que ne le croit M. Naudin. En beaucoup de points, il y aura 20 et même 30 mètres de tirant d'eau très près du littoral. La plage la plus basse se trouvera au Nord du chott Melrir et sera absolument analogue à celle de Sfax. Quoi qu'il en soit, en vertu des lois de la physique, l'équilibre tendra constamment à s'établir entre le niveau de la Méditerranée et celui de la mer intérieure. Si l'évaporation est plus active en été, si elle est portée de 0^{m},003 à 0^{m},006, il en résultera un accroissement de vitesse dans le courant venant du golfe de Gabès, sans que l'on puisse admettre que la baisse de niveau produite atteigne jamais la différence entre les deux chiffres, c'est-à-dire 0^{m},003.

« Mais, loin de devenir un foyer pestilentiel, la mer intérieure recouvrira des bas-fonds dont l'influence est des plus funestes. Au Nord du chott Melrir, l'oued Djeddi et l'oued El-Arab s'épanouissent en larges deltas et répandent leurs eaux dans des marécages appelés *farfaria*, dont la superficie est de 1,000 kilomètres carrés environ. Inaccessible en hiver, cette vaste région, couverte de joncs et de roseaux gigantesques, se dessèche en été et devient un redoutable foyer de pestilence. Dès le mois de mars, les nomades en fuient les abords. Le nivellement a prouvé qu'elle est à une vingtaine de mètres au-dessous du niveau de la mer. Elle sera donc enfouie sous une couche profonde d'eaux vives.

« M. Naudin dit, en terminant, que la mer intérieure sera sans profondeur et sans portée commerciale. La profondeur moyenne sera de 24 mètres. A quel point de vue pourrait-on se placer pour désirer une profondeur plus grande? Il suffit, d'autre part, de regarder la carte pour voir que les produits des régions de l'Algérie et de la Tunisie situées au Sud de l'Aurès et de l'Atlas se dirigeront inévitablement vers les nouveaux ports. Ajoutons qu'il sera d'autant plus facile alors de décider les caravanes venant du centre de l'Afrique à reprendre la route qu'elles suivaient autrefois par la *sebkha d'Amaghdor, Ouargla* et *Touggourt*, alors que le littoral se trouvera rapproché de 400 kilomètres environ.

« En résumé, les résultats généraux de la création de la mer intérieure seraient :

« Amélioration profonde du climat de l'Algérie et de la Tunisie;

« Ouverture d'une nouvelle voie commerciale pour les régions situées au Sud de l'Aurès et de l'Atlas et pour les caravanes du centre de l'Afrique;

« Amélioration des conditions hygiéniques de la contrée;

« Sécurité complète pour l'Algérie; car, nos troupes pouvant débarquer au Sud de Biskra, il n'y aurait plus d'insurrection possible. »

AGRICULTURE. — Réponse à la dernière note de M. Roudaire au sujet de la mer intérieure du Sahara. (Note de M. C. Naudin[1].)

« Dans sa réponse aux objections que j'ai soulevées contre le projet de créer une mer artificielle en Algérie, M. le capitaine Roudaire me paraît s'être mépris sur l'application que j'ai faite du mot *hypothèse*. Ce mot ne s'adressait point à ses observations, mais seulement aux conjectures qu'on a cru pouvoir étayer sur elles. Personne plus que moi ne rend justice au talent et à la persévérance avec lesquels M. le capitaine Roudaire s'est acquitté d'une tâche laborieuse et qui n'était pas exempte de périls; personne non plus, je crois pouvoir le dire, ne comprend mieux l'avantage qu'il y aurait pour l'Algérie à voir sa région saharienne transformée en une vraie mer, profonde, permanente, indéfiniment na-

[1] Académie des sciences (séance du 9 juillet 1877).

vigable et largement rattachée à la Méditerranée. Le dissentiment qui nous sépare roule tout entier sur ce point : les conditions étant ce qu'elles sont, le remplissage des chotts par l'eau de la Méditerranée amènerait-il le résultat désiré? La question est assez importante pour mériter d'être discutée et examinée sous toutes ses faces.

« Je n'ai jamais douté que l'évaporation ne dût être très forte à la surface de la mer intérieure, et je ne regarde pas comme hypothétique le chiffre de 39 millions de mètres cubes d'eau enlevés chaque jour à cette mer par la chaleur du soleil; mais ce que je tiens toujours pour une hypothèse, c'est que l'Algérie bénéficie sensiblement de cette évaporation. Quelque considérable qu'elle soit, tout le monde m'accordera qu'elle est insignifiante à côté de celle qui se produit sur la surface entière de la Méditerranée, dont les vapeurs, entraînées par les vents qui balayent cette mer en long et en large, sont dispersées sur tous les pays riverains. L'Algérie en a sa part, et si ce n'est pas pour elle l'unique source de la pluie, c'en est du moins la plus immédiate et peut-être la plus importante. Les vapeurs enlevées à la mer saharienne s'y ajouteront sans en grossir beaucoup le total, et elles auront la même destinée. Que le massif de l'Aurès condense ces vapeurs en brouillards et en nuages quand le vent soufflera du bon côté, ce ne sera pas une raison suffisante pour qu'elles retombent en pluie là où on le voudrait, surtout dans la saison d'été. Ces montagnes ne sont pas assez hautes pour arrêter les vents du Sud, puisqu'ils se font encore sentir (siroco) jusque sur le midi de l'Europe; et par conséquent il est très vraisemblable qu'ils entraîneront beaucoup plus loin les vapeurs, même condensées en nuages, qu'ils auront enlevées à la mer intérieure. Une preuve que les montagnes ne suffisent pas à elles seules pour réaliser les conditions de la pluie nous est fournie par les massifs montagneux qui limitent au Nord les plaines du bas Languedoc et de la Provence. Ces plaines, quoiqu'elles confinent à la mer, n'en sont pas moins exposées à des sécheresses fréquentes et quelquefois désastreuses. Cependant les Cévennes, le Ventoux et les Alpines, situés à 8 ou 10 degrés de latitude plus au Nord que l'Aurès, doivent être au moins d'aussi bons condenseurs de la vapeur d'eau que ce dernier. C'est que les conditions qui déterminent la chute de la pluie sont complexes; et, si l'altitude des lieux y contribue, comme nous l'apprennent les observations météorologiques, le climat général et surtout les courants d'air de différentes températures qui règnent dans les haute et moyenne régions de l'atmosphère jouent un rôle prépondérant dans le phénomène.

« Je n'insiste pas sur ces menus détails et je fais aux partisans de la mer saharienne toutes les concessions qu'ils peuvent désirer sur ce point. Supposons donc que le projet, pris au sérieux, ait été exécuté. Tous les travaux ont marché à souhait : le canal est ouvert, les chotts sont remplis jusqu'aux bords, leurs rivages rapidement inclinés, presque abruptes même, ont une bonne profondeur d'eau et la navigation commence. Combien de temps cet état de choses durera-t-il? C'est ce dont nous allons chercher à nous rendre compte.

« Comme toutes les mers, grandes ou petites, la mer saharienne aura ses tempêtes; les vents violents de la région en bouleverseront la surface, et les vagues viendront battre ces rivages jusque-là si nettement dessinés. Des grèves s'y formeront, et les terres affouillées par le flot seront entraînées sous l'eau et se déposeront à quelque distance, adoucissant la pente et exhaussant le fond. Dans la saison des pluies, les cours d'eau, plus ou moins torrentueux suivant la région qu'ils auront traversée, déposeront, à leur entrée dans la petite mer, le gravier et le limon qu'ils auront ramassés sur leur parcours. Il s'y formera des atterrissements, puis des deltas, avec leur accompagnement habituel de lagunes d'eau douce et d'eau saumâtre. Quand ces accidents se produisent au bord d'une vaste mer, ils peuvent, malgré de sérieux inconvénients, passer inaperçus; mais ils ont une tout autre gravité quand il s'agit d'une mer aussi resserrée et aussi peu profonde que celle qui nous occupe. Il est évident, en effet, que ces apports sans cesse renouvelés de matériaux solides dans un bassin fermé en exhausseront insensiblement le fond, et qu'avec le temps, en quelques siècles tout au plus, ils auront assez comblé la petite mer pour y rendre la navigation impossible.

« Mais ce n'est là encore, selon moi, que le moindre des dangers qui menaceront la mer saharienne. Le plus grand de tous lui viendra précisément de ce canal sans lequel elle ne saurait exister. Remarquons bien qu'il ne s'agit pas ici d'un simple canal de communication entre deux mers situées à très peu près ou tout à fait au même niveau, comme celui de Suez par exemple, mais d'un canal de remplissage, avec un courant dont le volume et la vitesse devront être en proportion de la capacité du bassin à remplir. D'après les évaluations de M. le capitaine Roudaire, le canal devra chaque jour restituer à la mer les 39 millions de mètres cubes d'eau que l'évaporation lui aura fait perdre, faute de quoi le niveau s'abaisserait rapidement. Se fait-on une idée bien nette d'un pareil volume d'eau et de sa puissance d'érosion lorsqu'il est en mouvement? Un cours d'eau capable d'amener en vingt-quatre heures 39 millions de mètres cubes d'eau sur un point donné est un fleuve, on peut même dire un grand fleuve, car ces 39 millions de mètres cubes reviennent à un débit de 451 mètres cubes d'eau par seconde. La Seine, à Paris, en temps ordinaire et coulant avec une vitesse de 60 à 65 centimètres par seconde, débite, dans le même temps, 130 mètres cubes d'eau; la Garonne, à Toulouse, 150 mètres cubes [1]. Ainsi, en supposant l'eau du canal animée de la même vitesse que celle de ces deux rivières, le fleuve artificiel dont il aura fallu creuser le lit aura *trois fois le volume* de la Garonne à Toulouse et près de *trois fois et demie* celui de la Seine à Paris. Je laisse à penser ce que sera un pareil travail et quelles dégradations le passage de cette énorme quantité d'eau occasionnera aux parois du canal dans des terrains ameublis par les machines et les outils.

« Ce sera bien autre chose encore au moment des crues, car ce canal aura des crues. M. le capitaine Roudaire a soin, en effet, de nous avertir que, dans les fortes chaleurs de l'été et principalement sous l'influence des vents brûlants du Sahara, l'évaporation pourra être doublée et que la petite mer intérieure perdra par là, dans les vingt-quatre heures, jusqu'à 78 millions de mètres cubes d'eau. Naturellement le canal devra répondre à l'appel fait par ce vide; il débitera alors 900 mètres cubes à la seconde, c'est-à-dire à peu près *une fois et demie* la quantité d'eau qui passe sous les ponts du Rhône, à Lyon, et avec la même vitesse. Il n'est pas possible de croire que les berges du canal résistent à un pareil torrent; elles seront emportées par l'eau, elles obstrueront le canal, et ce qui en arrivera à la mer intérieure y formera des atterrissements plus considérables encore que ceux que je signalais plus haut. Le seul moyen d'empêcher ces dévastations serait de donner au canal une section assez grande (et elle devrait être vraiment

[1] J'emprunte ces chiffres au *Traité élémentaire de mécanique* de M. Delaunay.

énorme) pour que le courant fût presque insensible par tous les temps. Mais, eût-on fait ce travail gigantesque, on n'en serait pas beaucoup plus avancé, ainsi qu'on va le voir.

« L'eau de mer n'est pas toujours pure. Dans les gros temps, les vagues qui s'abattent sur les plages y soulèvent de la vase et du sable, et elles se troublent sur une zone plus ou moins large, suivant la force et la durée de la tempête. Ces eaux troubles entreront immanquablement dans le canal, et iront épaissir la couche des sédiments qui, par d'autres causes, se seront déjà déposés dans le bassin de la mer intérieure. Le canal lui-même s'ensablera, et par quel moyen le désencombrer, si ce n'est en faisant entraîner par l'eau, toujours vers la mer intérieure, les matériaux déposés sur son fond? Il ne faut pas oublier que, si ce canal est un fleuve artificiel, c'est aussi *un fleuve à rebours,* qui tire sa source de la mer au lieu d'y porter ses eaux.

« Enfin il y a un autre point dont il ne semble pas qu'on se soit beaucoup préoccupé jusqu'ici. L'eau de mer tient en dissolution diverses substances qui s'en séparent à l'état solide quand elle est arrivée à son maximum de saturation, et celle de la Méditerranée est particulièrement riche sous ce rapport. Tant en sel ordinaire qu'en chlorure de magnésium et de potassium, en sulfate et carbonate de magnésie et de chaux et quelques autres substances, elle contient sur 1,000 parties, en poids, 41.64 parties de matières qui se précipitent à l'état solide, quand l'évaporation l'a suffisamment concentrée. En supposant que le mélange de ces diverses substances ait trois fois la densité de l'eau (celle du chlorure de sodium est 2.13), 1,000 mètres cubes de cette eau, en s'évaporant, laisseraient un résidu solide de 15 à 16 mètres cubes. Qu'on juge par là de ce que produira l'évaporation journalière de 39 millions de mètres cubes dès que la totalité de l'eau de la mer intérieure sera arrivée à son point de saturation! On voit que les sédiments formés de cette manière sont loin d'être négligeables.

« La mer intérieure du Sahara ne sera jamais qu'un bassin fermé dans lequel s'accumuleront sans cesse et sans relâche des dépôts de toute nature, provenus de sources diverses, et dont il n'y aura aucun moyen de la débarrasser, car il ne faudrait pas espérer leur faire remonter le canal qui les aurait apportés. Elle s'encombrera inévitablement et peut-être en beaucoup moins de temps qu'on ne serait tenté de le croire au premier abord. L'énorme travail auquel on se serait livré n'aurait donc abouti, comme je le disais précédemment, qu'à créer un immense marais, source de pestilence pour les générations futures. Y a-t-il lieu de s'étonner si, devant une telle perspective, le projet, d'ailleurs séduisant, de M. le capitaine Roudaire a trouvé quelques incrédules? »

RÉPONSE À LA NOTE DE M. NAUDIN.

M. Naudin n'admet pas que l'Algérie bénéficie sensiblement de l'évaporation qui aura lieu à la surface de la mer intérieure. Cette évaporation serait insignifiante, dit-il, à côté de celle qui se produit à la surface entière de la Méditerranée. Les vapeurs enlevées à la mer intérieure s'y ajouteront sans en grossir beaucoup le total. Eh bien, cette objection, très sérieuse en apparence, tombe devant une étude approfondie de la question. Je démontrerai plus loin[1] que les vents venus de la Méditerranée en passant sur l'Algérie et en se refroidissant jusqu'à la température de la glace fondante, c'est-à-dire jusqu'à o degré, ne peuvent produire en moyenne que 65 centigrammes de pluie par mètre cube, tandis qu'il suffira que les vents venus de la mer intérieure descendent à la température de 10 degrés pour produire 5^{gr},76 de pluie par mètre cube. Or la température de o degré sera rarement atteinte, tandis que celle de 10 degrés le sera toujours. « Les montagnes de l'Aurès, ajoute mon honorable contradicteur, ne sont pas assez hautes pour arrêter les vents du Sud, puisqu'ils se font encore sentir (siroco) sur le midi de l'Europe. » Je n'ai jamais dit que l'Aurès, pas plus qu'un massif montagneux quelconque, pût arrêter une masse d'air en mouvement; mais voici ce qui se passe : en rencontrant l'Aurès, les vents du Sud s'élèvent pour le franchir et se refroidissent par suite du travail de dilatation qu'ils subissent nécessairement; une fois le massif montagneux franchi, ils redescendent et s'échauffent en se condensant sous une plus grande pression.

A l'appui de ce que j'avance, je citerai le passage suivant emprunté à une communication faite à l'Académie des sciences par M. Charles Grad[2] :

« La théorie mécanique de la chaleur permet d'expliquer aisément et d'une manière bien simple ces manifestations caractéris-

[1] Pages 136, 137.
[2] *Comptes rendus de l'Académie des sciences*, 2e semestre, 1874, p. 248.

tiques du Fœhn, à l'aide d'un principe posé par Poisson, et développé, plus récemment, par M. Peslin. Un courant d'air en mouvement vient-il à rencontrer un obstacle, il tend à s'élever en se refroidissant, par suite du travail de dilatation produit. Après avoir surmonté l'obstacle, l'accroissement de la pression, sur la même masse d'air, en augmente la densité et la fait redescendre avec une nouvelle élévation de température. Ainsi, un courant d'air qui possède une température de 3 degrés à l'altitude de 3,000 mètres, hauteur de l'observatoire du col de Saint-Théodule où j'ai demeuré en 1866, sous une pression de 530 millimètres, tombant à une altitude de 500 mètres, sous une pression de 713 millimètres, peut atteindre 27 degrés. Si l'air est saturé d'humidité, l'abaissement de la température entraîne une précipitation de vapeur d'eau, sous forme de pluie ou de neige, et la chaleur latente de la vapeur précipitée rend le refroidissement moins rapide que si l'air était sec. »

Ainsi les vents ne sont pas arrêtés par les montagnes, mais ils subissent, en les franchissant, un refroidissement d'autant plus considérable qu'elles sont plus élevées, et les vapeurs dont ils sont chargés se précipitent alors sous forme de pluie ou de neige. Si la mer intérieure était créée, les vents de Sud, en franchissant l'Aurès, dont les points culminants dépassent 2,300 mètres d'altitude, se dépouilleraient de la plus grande partie des vapeurs d'eau qu'ils auraient enlevées à cette mer.

Telle est, du reste, l'opinion de M. Charles Grad, qui termine de la manière suivante la communication dont nous venons de citer un extrait :

« Bref, la création d'une mer intérieure dans la dépression saharienne n'influera pas d'une manière sensible sur le climat de la France ou de l'Europe méridionale; mais elle promet, pour l'Algérie, du côté du Sahara, une augmentation de pluies, sans cependant que cet avantage entraîne un nouveau développement de cultures; car dans notre colonie l'homme ne manque pas de terre, mais la terre manque de bras. »

Sans m'arrêter trop longtemps sur cette dernière appréciation de M. Ch. Grad, je ferai remarquer que si la terre manque de bras, cela tient surtout à ce qu'elle manque de pluies. Le jour où les colons, n'ayant plus à redouter la sécheresse, seront assurés de trouver, dans une récolte abondante, la rémunération légitime de leurs efforts et de leur travail, les cultures se développeront rapidement.

M. Naudin cite l'exemple des plaines du bas Languedoc et de la Provence, exposées à des sécheresses fréquentes, malgré le voisinage de la mer et la présence du Ventoux et des Alpines. D'après M. Charles Martins, la pluie se distribue sur le territoire français de la manière suivante :

Région	vosgienne, ou du Nord-Est	669mm
	séquanienne, ou du Nord-Ouest	548
	girondine, ou du Sud-Ouest	586
	méditerranéenne, ou provençale	651
	rhodanienne, ou du Sud-Est	946
	Moyenne	681

On voit que, sous le rapport des pluies, la région provençale est loin d'être une des plus déshéritées. Examinons d'ailleurs le rôle que doivent jouer les montagnes citées par M. Naudin.

Les Cévennes, dont l'altitude est de 1,000 à 1,200 mètres, courent du Nord au Sud. En Provence, les vents dominants sont ceux de Nord-Ouest et d'Ouest. Ces vents, après s'être dépouillés d'une grande partie de leur humidité en traversant les bassins de la Loire et de la Garonne, produisent encore des pluies sur le versant Ouest des Cévennes; mais leur température s'élève lorsqu'ils redescendent les pentes du versant Est, et les vapeurs qu'ils contiennent encore se dilatent au lieu de se condenser. Cette chaîne de montagnes ne peut d'ailleurs, vu sa direction Nord-Sud, exercer une influence quelconque sur les vapeurs enlevées à la Méditerranée par les vents accidentels du Sud. Quant aux vents d'Est, le refroidissement considérable qu'ils ont subi en franchissant le massif élevé des Alpes a précipité la plus grande partie des vapeurs qu'ils contenaient, et ils ne peuvent, cela est clair, atteindre leur point de saturation en franchissant les Cévennes. Les Alpines, par suite de leur orientation, pourraient sans aucun doute remplir le rôle de condenseur; malheureusement, leur altitude[1] moyenne n'est guère que de 300 mètres, et les vents de Sud, en les franchissant, ne subissent pas un refroidissement assez consi-

[1] Les points culminants des Alpines sont : les Houpies, 492 mètres; le signal de la Chaume, 386 mètres; la montagne du Défends, 309 mètres.

dérable. Le mont Ventoux, dont la hauteur atteint, il est vrai, 1,912 mètres, n'est qu'un contrefort jeté comme un promontoire avancé sur la vallée du Rhône, qu'il resserre sans la barrer; aussi ne peut-il exercer qu'une action très restreinte sur le climat de la contrée.

« Comme toutes les mers grandes ou petites, dit M. Naudin, la mer intérieure aura ses tempêtes; les vents violents de la région en bouleverseront la surface, et les vagues viendront battre ces rivages jusque-là si nettement dessinés; des grèves s'y formeront, et les terres affouillées par les flots seront entraînées sous l'eau et se déposeront à quelque distance, adoucissant la pente et exhaussant le fond. » On doit conclure des faits observés et il est facile de comprendre en même temps, par un raisonnement très simple, que les vagues soulevées par les vents sur la mer intérieure auront précisément pour résultat de rejeter sur le rivage les dépôts qui tendraient à en diminuer la profondeur. C'est ce qui se passe encore de nos jours dans le golfe de Gabès, qui s'est notablement approfondi depuis les Romains, puisque ceux-ci, malgré le peu de tirant d'eau de leurs galères, n'y naviguaient qu'avec les plus grandes difficultés[1], tandis qu'aujourd'hui nos bateaux à vapeur vont facilement à Djerba et à Gabès. Le mouvement des vagues empêchera également les limons et les graviers transportés par les cours d'eau d'être entraînés vers le centre de la nouvelle mer. Les dépôts se formeront près de l'embouchure. Cela se passe ainsi sur toutes les mers, qui, le plus souvent cependant, n'ont pas, à l'endroit où se forment les estuaires des fleuves, des profondeurs plus grandes que la mer future. Il semble que tout devienne danger lorsqu'il s'agit de cette mer, qui n'est actuellement à sec que par suite d'un accident géographique, et que, pour la maintenir une fois rétablie, il faudrait suspendre les lois de la physique. Si le golfe de Gabès, dont la profondeur sur le rivage n'est certainement pas plus grande que celle de la mer intérieure, venait à se séparer de la Méditerranée, et qu'il soit question de rétablir les choses en l'état où elles sont aujourd'hui, ne ferait-on pas les mêmes objections?

M. Naudin croit que le plus grand des dangers qui menaceront la mer saharienne lui viendra du canal de communication, dans

[1] Voir à ce sujet le rapport de 1877, p. 101.

lequel il se produirait, par suite de l'évaporation, un courant d'une violence telle que les berges seraient emportées et formeraient des atterrissements considérables dans la mer intérieure. On verra plus loin (p. 158) combien ces craintes sont peu légitimes.

Quant à l'objection fondée sur l'accumulation des résidus provenant de l'évaporation, elle a été longuement réfutée dans mon rapport de 1877 (p. 88 et suiv.).

M. de Lesseps, de son côté, a bien voulu répondre devant l'Académie des sciences aux dernières objections de M. Naudin. On trouvera cette réponse plus loin (p. 106-109).

GÉOGRAPHIE ET AGRICULTURE. — Réponse à la dernière communication de M. Roudaire sur son projet de création d'une mer saharienne. (Note de M. E. Cosson. — Séance du 2 juillet 1877.)

« Dans la séance du 17 août 1874, j'ai eu l'honneur de soumettre à l'Académie des objections au projet de M. Roudaire qui me semblaient tout à fait concluantes. Depuis, M. Roudaire a exécuté le nivellement d'une partie de la région où il propose l'établissement d'une mer. Je ne viens pas contester la valeur des travaux géodésiques de M. Roudaire; mais, en ce qui concerne la création d'une mer intérieure, je puis affirmer, d'après mes longues études sur la région saharienne, d'après ma connaissance des lieux et les renseignements pris auprès des indigènes, que les avantages qui lui sont attribués sont plus que contestables, et que cette conception ne me paraît pas mériter l'étendue et l'importance de la discussion dont elle a déjà été l'objet, quelles que soient d'ailleurs l'autorité et l'illustration des savants qui l'ont prise sous leur patronage.

« Ces avantages, d'après la dernière note de M. Roudaire en réponse aux objections de M. Naudin [1], sont :

« 1° Amélioration profonde du climat de l'Algérie et de la Tunisie;

« 2° Ouverture d'une nouvelle voie commerciale pour les régions situées au Sud de l'Aurès et de l'Atlas et pour les caravanes du centre de l'Afrique;

« 3° Amélioration des conditions hygiéniques de la contrée;

« 4° Sécurité complète pour l'Algérie, car nos troupes pouvant débarquer au Sud de Biskra, il n'y aurait plus d'insurrection possible.

[1] Voir dans les *Comptes rendus* (juin 1877, p. 1356) : *Lettre à M. Daubrée à propos de la mer intérieure du Sahara algérien*, par M. Naudin.

« Sans reproduire ici toutes les considérations que j'ai déjà invoquées contre le projet de M. Roudaire, je me bornerai à discuter une à une ses conclusions.

« 1. Le prolongement du golfe de Gabès jusqu'aux chotts méridionaux de la province de Constantine n'amènerait aucun changement notable dans le climat général de l'Algérie et de la Tunisie : l'évaporation produite, ou se disséminerait dans le Sahara ou se perdrait au-dessus de la Méditerranée, ou se condenserait dans la chaîne de l'Aurès ou ailleurs sur des espaces limités. Le climat local lui-même ne subirait pas de modifications sensibles; les influences climatériques qui dominent dans le Sahara tiennent à des causes trop générales pour être changées par la présence d'un bassin d'une aussi faible étendue, comparativement à l'immensité d'une région qui s'étend du versant sud de l'Atlas jusqu'à la limite des pluies estivales, c'est-à-dire du 34° degré au 12° degré de latitude Nord environ. Et ce n'est pas là une hypothèse, puisque la côte méridionale du Maroc, d'après sa végétation dont j'ai fait une étude attentive, présente, malgré l'immense évaporation produite par l'océan Atlantique, les caractères climatériques généraux du Sahara, et qu'il en est de même de Gabès et de la côte de la Tripolitaine, dont la flore et les produits agricoles sont ceux du Sahara lui-même, malgré le voisinage immédiat de la Méditerranée. D'autre part, s'il devait se produire un changement quelconque dans le climat local, ce serait au détriment de la culture du dattier, qui redoute l'influence maritime, et qui, pour donner ses meilleurs produits, a besoin surtout d'une grande somme de chaleur, de la rareté des pluies et de la sécheresse de l'atmosphère. En admettant d'ailleurs que le climat local dût être modifié, ce que je conteste, et que de nouvelles cultures pussent être introduites, elles seraient loin de compenser la perte certaine à laquelle on s'exposerait en compromettant la production de la datte, qui est la véritable richesse du pays. Du reste, la région qui serait occupée par la mer projetée, bien que peu salubre, est loin d'être inhabitable[1]. Les oasis, depuis Biskra jusqu'à Touggourt, forment depuis la rive occidentale du chott Melghir une série presque

[1] Le lit des chotts, où les eaux s'accumulent en hiver, est au contraire généralement à sec en été et recouvert d'une couche de sel, de telle sorte que c'est dans la saison chaude que son voisinage est le moins dangereux.

continue sur une étendue en longueur de près de 60 lieues et que les Arabes, dans leur langage imagé, comparent à une véritable rivière de dattiers (Oued Rir). Il en est de même en Tunisie pour la région de la nouvelle mer.

« Si les puits artésiens actuels, creusés par les indigènes ou forés par les soins de l'Administration française, ne suffisent pas à fournir les eaux d'irrigation nécessaires au développement des oasis existantes ou à la création d'oasis nouvelles, l'abondance de la nappe artésienne qui existe dans toute la région permettra toujours d'en augmenter le nombre et de satisfaire à tous les besoins.

« La partie méridionale de l'Algérie et de la Tunisie est, il est vrai, moins fertile que du temps des Romains; mais ce fait s'explique naturellement, sans invoquer le changement du climat, quand on a vu les restes des canaux d'irrigation construits dans la partie inférieure de l'Aurès par les Romains qui, au moyen de barrages, avaient converti des vallées en vastes réservoirs recevant les eaux des pluies et de la fonte des neiges et destinés à répandre ensuite au loin la fertilité. Il en est de même de la Sicile, ce grenier d'abondance de l'ancienne Rome[1].

« 2. La voie nouvelle n'aurait qu'une bien faible importance commerciale, car les caravanes du Centre-Afrique ne se détourneraient pas de leur route ordinaire et continueraient à se diriger vers le Maroc et la Tripolitaine. Elles évitent surtout, dans la traversée du Sahara, les dunes des Areg, que, pour gagner soit l'Algérie, soit la Tunisie, elles auraient à franchir dans leur plus grande étendue. Je dois rappeler que le commerce d'exportation pratiqué par les caravanes, si l'on en excepte les esclaves, est réduit à un bien petit nombre d'articles, tels que la poudre d'or, les dépouilles d'animaux, les plumes d'autruche, l'ivoire, etc. D'autre part, la plus grande partie de la mer projetée se trouverait en Tunisie, et il serait à craindre que les caravanes se portassent plutôt chez une puissance musulmane que dans la province de Constantine.

« On ne peut d'ailleurs assimiler le mince trafic de quelques caravanes au commerce ouvert au monde par le percement de

[1] Des savants, dont le nom fait autorité dans la science, admettent que la fertilité moindre de la Sicile à l'époque actuelle peut s'expliquer par la diminution dans le sol de la quantité des phosphates.

l'isthme de Suez. La mer rêvée ne serait, je le répète, qu'un prolongement du golfe de Gabès et elle n'éviterait aucuns frais de transbordement, ces frais restant les mêmes que si les marchandises étaient transportées directement à Gabès, délaissée pour Mogador et Tripoli.

« 3. Les conditions de salubrité de la contrée seraient loin d'être améliorées. Il serait à craindre, au contraire, que le pays ne devînt inhabitable; les variations du niveau de la mer intérieure résultant soit de l'évaporation, soit du flux et du reflux qui s'élèvent à 1^{m},60, amèneraient alternativement l'inondation ou l'exondation des plages des chotts, à pentes généralement presque insensibles et sur d'immenses surfaces qui, dans la saison chaude, ainsi que l'a fait remarquer si judicieusement M. Naudin, deviendraient une véritable cause de pestilence.

« D'autre part, la salure de ces plages alternativement inondées et exondées et la pression exercée par la mer sur son fond amèneraient vraisemblablement l'augmentation de la quantité de matières salines déjà contenue dans la nappe artésienne et en rendraient les eaux impotables et impropres à l'irrigation des cultures.

« Quant aux avantages prétendus qui résulteraient de l'humidité atmosphérique, qui, selon moi, ne doit pas se produire ou se produire seulement sur les bords de la nouvelle mer et au grand dommage de la qualité des dattes, elles me paraissent reposer sur une erreur d'appréciation : on sait que les températures élevées sont d'autant plus facilement supportées que l'air est plus sec et les phénomènes de rayonnement plus intenses; or, dans la région des chotts comme dans tout le Sahara, à des chaleurs tempérées de +20° à +30° succèdent souvent et sans transition des températures de +40°, et, sous l'influence du siroco, de +49° à +52°. Dans ces conditions, l'anémie qui, dans la région tropicale, où l'atmosphère humide dépasse rarement 30 ou 32 degrés, décime déjà les Européens, serait bien plus fatalement la conséquence de l'habitation d'une contrée où les dangers causés par l'humidité atmosphérique seraient aggravés par des températures bien plus extrêmes.

« 4. Loin d'assurer la sécurité de l'Algérie, la mer dite *saharienne* la compromettrait et serait même un danger permanent pour la domination française. Cette mer, dont l'entrée et la plus grande partie seraient situées en Tunisie et dont nous ne posséderions guère que les plages occidentales, devrait être l'objet d'une surveillance incessante pour empêcher l'introduction des marchandises étrangères qui inondent déjà les marchés du Sud, et surtout la contrebande de guerre, d'autant plus redoutable qu'elle se produirait chez les populations dont la soumission est rendue plus difficile par le voisinage immédiat de la frontière.

« En résumé, aucun des avantages attribués à la création de la nouvelle mer ne me paraît pouvoir être sérieusement établi, et les centaines de millions à consacrer à l'entreprise seraient dépensés en pure perte pour l'intérêt général. Si cette mer existait, elle serait même un tel danger pour les intérêts français que je n'hésite pas à dire qu'il faudrait la combler.

« Pour améliorer les conditions générales de la région et faciliter les relations commerciales, on ferait bien plus, comme je l'ai déjà dit, en multipliant les puits, en rétablissant les puits indigènes effondrés, en plantant des arbres appropriés au climat sur tous les points où ils peuvent vivre, en aménageant les eaux et en les distribuant par des aqueducs ou des canaux. »

PHYSIQUE DU GLOBE. — Réponse aux observations de M. Cosson sur le projet de mer saharienne, par M. d'Abbadie. (Séance du 23 juillet.)

« M. Cosson vient de résumer, sous plusieurs points de vue, ses objections contre la création d'un bassin maritime dans la région des chotts. L'Académie me permettra de lui soumettre quelques réflexions à ce sujet.

« 1. En premier lieu, notre confrère n'admet point qu'un pareil bassin puisse changer le climat local. Il me semble téméraire d'émettre cette affirmation jusqu'au jour où l'on pourra présenter, avec leurs détails, les régimes du vent et de l'évaporation, tant en plein Sahara que sur tout le pourtour de cette contrée encore imparfaitement connue.

« Le siroco, cité par M. Cosson comme existant en ces régions, est un vent très sec venant du Sud ou du Sud-Est. Il est naturel d'admettre qu'en traversant le golfe artificiel des chotts ce vent se chargerait de vapeurs, et que, trouvant au Nord les monts Aurès sur son passage, il serait arrêté par cet obstacle. Au lieu d'aller jeter alors, sans profit, sa précieuse humidité dans la Méditerranée, il la déposerait sur presque toute la région traversée. On ne saurait renoncer à cette conclusion qu'après avoir vu prouver, par des observations précises, que, dans le pays dont il s'agit, l'évaporation d'une nappe d'eau est nulle sous le vent du siroco.

« Dans l'état actuel de la science météorologique, les probabilités se réunissent pour faire croire qu'un bras de mer dans l'intérieur du Sahara modifierait heureusement la région immédiatement voisine.

« En attendant que le projet de M. Roudaire passe dans le domaine des faits, nous devons remercier M. Cosson d'avoir appelé l'attention de nos colons sur le rétablissement des barrages antiques en Algérie. On ne saurait trop insister sur l'utilité de réservoirs artificiels pour conserver et aménager les eaux qui, dans tout pays chaud, donnent la vie à l'agriculture. On se demande toutefois si les sources et les pluies actuelles suffiraient à alimenter utilement ces réservoirs ou si les lits desséchés de fleuves antiques dans les *ouad* Souf et Irgharghar n'étaient pas entretenus jadis par un climat bien plus humide.

« Quant à la diminution des phosphates du sol, tant en Sicile que dans la province de Constantine, n'est-il pas utile d'étayer cette explication par la citation des expériences précises qui en auraient démontré la réalité?

« 2. La deuxième objection regarde le commerce, et M. Cosson fait observer avec raison qu'il est fort réduit dans le Sahara. Faut-il conclure de là qu'il n'augmentera jamais, et que sa grande route ne se dirigera pas vers l'Algérie? Il est bien difficile de maintenir une pareille assertion, car on sait que le commerçant africain, toujours préoccupé de ses gains, ne compte pas avec le temps, et que de biens légers avantages au bout de sa route suffisent pour qu'il préfère un marché à un autre. Dans le Nord de l'Afrique, le commerce prendra son essor quand il sera affranchi des rivalités intestines de tribu à tribu et de leurs douanes locales; il n'est pas rivé pour toujours au Maroc ni à la Tripolitaine. Enfin il en est du commerce comme du drainage agricole : quand on favorise l'écoulement, les produits arrivent par mille petits canaux toujours difficiles à prévoir. Une histoire complète du Sahara, morale autant que graphique, permettrait seule de raisonner avec un peu de sûreté sur une matière aussi compliquée, où tant de causes diverses entrent en jeu. On peut au moins admettre que l'ouverture d'une voie navigable sera toujours un attrait pour un commerçant harassé par un long parcours terrestre.

« N'oublions pas qu'avant notre conquête, en 1830, les caravanes du Sud se rendaient en Algérie par Ouargla. Il n'est donc pas impossible de rendre au commerce ses errements d'autrefois, tout en facilitant ses voyages jusqu'à nos marchés du littoral, où les prix de vente et d'achat sont plus avantageux pour les marchands de l'intérieur.

« 3. Il est encore plus aisé d'être affirmatif quant à la question de salubrité, car on s'appuie sur l'analogie des faits connus. Je citerai ce qui se passe à Muçawwa dans la mer Rouge. La température moyenne de l'année y est de 31 degrés centigrades, c'est-à-dire la plus haute qu'on ait encore observée, et pour gagner un peu de fraîcheur, on a construit, comme habitations, plusieurs chambres dont le sol est à quelques décimètres au-dessus de la mer. Il est impossible d'être plus à portée des miasmes, s'il en existe, car un trou dans le plancher, toujours mal joint, permet de puiser de l'eau avec une cuiller quand la marée est haute ou de remuer la vase si la mer est basse. Cependant cette ville, si resserrée et si chaude, n'est pas insalubre. On y citait des centenaires, dont l'un a passé une partie de sa vie non loin de là, à Harquyquaw, où la plage a une pente si douce qu'on est toujours forcé d'y débarquer dans l'eau. L'inondation ou l'exondation de cette plage n'a jamais été alléguée comme cause d'une endémie, car il n'en existe point.

« La question est assez importante pour mériter d'être serrée de près, et je demanderai la production de faits probants avant d'admettre que l'eau franchement salée puisse exercer une mauvaise influence sur la santé de l'homme. Partout où j'ai vu l'action délétère de l'eau dans les pays chauds, au Brésil comme en Afrique, il s'agissait d'eau douce qui s'évaporait lentement. Ce qui se passe autour des chotts confirme cette conclusion. Les eaux des torrents qui s'y rendent ne trouvent ni courant, ni marée, ni une issue quelconque. Elles croupissent sur place et alimentent une végétation luxuriante de roseaux qui, en prolongeant la durée de l'évaporation, la rendent plus délétère. C'est ce qui arrive en été, et non en hiver, comme M. Cosson le dit par mégarde. Dès le commencement du printemps, les indigènes fuient ces lieux empestés qui, vu leur altitude négative, seraient submergés par la mer projetée des chotts. Loin d'être une cause de pestilence, cette mer serait un puissant moyen d'assainissement pour une contrée déshéritée. Si mon savant confrère, qui a dû, comme moi, se préoccuper de la question des miasmes pendant ses voyages en Afrique, n'accepte pas mes convictions à cet égard, il rendra un service réel à l'hygiène en prouvant que l'eau salée est, comme l'eau douce, une source d'infection dans les pays chauds et en montrant pourquoi elle n'en amène pas autour des plages les plus brûlantes de la mer Rouge.

« 4. Il me serait aisé de réfuter les dernières objections de M. Cosson, mais cela m'amènerait à faire de la politique, et il vaut mieux s'en abstenir. »

M. de Lesseps, après avoir donné lecture de la note précédente, au nom de M. d'Abbadie absent de Paris, ajoute :

« M. d'Abbadie, lorsqu'il m'a envoyé cette note, ne connaissait pas encore un nouvel écrit de M. Naudin, inséré dans le *Compte rendu* de la séance du 9 juillet.

« Je crois donc devoir corroborer les arguments de M. d'Abbadie par le simple énoncé de faits que j'ai personnellement expérimentés.

« M. Naudin a dit :

« Le plus grand des dangers qui menaceront la mer saharienne « lui viendra précisément du canal sans lequel elle ne saurait « exister. Remarquons bien qu'il ne s'agit pas ici d'un canal de « communication entre deux mers situées au même niveau, comme « celui de Suez, par exemple, mais d'un canal de remplissage avec « un courant dont le volume et la vitesse devront être en propor- « tion de la capacité du bassin à remplir.

« Et plus loin :

« L'eau de mer n'est pas toujours pure; dans les gros temps, les « vagues qui s'abattent sur les plages y soulèvent de la vase et du « sable, et elles se troublent sur une zone plus ou moins large, sui- « vant la force ou la durée de la tempête. Ces eaux troubles entre- « ront immanquablement dans le canal et iront épaissir la couche « des sédiments qui, par d'autres causes, se seront déjà déposés dans « la mer intérieure. Le canal lui-même s'ensablera. Il ne faut pas

« oublier que, si ce canal est un fleuve artificiel, c'est aussi un *fleuve* « *à rebours*, qui tire sa source de la mer au lieu d'y porter ses eaux.

« . . . La mer intérieure du Sahara ne sera jamais qu'un bassin « fermé dans lequel s'accumuleront sans cesse et sans relâche des « dépôts de toute nature. . . elle s'encombrera inévitablement. . . « L'énorme travail auquel on se serait livré n'aurait donc abouti « qu'à créer un immense marais, source de pestilence pour les gé- « nérations futures. »

« Pendant plusieurs années et dans le cours de nos travaux, le canal de Suez, aboutissant au vaste bassin du lac Timsah, n'avait encore aucune communication avec la mer Rouge; cependant l'ancien marécage avait disparu, et la mer qui l'avait remplacé était parfaitement pure et claire, comme toutes les mers, y compris la mer Morte dont la salure ne permet pas aux poissons d'y vivre, et qui cependant est d'une limpidité et d'une transparence extraordinaires, tant au milieu que sur les bords. La mer Morte, n'ayant d'autre affluent que le Jourdain, resserrée de tous côtés entre l'embouchure de ce fleuve et le désert, est soumise à une grande évaporation et n'a point de dépôts. Elle a aussi ses tempêtes, comme les bassins du lac Timsah et des lacs Amers, et pourtant ses eaux n'en sont point troublées. En général, le mouvement des vagues, lorsqu'elles frappent sur des plages, n'entraîne point de débris, car l'inclinaison des plages naturelles, qui est ordinairement de 7 mètres de long sur 1 de hauteur, les met à l'abri des érosions. C'est en imitant la nature que nous avons cherché à établir artificiellement, sur plusieurs points du canal de Suez, des pentes semblables à celles des rivages de la mer, et nous nous en sommes bien trouvés.

« Les variations de niveau des mers extérieures ou intérieures, provenant de l'évaporation, ne sont pas admissibles, ainsi que l'a si bien constaté le capitaine américain Maury, dans ses recherches sur les courants maritimes, recherches qui font loi aujourd'hui.

« Si la mer intérieure saharienne a des marées, elle se trouvera dans les mêmes conditions que toutes les mers du monde, et notamment le golfe de Gabès, qui jouit du même climat, possède beaucoup de plages plus basses que les plages futures, et dont le littoral est très salubre.

« Mais il est probable qu'il n'y aura pas de marées sensibles dans la mer intérieure saharienne, parce que l'épanouissement des eaux dans le bassin des chotts, au sortir du canal de communication, amortira le courant. Je citerai, comme exemple, ce qui se passe dans les lacs Amers, où les marées de la Méditerranée, et même celles de la mer Rouge, se font à peine sentir.

VARIATION LA PLUS GRANDE DU NIVEAU DES MARÉES

De la mer Rouge	3m,24
De la Méditerranée	1 14
Du lac Timsah	0 43
Des lacs Amers	0 44

« En se plaçant au point de vue de M. Cosson et de M. Naudin, la mer projetée se trouvera dans de meilleures conditions que le golfe actuel de Gabès, dont personne ne se plaint.

« Il a été dit qu'il serait préférable de creuser, sur le versant Sud de l'Aurès, des puits artésiens au lieu de créer une mer intérieure.

« Dans les terres d'alluvion si riches situées au Nord des chotts, on a creusé jusqu'à 250 mètres sans rencontrer la nappe artésienne. D'après M. Ville, il faudrait atteindre 300 à 400 mètres.

« M. Becquerel père a déposé, il y a quelques années, à l'Académie, le procès-verbal de sondages faits par M. Degousée sur les côtes du Sénégal. Il résulte de ces sondages que les terrains situés au-dessous du niveau de la mer ne permettent pas d'obtenir des puits artésiens. C'est également ce qui a été constaté sur la côte égyptienne, à Alexandrie, à Damiette et à Port-Saïd.

« Enfin on a objecté que les dattiers de la région des chotts seraient exposés à disparaître par l'invasion de la mer intérieure. Les oasis qui les produisent sont, d'après les nivellements de M. Roudaire, au-dessus du niveau de la mer, et c'est justement par cette raison qu'elles sont fertiles, autrement elles participeraient à la stérilité des terrains situés au-dessous du niveau de la mer.

« Le voisinage de la mer n'est pas nuisible au dattier, comme le craint M. Cosson. C'est sur les bords de la Méditerranée, dans des terrains salés qui avoisinent le lac Menzaleh, que se recueillent les meilleures dattes de l'Égypte, dont les arbres forment, sur une étendue de plusieurs lieues, une véritable forêt de haute futaie. En Tunisie, les dattes du littoral sont moins savoureuses que celles du Djerid, parce que ces dernières sont fournies par une variété de dattiers dont la supériorité est renommée.

« Ainsi que je l'ai déjà dit à l'Académie, M. le capitaine Roudaire se prépare à entreprendre l'exploration complémentaire qui lui a été conseillée par le rapporteur de votre commission d'examen. Je crois intéressant pour la science que ses études continuent à être encouragées, afin qu'il puisse les terminer d'une manière définitive.

« Il ne peut d'ailleurs que savoir gré à ceux de nos savants confrères qui ont opposé des objections et prévu des difficultés pour la réussite de son projet.

« Dans une entreprise née viable, mûrie par le temps et par un travail persévérant, il arrive souvent que les obstacles sont les aides du succès. »

GÉOGRAPHIE ET AGRICULTURE. — Troisième note sur le projet de création d'une mer saharienne, par M. E. Cosson. (Séance du 30 juillet 1877.)

« La note que j'ai eu l'honneur de soumettre à l'Académie, dans sa séance du 2 de ce mois, en réponse à une communication de M. Roudaire, me paraissait avoir démontré qu'aucun des avantages attribués à la création de la mer dite *intérieure* de l'Algérie ou *saharienne* n'était établi, et que cette mer, d'une utilité problématique pour l'intérêt général, constituerait un véritable danger pour les intérêts français. Dans la dernière séance (23 juillet), deux de nos éminents confrères, MM. d'Abbadie et de Lesseps, ainsi que l'auteur même du projet, ont contesté l'exactitude des faits que j'avais avancés, et révoqué en doute les conséquences que j'en tirais. Pour ne pas abuser des instants de l'Académie, je présenterai mes réponses sous la forme collective la plus concise, et dans l'ordre même que j'ai adopté dans mon précédent article, en évitant de reproduire les arguments que j'ai déjà exposés avec des détails suffisants.

« 1. Le climat général de l'Algérie et de la Tunisie ne pourrait, comme l'a avancé M. Roudaire, être changé par la création d'un bassin d'une étendue relativement aussi faible que celle de la mer projetée. La modification du climat local lui-même, que M. d'Abbadie paraît seulement admettre, serait nulle ou presque nulle, ou, si elle se produisait au voisinage immédiat de la mer, elle serait nuisible à la production de la datte.

« Je suis loin d'avoir nié l'intensité de l'évaporation dont la nouvelle mer serait le siège, surtout sous l'influence du siroco; cette intensité d'évaporation serait même un danger, en raison de l'étendue des surfaces alternativement inondées et exondées où elle se produirait. Mais ce que j'ai contesté, c'est que les vapeurs émises dussent nécessairement retomber en pluies soit dans la région même de la mer ou dans son voisinage, au lieu de se disséminer dans le Sahara, de se perdre au-dessus de la Méditerranée ou de se condenser dans la chaîne de l'Aurès ou ailleurs sur des espaces limités. Les vapeurs surchauffées par les températures élevées du Sahara se condenseraient bien plutôt soit sur les versants Nord de la chaîne de l'Aurès, soit sur les Hauts-Plateaux, où la température est plus basse, que sur le versant Sud de la chaîne dont la température se rapproche davantage de celle du Sahara lui-même. M. Naudin a cité l'exemple frappant d'un fait analogue en France : Béziers, Agde, Narbonne, etc., malgré le voisinage de la mer et celui des montagnes des Cévennes, qui paraîtraient devoir barrer les vents chargés de vapeurs maritimes, ont un climat chaud et très sec, tandis que, au contraire, les plateaux, les versants occidentaux et septentrionaux des Cévennes sont arrosés par des pluies abondantes et souvent quotidiennes, dont les habitants des localités situées au Sud de la chaîne ne voient que passer les nuages.

« Pour fertiliser les terres situées entre l'Aurès et le chott Melghir, il n'est pas besoin de forer les puits artésiens : il suffirait de bien aménager les eaux fournies par les ravins de l'Aurès, par l'oued Biskra, par l'oued El-Abiod, l'oued El-Arab, etc. A partir de Chegga, c'est-à-dire au voisinage du chott, le forage de puits artésiens abondants est partout facile, comme le démontre le nombre des puits établis ou restaurés par l'Administration française, grâce à l'initiative du général Desvaux, secondé par le regrettable Ch. Laurent et les dévoués continuateurs de cette œuvre moins grandiose que la nouvelle mer, mais d'une utilité moins contestable.

« Je n'ai pas dit que le voisinage de la mer soit nécessairement nuisible au dattier, mais j'ai insisté sur ce fait que l'influence maritime est généralement défavorable à la production des dattes des meilleures variétés. Une localité voisine de la mer peut produire de bonnes dattes si, par la disposition du terrain ou toute autre cause, elle est soustraite aux vents chargés d'émanations salines; ce ne serait pas le cas pour les oasis situées au voisinage de la mer projetée, où, en raison du nivellement d'un sol sans relèvement notable, les vents peuvent se faire sentir indifféremment dans toutes les directions. Si en Tunisie les dattes du littoral méridional et de l'île de Djerba sont moins savoureuses que celles du Blad el-Djerid, cela ne tient pas, comme le pense M. de Lesseps, à ce qu'elles sont fournies par des dattiers de variétés inférieures, mais bien à ce que les meilleures variétés de dattiers n'y donnent plus que de moins bons produits. Il en est de même à Biskra, à El-Kantara, à Laghouat, dans tous les Ksour du Sud de la province d'Oran, c'est-à-dire sur les points où le dattier est à la limite de sa véritable zone de culture ou dans des conditions défavorables.

« 2. J'ai assez insisté sur le peu d'importance qu'aurait la nouvelle mer au point de vue commercial pour ne pas revenir sur ce côté de la question. Je me bornerai à rappeler que les caravanes, ayant d'immenses distances à parcourir, tiendront toujours, dans le choix de leur route, plus compte des difficultés de la traversée des grandes dunes des Areg, qu'elles ont à franchir dans leur plus grande étendue pour gagner l'Algérie, que de la faible réduction de trajet résultant de la nouvelle mer, laquelle ne leur éviterait, du reste, aucuns frais de transbordement. Un autre motif encore détermine les caravanes à délaisser l'Algérie pour le Maroc et la Tripolitaine : c'est l'abolition absolue de la traite des nègres dans nos possessions. Si, avant la domination française, elles se rendaient en Algérie par Ouargla, c'est qu'elles y trouvaient un vaste marché ouvert à la vente des esclaves, principal article d'exportation du Centre-Afrique.

« 3. Sauf sur quelques points, où il y a mélange des eaux salées et des eaux douces fournies par des sources ou des puits effondrés, points où croissent les grands roseaux dont parle M. Roudaire, les bords du chott Melghir n'offrent que les plantes caractéristiques des terrains fortement salés, telles que des *Suæda*, des *Salsola*, des *Atriplex*, des *Caroxylon*, des *Arthrocnemum*, etc., qui y acquièrent un développement exceptionnel. Cette végétation révèle la salure intense des eaux qui s'accumulent dans le lit du chott en hiver. En été, ce lit est à sec, et, dès le mois d'avril, il est souvent presque desséché, ainsi que j'ai pu le constater; l'extrême salure des eaux ou la couche de sel qui le recouvre en rend alors le voisinage moins dangereux que celui des mares d'eau douce, des puits artésiens effondrés ou des eaux que les indigènes laissent croupir dans les canaux d'irrigation (saguias) de leurs oasis. Avec la mer nouvelle, le danger, qui actuellement n'est que temporaire, deviendrait permanent, car il y aurait constamment et en toutes saisons des variations de niveau. L'influence du flux et du reflux, celle des vents si intenses dans cette région et d'autres causes amèneraient l'exondation et la submersion alternatives d'immenses plages vaseuses à pentes presque insensibles qui, comme l'a dit M. Naudin, seraient une véritable cause de pestilence.

« La nouvelle mer ne pouvant, comme le reconnaît M. Roudaire, subvenir à l'immense évaporation de sa surface que par la rapidité du courant qui devrait s'y établir de la Méditerranée à ses plages occidentales, serait, pour me servir de l'expression caractéristique de M. Naudin, un *immense fleuve à rebours;* dans sa partie occidentale algérienne, les alluvions et les détritus de toutes sortes viendraient incessamment s'accumuler et augmenter encore les causes d'insalubrité, en formant barrage à l'écoulement des eaux douces fournies par les innombrables ravins, par les saguias et par les puits effondrés, qui actuellement se déversent dans le chott.

« On sait que c'est surtout le mélange des eaux salées et des eaux douces qui, dans les pays chauds, amène les plus grands dangers d'infection paludéenne. Dans l'état actuel, on peut y remédier par le boisement, par la plantation d'oasis nouvelles, par l'aménagement des eaux douces que l'on emploiera à l'irrigation ou que l'on concentrera dans des espaces limités au moyen de fossés ou de tranchées; mais il n'en serait plus de même lorsque par d'immenses travaux de creusement on aurait amené la confluence de l'eau de mer avec les eaux douces qui existent généralement à une faible profondeur, comme le reconnaît M. Roudaire, et comme je l'ai constaté moi-même.

« 4. Je n'ai pas à revenir sur les considérations que j'ai exposées pour montrer que la mer rêvée, loin d'assurer la sécurité de notre domination, serait pour elle un danger permanent. Ces considérations n'ont pas besoin d'être plus explicites pour être évidentes.

« Les explorations complémentaires que M. le capitaine Roudaire se propose d'entreprendre auront sans doute une importance scientifique, la Commission de l'Académie chargée de l'examen des travaux de nivellement qu'il a déjà exécutés en a reconnu l'intérêt; mais, sans attendre les résultats des nouvelles recherches, je n'hésite pas à affirmer que les avantages attribués au projet ne paraissent pas supporter une discussion sérieuse.

« La connaissance du pays et mes études sur la région me démontrent toute la valeur des réserves faites par notre illustre secrétaire perpétuel M. Dumas et par notre éminent confrère M. Daubrée. Je me propose de reprendre la question lorsque M. Roudaire aura terminé son travail d'ensemble; il me sera facile de démontrer par les faits qu'il a constatés lui-même la presque impossibilité de la réalisation de la mer projetée. Les avantages hypothétiques du projet ne sauraient d'ailleurs être mis en parallèle avec l'énormité de la dépense, avec les inconvénients et les dangers qu'entraînerait sa réalisation. »

PHYSIQUE DU GLOBE. — Réponse à quelques-unes des objections formulées par M. Cosson contre le projet de création d'une mer saharienne, par M. Roudaire. (Séance du 6 août 1877.)

« M. de Lesseps déclare, en présentant cette note, que, dans la dernière séance de l'Académie, il n'a pas voulu répondre aux observations de M. Cosson au sujet du projet de remplissage des chotts tunisiens et algériens, parce qu'il lui semblait que les objections présentées contre le projet avaient été suffisamment réfutées; mais, ajoute-t-il, je ne puis me dispenser de communiquer une note de M. Roudaire, qui demande la parole pour un fait personnel. Il s'agit de certaines indications qu'il avait données sur d'anciens lits de rivières et dont on avait contesté l'exactitude. Cet officier distingué, dont les études ont été faites si consciencieusement, établit, dans la note suivante, les preuves qui viennent à l'appui de son opinion.

NOTE DE M. ROUDAIRE [1].

« MM. Yvon Villarceau et Favé, dit M. Roudaire, ont résumé les travaux de la Commission dans des rapports dont l'Académie a adopté les conclusions.

« La Commission, il est vrai, a exprimé le désir de voir compléter les travaux de nivellement par des sondages. J'ai accueilli ce conseil avec la plus grande déférence, et j'ai pris immédiatement la résolution de m'y conformer et de retourner l'hiver prochain dans la région des chotts.

[1] L'objection à laquelle cette note répondait avait été faite devant l'Académie des sciences, mais elle n'a pas été insérée dans les *Comptes rendus*.

« Ces sondages sont uniquement destinés à faire connaître exactement les difficultés d'exécution. Mais ce n'est pas de ces difficultés que M. Cosson se préoccupe, puisque, selon lui, si la mer intérieure existait, il faudrait la combler; c'est donc contre les avantages du projet, c'est-à-dire contre l'opinion exprimée par la majorité de la Commission qu'il s'élève, et c'est cette opinion que je me contenterai de lui opposer.

« Je ne puis cependant, sans y répondre, laisser avancer que j'ai commis une erreur en disant que l'oued Souf et l'oued Igharghar étaient autrefois de grands fleuves.

« L'oued Souf est presque complètement envahi, il est vrai, par les sables; mais on trouve encore des traces de son lit à Amiech, qui n'est qu'un faubourg d'El-Oued, et jusque vers Rhadamès, dans la vallée de Bir Ghardeïa. De nombreuses traditions arabes viennent d'ailleurs à l'appui des faits observés. Dans son ouvrage *Le Sahara de la province de Constantine* [1], M. W. Ragot assimile l'oued Souf au quatrième embranchement du Gir de Ptolémée; M. Largeau, de son côté [2], l'identifie avec le fleuve Triton des anciens; mais ce qui ne fait de doute pour aucun explorateur, c'est que la vallée du Souf était occupée par un grand cours d'eau.

« Dans son ouvrage *Les Touaregs du Nord*, M. H. Duveyrier commence ainsi le chapitre intitulé *Hydrographie* :

« Du Ahaggâr et du Tasili descendent trois longues vallées : l'une « au Nord, l'ouâdi *Igharghar;* l'autre au Sud, l'ouâdi Tafassâset; la « troisième à l'Ouest, l'ouâdi Tirhéret. Elles méritent une atten- « tion particulière comme principales gouttières d'écoulement des « eaux de cette partie du Sahara. *Les lits de ces ouâdis, aujourd'hui à « sec, ont dû être autrefois des rivières importantes.* »

« Le cheik Othman des Touaregs, qui vint à Alger au commencement de 1864, disait que le lit de l'Igharghar était encore parfaitement dessiné et que l'on pouvait en suivre le cours depuis son origine (le massif de l'Ahaggâr) jusqu'à l'oued Rir. Dans le voyage qu'il a fait à Rhadamès, M. Largeau put se convaincre de l'exactitude de ces renseignements; il a donné, dans les chapitres I, II et III de la deuxième partie de la relation de son voyage, des descriptions précises du lit de ce fleuve que les Arabes lui désignaient sous le nom de *fleuve Mort*. »

[1] Pages 54 et suiv.

[2] *Le Sahara*, deuxième voyage d'exploration, p. 235 et 474.

« Je pourrais multiplier les citations, mais celles-ci suffisent à démontrer que je ne me suis pas avancé à la légère. »

PHYSIQUE DU GLOBE. — Le régime des vents et l'évaporation dans la région des chotts algériens. (Note de M. A. Angot. — Séance du 13 août 1877.)

« Dans la séance du 28 mai dernier, à propos des réserves exprimées par M. Dumas sur le projet de création d'une mer intérieure en Algérie, M. d'Abbadie émettait le vœu que des études fussent faites sur le régime des vents dans la région des chotts. Les données à cet égard ne manquent pas entièrement : on peut les trouver dans les publications du service météorologique algérien, organisé, il y a trois ans, par les soins persévérants de M. Charles Sainte-Claire Deville, et qui fonctionne avec une régularité remarquable sous les ordres du général commandant supérieur du génie et sous la direction spéciale de M. le commandant Bongarçon, chef d'état-major du génie en Algérie.

« Chargé, presque dès l'origine, par M. Charles Sainte-Claire Deville de centraliser les observations algériennes et d'en diriger la publication, j'espère pouvoir présenter prochainement un travail d'ensemble sur le régime des vents dans le Nord de l'Afrique; mais je crois bon de publier dès maintenant quelques données plus spécialement relatives au projet qui intéresse actuellement l'Académie.

« La région des chotts est bornée, on le sait, du Nord-Est à l'Ouest par les monts Aurès et le Grand-Atlas; au Sud, elle ouvre directement sur le Sahara. Du Nord-Est à l'Ouest, l'air est ainsi constamment refroidi par les montagnes, tandis qu'au Sud il s'échauffe au contact du désert. D'après les lois ordinaires de la circulation atmosphérique, l'air doit affluer des régions froides vers les régions chaudes, ce qui tend à produire au-dessus des chotts un vent général compris entre le Nord-Est et l'Ouest, avec prédominance du Nord-Ouest. A ce courant doivent se joindre des vents d'Est venant du golfe de Gabès, qui s'échauffe, surtout en été, moins que le Sahara. Cette explication est, du reste, conforme à tous les faits connus : les importantes recherches de M. Brault sur le régime des vents dans l'Atlantique Nord ont parfaitement montré le rôle que joue, sur la côte occidentale d'Afrique, le Sahara comme point de convergence des vents.

« On ne saurait donc, à priori, compter, pour la région des

chotts, sur des vents du Sud, Sud-Ouest et Sud-Est, qui, dans la pensée de M. Roudaire[1], seraient les vents dominants de cette contrée. L'observation ne fait que justifier les prévisions énoncées plus haut.

« Considérons, en effet, la ville de Biskra, qui se trouve au Nord-Ouest des chotts, à mi-chemin entre leur extrémité occidentale et l'Atlas. On y possède une série régulière d'observations faites trois fois par jour, à 7 heures du matin, 1 heure et 7 heures du soir. Cette série a commencé le 1er janvier 1874 et est faite par des adjoints du génie, observateurs exacts et consciencieux. Le dépouillement des feuilles d'observations m'a permis de former les tableaux suivants, qui donnent, pour chaque saison, la proportion des huit vents principaux sur cent vents observés réellement, c'est-à-dire en ne faisant pas entrer les calmes dans la somme.

BISKRA.

PROPORTION DE CHAQUE VENT SUR CENT OBSERVATIONS[2].

ÉPOQUES.		N.	N. E.	E.	S. E.	S.	S. W.	W.	N. W.
Hiver....	1874........	28,5	5,9	21,9	3,3	2,0	1,3	4,6	32,5
	1875........	0,8	0,8	12,4	4,5	1,1	3,0	0,8	76,6
	1876........	24,0	12,9	5,1	6,4	0,5	0,0	0,0	51,2
	MOYENNE....	17,8	6,5	13,2	4,7	1,2	1,4	1,8	53,4
Printemps.	1874........	17,6	0,8	31,2	6,8	5,2	1,2	0,4	36,8
	1875........	5,3	12,4	39,2	3,0	0,4	0,0	0,4	39,2
	1876........	13,1	28,1	0,9	1,3	2,6	0,4	0,4	53,2
	MOYENNE....	12,0	13,8	23,8	3,7	2,7	0,5	0,4	43,1
Été......	1874........	1,6	0,4	40,6	11,7	12,9	2,3	0,0	30,5
	1875........	7,7	7,7	47,3	2,4	2,3	1,8	1,8	29,0
	1876........	4,5	53,7	0,5	2,0	3,0	0,0	0,5	35,8
	MOYENNE....	4,6	20,6	29,5	5,3	6,0	1,4	0,8	31,8
Automne..	1874........	3,0	1,3	35,3	2,1	4,3	0,0	0,0	54,0
	1875........	13,4	5,1	21,0	1,3	0,6	0,6	1,3	56,7
	1876........	13,0	36,2	0,0	0,0	0,4	0,4	0,0	50,0
	MOYENNE....	9,8	14,2	18,8	1,1	1,8	0,3	0,4	53,6

[1] *Comptes rendus* (séance du 25 juin 1877, p. 1512).

[2] Conformément aux habitudes qui prévalent maintenant en météorologie, les

« Quant à la proportion des calmes au nombre total des observations, elle est en moyenne de 17 p. 0/0.

« Les résultats seront encore plus frappants si l'on groupe d'une part les vents de N. E., N. et N. W., et de l'autre ceux de S. E., S. et S. W.; on obtient ainsi les nombres suivants :

	PROPORTION, SUR CENT VENTS OBSERVÉS.				
	Hiver.	Printemps.	Été.	Automne.	Année.
Vents de N. E., N. et N. W..	77,7	68,9	57,0	77,6	70,3
Vents de S. E., S. et S. W..	7,3	6,9	12,7	3,2	7,5

« Les vents favorables au projet de M. Roudaire sont aux vents défavorables dans le rapport de 1 à 9.4, au moins pour la période considérée. En admettant la possibilité du remplissage, les vapeurs qu'ils émettraient seraient donc emportées presque totalement vers le Sahara, sans profit pour l'Algérie[1].

« Quant à l'évaporation, elle intervient plutôt comme cause défavorable, et les chiffres sont doubles de ceux que l'on avait supposés jusqu'ici. Les observations faites avec l'évaporomètre Piche, qui représente à peu près, on le sait, l'évaporation à la surface d'une nappe d'eau, donnent les nombres suivants :

ÉPAISSEUR, EN MILLIMÈTRES, DE LA COUCHE D'EAU ÉVAPORÉE EN MOYENNE PAR JOUR.

	1874.	1875.	1876.
Janvier	3,2	3,8	2,8
Février	3,8	4,9	5,1
Mars	5,3	4,8	6,3

vents d'Ouest sont désignés, dans les tableaux, par la lettre W. La lettre O avait l'inconvénient de désigner à la fois l'Ouest en français et l'Est (*öst*) dans les publications faites en langue allemande.

De même, nous avons conservé la division météorologique de l'année, commençant le 1er décembre, de façon que l'hiver comprenne les trois mois froids (décembre, janvier, février), et l'été les trois mois chauds (juin, juillet, août).

[1] Des observations faites dans un autre endroit de Biskra semblent donner une proportion un peu plus grande de vents de S. E. Mais les vents de N. W. restent toujours de beaucoup les plus nombreux; cette deuxième série, du reste, est trop incomplète, jusqu'à ce jour, pour fournir des résultats importants. S'il m'est possible d'obtenir les mois d'observations qui ne me sont pas parvenus, je publierai les résultats de la comparaison entre les deux stations et ceux d'autres observations faites il y a bientôt trente ans.

	1874.	1875.	1876.
	—	—	—
Avril	6,4	5,8	7,1
Mai	7,7	7,4	9,9
Juin	9,7	8,5	10,2
Juillet	11,0	9,5	11,8
Août	9,3	7,7	8,6
Septembre	7,3	(6,2)[1]	6,4
Octobre	5,0	4,8	4,6
Novembre	3,3	4,0	5,1
Décembre	3,9	2,5	4,5
Moyenne de l'année	6,3	5,8	6,9

« Comme on le voit, c'est à une moyenne de plus de 6 millimètres qu'il faut estimer la couche d'eau enlevée en vingt-quatre heures, par l'évaporation, à la mer projetée; cela porterait au moins à 78 millions de mètres cubes la quantité d'eau que le canal de communication devrait laisser écouler chaque jour pour maintenir constant le niveau de la mer saharienne. »

PHYSIQUE DU GLOBE. — Réponse à une communication récente de M. Angot sur l'évaporation dans la région des chotts algériens. (Note de M. Roudaire, présentée par M. Yvon Villarceau. — Séance du 17 août 1877.)

« Le 13 août dernier, M. Angot a fait, à l'Académie des sciences, une communication de laquelle il semble résulter :

« 1° Que les vents du Sud soufflent exceptionnellement dans la région des chotts;

« 2° Que l'évaporation enlèverait, en vingt-quatre heures, à la mer intérieure, une couche de 0m,006 de hauteur, et par conséquent double de celle que j'ai prévue.

« Les observations météorologiques d'où ces conclusions sont déduites paraissent probantes. Je vais démontrer qu'on serait étrangement induit en erreur en les considérant comme telles.

« I. *Direction des vents.* — Les observations relatives à la direction des vents, sur lesquelles s'appuie M. Angot, ont été faites à Biskra. En consultant la carte du Dépôt de la guerre, on voit que cette ville est située sur la bissectrice et vers le sommet d'un angle formé par les chaînes du Matraf et du Bourzel d'une part, et par

[1] Nombre interpolé, par suite du manque d'observations en septembre 1875.

les derniers contreforts de l'Aurès d'autre part. Les vents de Sud, de Sud-Est et de Sud-Ouest, en s'engageant dans cet angle ouvert du côté du Sud, y subissent des déviations successives; il se produit même, vers le sommet de l'angle, à Biskra, des mouvements giratoires; de sorte que la direction du vent varie suivant le point où l'on est placé. Ce fait ressort de la communication même de M. Angot, qui, dans la note de la page 399 des *Comptes rendus*, déclare que les observations faites à Biskra, en deux points différents, n'ont pas donné les mêmes résultats. En 1874, je m'étais rendu compte de ces déviations : étant à Biskra, je remarquai que le siroco, bien facile à reconnaître à sa sécheresse et à sa température élevée, semblait venir de l'Ouest et même du Nord-Ouest. Plus tard, en comparant les observations que nous avions faites sur le bord des chotts aux observations correspondantes faites à Biskra, je constatai que les résultats ne présentaient pas la moindre concordance. Des vents de Sud et de Sud-Ouest étaient devenus, à Biskra, des vents d'Ouest et de Nord-Ouest. Aussi, quoique connaissant les observations invoquées par M. Angot, je savais qu'il était impossible d'en déduire le régime des vents de la région des chotts.

« Mais, à défaut d'observations régulières faites dans cette région, nous avons les dunes, dont le témoignage ne saurait être contesté. On sait que ces monticules de sable se déplacent lentement, suivant la direction que leur imprime la résultante générale des vents, et qu'ils se disposent de manière à tourner leur talus le plus doux vers cette résultante, c'est-à-dire vers les vents dominants. Or ce talus est, ainsi que je l'ai déjà dit souvent, presque toujours tourné vers le Sud-Est, le Sud ou le Sud-Ouest. A l'appui de mes propres observations, je citerai le passage suivant, extrait d'une communication faite à la Société de géographie par M. Largeau : « Près « de l'Oued, dit cet observateur consciencieux, les dunes sont dis- « posées en longues veines, hautes de 10 à 15 mètres, dont *la di- « rection invariable* est du Nord-Est au Sud-Ouest; *ce qui est une « preuve qu'elles sont formées par les vents de Sud-Ouest*[1].

« La ville d'El-Oued, dont il est ici question, est située dans le Souf, au Sud du chott Melrir. Il n'y a pas, dans le voisinage, de montagnes qui fassent dévier les vents, comme à Biskra, et l'on

[1] *Bulletin de la Société de géographie* (novembre 1875), p. 513.

voit que c'est incontestablement le vent de Sud-Ouest qui y est le vent dominant.

« Des observations régulières faites dans la région des chotts, à une distance convenable de l'Aurès, feront seules connaître exactement dans quelle proportion soufflent les vents du Sud. Je me propose d'étudier la question avec soin, dès que je retournerai dans les chotts; mais il serait vivement à désirer que le service météorologique de l'Algérie, si dévoué à la science, pût créer des stations à El-Oued et à Touggourt. Ces deux villes, il est vrai, ne sont habitées que par des Arabes; mais ne pourrait-on pas y installer des appareils enregistreurs?

« 2. *Évaporation.* — Rien n'est plus facile de répondre à la deuxième objection de M. Angot.

« En 1874 et 1875, j'ai fait moi-même, dans la région des chotts, avec l'évaporomètre Piche, des observations qui m'ont précisément donné les résultats fournis par M. Angot. J'en ai conclu les rapports qui existent entre les couches d'eau évaporées par telle ou telle température, par tel ou tel vent. C'est ainsi que j'ai reconnu que l'évaporation moyenne est doublée les jours de siroco; mais il ne m'est jamais venu à l'esprit de considérer les chiffres obtenus en observant une surface de 5 ou 6 centimètres carrés, comme représentant l'évaporation qui se produirait sur de grandes surfaces salées. Pour démontrer combien une semblable interprétation serait fausse, il suffit de citer ce qui s'est passé pendant le remplissage des lacs Amers :

« Du 7 au 15 juillet, le déversoir (destiné à régler l'introduction « des eaux) n'avait fonctionné qu'avec un très petit nombre d'ai-« guilles levées, et le niveau était resté stationnaire dans les lacs. « L'introduction avait été déterminée par le calcul à 3,540,942 mè-« tres cubes, soit, en chiffres ronds, à 400,000 mètres cubes par « jour. Ce dernier chiffre donne donc la quantité d'eau absorbée « par l'évaporation *qui, d'après la surface correspondante, produisait* « *0ᵐ,003 à 0ᵐ,0035 de dénivellation pendant vingt-quatre heures, et* « *cela pendant le mois le plus chaud de l'année.*

« *Ce résultat justifiait les prévisions des ingénieurs qui avaient déclaré* « *que le chiffre 0ᵐ,020*[1], *admis comme chiffre moyen de l'évaporation*

[1] Ce chiffre avait été déduit d'observations faites avec des évaporomètres.

« *en Égypte, ne serait jamais atteint, vu la couche d'air humide qui « devait recouvrir la surface des lacs Amers et le degré de salure des « eaux*[1].

« Toutes les observations faites, depuis cette époque, par les ingénieurs de la Compagnie de Suez, ont donné le même résultat. Les lacs Amers sont les seules grandes surfaces sur lesquelles il ait été possible d'observer, avec précision, la hauteur de la couche d'eau enlevée par l'évaporation. Le bassin des chotts étant situé à peu près sous la même latitude, et jouissant d'un climat analogue, on peut affirmer que l'évaporation moyenne sera également de 3 millimètres, chiffre sur lequel j'ai basé tous mes calculs.

PHYSIQUE DU GLOBE. — Sur le régime des vents dans la région des chotts algériens. (Note de M. A. ANGOT. — Séance de septembre 1877.)

« Dans une note présentée à la séance dernière, M. Roudaire attribue à la position particulière de Biskra la grande fréquence des vents de N. W., N. et N. E, que les observations avaient révélée pour cette ville. J'avais indiqué moi-même la possibilité d'influences locales; mais, avant de publier aucun chiffre, je m'étais assuré que ces influences, si elles existent, sont extrêmement faibles.

« Je ne puis mieux faire, pour le montrer, que de donner les observations faites à Touggourt pendant les mois de mars, avril et mai des années 1874, 1875 et 1876. Touggourt étant un des points que M. Roudaire indique lui-même comme un de ceux où il désire voir faire des observations, j'espère que les nombres suivants paraîtront dignes d'intérêt.

« Sur cent observations effectives faites au printemps à Touggourt, la proportion de chaque vent est la suivante :

		N.	N. E.	E.	S. E.	S.	S. W.	W	N. W.
Printemps	1874....	9,5	25,8	6,8	2,6	2,1	11,6	4,7	36,8
	1875....	2,4	54,3	1,8	10,4	1,8	3,1	0,0	16,2
	1876....	14,3	13,4	9,2	7,8	7,4	14,8	5,1	28,2
MOYENNE......		8,7	31,2	5,9	6,9	3,8	9,8	3,3	30,4

« Si l'on se reporte au tableau publié dans la séance du 13 août (p. 342), et que, pour simplifier, on réunisse, d'une part, les

[1] *Le Percement de l'isthme de Suez*, par L. Monteil, ingénieur de la Compagnie de Suez.

vents de N. W., N. et N. E., de l'autre ceux de S. E., S. et S. W., on trouve que sur cent vents il en a soufflé, au printemps :

	Du N. W., N. et N. E.	Du S. E., S. et S. W.
A Touggourt	70,3	20,5
A Biskra	68,9	6,9

« Les influences locales dont parle M. Roudaire ne portent donc que sur les vents d'Est ou d'Ouest, et ne modifient nullement la fréquence des vents de la région du Nord. Ces derniers dominent toujours, à Biskra comme à Touggourt, c'est-à-dire dans la région des chotts qui s'étend entre ces deux villes. L'examen des observations individuelles, et non plus des moyennes, conduirait exactement au même résultat.

« C'est seulement après avoir constaté cette concordance entre les observations des deux stations que j'ai publié, de préférence, les nombres de Biskra, les observations n'ayant pas été continuées régulièrement à Touggourt pendant tous les mois de l'année.

« Quant à l'évaporation, les chiffres donnés par l'évaporomètre Piche concordent généralement avec ceux que fournit l'observation directe à la surface de grandes nappes d'eau. Ils sont même souvent plus faibles, surtout pendant la saison chaude, l'appareil se refroidissant, par l'évaporation même, d'une manière notable. Il n'y a donc pas de raison actuelle pour rejeter les observations d'évaporation faites à Biskra. La comparaison avec ce qui se passe aux lacs Amers ne saurait avoir ici aucune valeur. Sans discuter, en effet, le degré de précision des chiffres invoqués par M. Roudaire et qui semblent très vraisemblables, il est clair que les conditions d'évaporation aux lacs Amers et dans les chotts sont absolument différentes. Les premiers sont dans le voisinage immédiat de la mer Rouge, dont l'atmosphère extraordinairement humide est bien connue de tous ceux qui l'ont traversée. Les chotts, au contraire, se trouvent en plein Sahara, la région la plus sèche du monde entier.

« Comme M. Roudaire, je serai heureux que des observations régulières soient continuées, pour augmenter la valeur de celles que nous avons déjà; et, si j'ai publié ces dernières, c'est beaucoup plutôt pour en indiquer l'existence, à laquelle personne n'avait encore fait allusion, que pour ouvrir un nouveau débat sur une question qui en déjà provoqué un si grand nombre. »

PHYSIQUE DU GLOBE. — Réponse à la dernière note de M. Angot sur le régime des vents dans la région des chotts algériens, par M. Roudaire, communiquée par M. Yvon Villarceau. (Séance du 1er octobre 1877.)

« Dans sa dernière note, M. Angot a cité les observations faites à Touggourt pendant les mois de mars, d'avril et de mai 1874, 1875 et 1876. Ces observations étant incomplètes, puisqu'elles n'embrassent que cinq mois de l'année, il est impossible d'en déduire le régime général des vents qui règnent à Touggourt, mais elles n'en démontrent pas moins que dans la même période les vents de Sud-Est, de Sud et de Sud-Ouest ont soufflé à Touggourt dans la proportion de 20,5 p. 0/0, tandis qu'ils ne soufflaient à Biskra que dans la proportion de 6,9 p. 0/0. J'avais donc raison d'affirmer que les observations faites dans cette dernière ville, observations sur lesquelles M. Angot s'était appuyé dans sa première note, n'avaient aucune valeur sérieuse. Dans cette même note, M. Angot avait invoqué les *Importantes recherches* de M. Brault. J'ai tenu moi-même à consulter ce savant officier de marine. Voici ce qu'il a bien voulu me répondre :

« Vous me faites l'honneur de me demander ce que je pense des « objections que vous a présentées M. Angot.

« Voici ma réponse :

« Et tout d'abord il ne m'appartient pas de juger l'ensemble de « votre projet; aussi me bornerai-je à la question posée, qui est « une question de météorologie.

« Tout en remerciant M. Angot de la façon dont il qualifie mes « travaux, je me permettrai de faire remarquer qu'il va peut-être « un peu loin en donnant à penser que ces travaux prouvent ce « qu'il avance.

« Ni M. Angot ni moi ne connaissons le régime des vents de la « région des chotts; et ni M. Angot ni moi ne saurions le con- « clure des observations qu'il a présentées dans ses deux dernières « notes à l'Académie, pas plus que des miennes.

« Il s'agit d'un pays où les influences locales peuvent être pré- « pondérantes (voilà ce qui aurait dû frapper M. Angot) et où l'ob- « servation directe peut seule décider.

« *Biskra est mal situé, Touggourt est trop éloigné.*

« Je dirai plus. Si actuellement les vents qui règnent sur les « chotts sont généralement faibles, je ne crois pas que l'on puisse « affirmer que la création d'une mer intérieure au Sud des monts

« Aurès (qui sont, il faut le remarquer, dirigés presque Est et Ouest) « ne serait pas une cause suffisante pour modifier le régime des « vents de ces parages au moins dans les alentours de la mer inté- « rieure.

« Quant à ce qui est du siroco, je ne vois pas non plus com- « ment on pourrait nier à priori l'heureuse influence qu'apportera « sans doute la présence de la mer intérieure sur ce vent dont la « sécheresse est parfois si désastreuse pour notre colonie.

« En résumé, Monsieur, si d'une part il me semble évident « qu'au point de vue météorologique les études de votre projet « ont besoin d'être complétées, comme vous êtes du reste le « premier à le dire, d'autre part je reste convaincu que ni M. An- « got ni moi n'avons encore publié de documents qui permettent « de contredire sérieusement ce que vous avez avancé. »

« Je n'ajouterai rien à cette lettre. Je ferai seulement remarquer que M. Brault trouve Touggourt trop éloigné de la région des chotts. Il est en cela d'un avis contraire à celui que j'avais exprimé, en indiquant cette ville comme un point où il était utile de faire des observations. M. Brault a fait une étude trop complète du régime des vents pour que je n'accepte pas son opinion.

« En ce qui concerne l'évaporation sur laquelle M. Angot revient, n'est-il pas évident qu'elle est nécessairement moins active sur de grandes surfaces, au-dessus desquelles règne toujours une couche d'air humide, que sur de petites surfaces en contact avec un air relativement sec qui se renouvelle constamment? Je demanderai en outre à M. Angot comment il lui a été possible de constater que les chiffres donnés par l'évaporomètre Piche concordent avec ceux que fournit l'observation directe sur de grandes surfaces. Quelles sont donc les *grandes surfaces salées* (je parle de surfaces de plusieurs centaines de kilomètres carrés) où l'on ait pu faire des observations précises, en tenant compte des pluies qui y tombent ou des fleuves qui s'y déversent. Les lacs Amers sont, je le crois, le seul exemple que l'on puisse citer. C'est en observant des surfaces restreintes, comme celles des évaporomètres et des canaux que l'on avait trouvé $0^{m},020$, pour l'évaporation moyenne en Égypte, tandis qu'elle n'est en réalité sur les lacs Amers que de $0^{m},0035$ pendant le mois le plus chaud de l'année.

« C'est en s'appuyant sur le chiffre $0^{m},020$ que des ingénieurs avaient prouvé, dans de longs mémoires, que les lacs Amers ne se rempliraient jamais, tandis que la rapidité du remplissage a dépassé les prévisions les plus favorables.

« Si j'insiste sur ce point, ce n'est pas que je considérerais une évaporation de 0m,006 comme un obstacle à la réalisation du projet; je n'y verrais qu'un avantage plus grand au point de vue de l'influence heureuse que la mer intérieure exercerait sur le climat des régions voisines; mais les observations faites sur les lacs Amers, placés, quoi qu'on en puisse dire, dans les mêmes conditions climatériques que les chotts, ne permettent pas de prévoir une évaporation moyenne supérieure à 0m,003. »

Je dois aujourd'hui compléter la réponse que je faisais à M. Angot le 1er octobre 1877, en ajoutant que les observations faites, pendant la dernière expédition[1], sur la direction des vents et l'évaporation m'ont donné complètement raison. En groupant les premières, comme l'a fait M. Angot, on obtient les résultats suivants, bien différents de ceux qu'il a déduits des observations faites à Biskra :

		PROPORTION SUR CENT VENTS OBSERVÉS.		
		Hiver.	Printemps.	6 mois.
Vents de	N., N. E. et N. O.	23,00	35,00	29,00
	S., S. E. et S. O.	57,65	39,85	48,75

Ce tableau, comme on le voit, fait ressortir une prédominance marquée des vents de la région Sud sur ceux de la région Nord.

Les observations journalières que nous avons faites pendant les mois de janvier, février et mars sur l'évaporation de l'eau douce et celle de l'eau de mer ont donné, d'autre part, pour l'eau douce une moyenne de 7mm,24, et pour l'eau de mer une moyenne de 4mm,82 seulement[2]. Ce résultat prouve surabondamment qu'on commet une grave erreur en partant des observations faites avec l'évaporomètre Piche pour en déduire l'évaporation qui se produit à la surface des mers, puisque, *même en petite quantité*, l'eau de mer s'évapore beaucoup moins vite que l'eau douce. Or, c'est toujours d'eau douce qu'on se sert pour garnir les évaporomètres Piche. Avec l'eau de mer, le sel obstrue bientôt les pores de la rondelle de carton et l'appareil ne fonctionne plus. La conclusion à tirer de ces faits est que nous devons nous en tenir aux seules observa-

[1] Voir page 30.

[2] Voir page 29.

tions précises qui aient été faites *sur de grandes surfaces d'eau de mer,* c'est-à-dire aux observations qui ont été faites pendant le remplissage des lacs Amers [1]. Le bassin des chotts étant situé sous la même latitude et dans les mêmes conditions climatériques, je maintiens, ainsi que je l'avais avancé dans mon dernier rapport, que l'évaporation y sera d'un mètre par an.

PHYSIQUE DU GLOBE. — Observations sur le projet de la création d'une mer intérieure dans le Sahara oriental, par MM. Ch. Martins et Ed. Desor. (Séance du 10 février 1879.)

« Dans l'hiver de 1863, nous nous rendions à Biskra avec notre regrettable ami Arnold Escher von der Linth, afin d'avoir une idée de la physionomie du Sahara algérien. A Constantine, M. le général Desvaux, gouverneur de la province, voulut bien nous engager à prolonger notre voyage jusqu'à Touggourt et à pénétrer dans le désert de sable appelé *Oued Souf.* Il fit plus. Il nous donna pour guide le capitaine d'artillerie Zickel, qui avait déjà exécuté dans le Sahara un certain nombre de forages artésiens sur le trajet que nous devions parcourir. Nous fîmes ainsi tout le tour du lac Salé ou chott Melrir, moitié occidentale de la mer saharienne, dont M. le capitaine Roudaire propose le rétablissement. Le monde savant tout entier applaudit aux études préparatoires si persévérantes et si méritoires de cet officier et de ses collaborateurs. Ayant parcouru ces contrées, nous pouvons, mieux que ceux qui ne les ont pas visitées, nous rendre compte des difficultés à vaincre, des dangers à courir, des fatigues à supporter pour dresser la carte et déterminer l'altitude négative de ces lacs salés séparés par des terres boueuses, hantées par la fièvre ou bordées de dunes mobiles bouleversées par le souffle brûlant du simoun. Tant qu'il n'a été question que d'études de géographie physique, nous avons gardé le silence; mais, depuis que l'autorité du grand nom de M. de Lesseps semble aux yeux du public assurer la réalisation de ce projet gigantesque, nous croyons devoir joindre notre faible voix à celles de MM. Dumas, Daubrée, Fuchs, Pomel, Naudin et Cosson pour présenter quelques objections qui nous ont été suggérées par nos explorations et la lecture des rapports de M. Roudaire.

« Nous ne mettons point en doute le soin apporté aux nivellements nécessaires pour déterminer les côtes du bord des chotts

[1] Voir page 120.

ou lacs salés qui s'étendent de l'oued Rir au golfe de Gabès, et dont la surface est à un niveau inférieur à celui de la Méditerranée. Leur exactitude est la base de tout le projet, et, comme il s'agit ici de différences de niveau qui, suivant M. Roudaire lui-même, ne dépassent pas $31^m,5$ à l'angle Nord-Ouest du chott Melrir, on conçoit que des erreurs de 1 ou 2 mètres auraient, dans un pays aussi plat, les plus graves conséquences pour déterminer l'étendue de la surface submersible, le tirant d'eau des navires et même des bateaux à l'approche du rivage, ainsi que la préservation des oasis voisines. Or, si l'on admire, à juste titre, la rigueur exceptionnelle du nivellement des chemins de fer français par M. l'ingénieur Bourdaloue et celui de la Suisse par MM. Hirsch et Plantamour, qui sont parvenus à éliminer toutes les causes d'erreur, que ne doit-on pas craindre quand il s'agit d'un nivellement exécuté dans le pays classique du mirage, où la surface du sol est constamment altérée et déformée par la réflexion et la réfraction des rayons lumineux qui arrivent à l'œil de l'observateur? Quel est celui qui oserait affirmer que la mire qu'il vise, même dans une portée *de 100 mètres, est réellement à la place où il la voit?* Or, au Sud de la mer projetée se trouve l'oued Souf, désert de sable où mûrissent les dattes que nous mangeons sous le nom de *dattes de Tunis,* leur port d'embarquement; c'est une culture toute spéciale. Les Berbères creusent dans le sable des cavités ayant la forme d'un cône tronqué renversé, de 5 à 6 mètres de profondeur au-dessous du niveau moyen du sol et mesurant au fond 12 à 16 mètres de diamètre. Ces cratères artificiels se nomment des *ritans.*

« Les palmiers-dattiers sont plantés dans le fond du cratère, afin que leurs racines puissent atteindre la nappe d'eau saumâtre qui s'étend au-dessous d'une couche continue de gypse, la seule pierre connue dans le pays. *M. Roudaire affirme que cette nappe est au-dessus* du niveau de la Méditerranée[1]; mais, quand on songe que l'existence des populations si laborieuses du Souf repose en entier sur un seul arbre, le dattier, qui leur fournit des matériaux de construction, un aliment précieux et un moyen d'échange, n'est-il pas à craindre, s'il y avait la moindre erreur dans le nivellement, que les eaux de la nouvelle mer ne s'infiltrent à travers le sable

[1] Rapport de 1877, p. 63.

mobile des dunes, ne remplissent ces cavités et ne détruisent les palmiers? On comprend dès lors que, pour ne pas compromettre l'existence d'une population tout entière, il faut avoir la certitude *absolue* que le niveau de la mer qu'on se propose de créer sera partout et toujours inférieur au fond des *ritans*, et par conséquent à 8 ou 10 mètres au-dessous du niveau moyen de la région du Souf. Nous nous demandons si les prévisions des ingénieurs, dans un travail sans précédent et sur un sol si extraordinaire et si peu expérimenté que celui du Sahara, peuvent acquérir un degré de probabilité tel qu'il soit équivalent à la certitude.

« Le grand argument invoqué par les partisans de la mer intérieure, c'est qu'elle aurait existé jadis dans les temps *historiques*. Nous n'aborderons pas cette question et ne chercherons pas à savoir si le lac Triton comprenait tous les chotts ou seulement, comme le veut Petermann[1], le chott le plus voisin du seuil de Gabès, dont le rameau oriental porte le nom de *chott Fejej*, tandis que le bassin occidental est connu sous le nom de *chott Djerid*. Nous avons d'autres preuves de l'existence d'une mer intérieure, mais dans les temps *préhistoriques*, à une époque où le régime hydrographique de l'Europe était aussi bien différent de ce qu'il est aujourd'hui. Le 7 décembre 1863, nous campions près du puits de Buchana, entre l'oasis de Guemar et l'extrémité méridionale du chott Melrir; nous quittions le désert des sables pour aborder celui des plateaux. Les érosions des couches gypseuses présentaient des tranches régulières comme celles des terrains de sédiment, et, dans ces couches, nous recueillîmes des débris de coquilles véritablement marines, telles que *Buccinum giberrulum* (Lamk.) et *Balanus miser* (L.); le terrain qui renfermait ces coquilles était donc un terrain marin.

« Au-dessus de ces coquilles, dans le sable, se trouvait le *Cardium edule* (L.), mieux conservé que nous ne l'avions vu jusqu'ici, car, depuis que nous avions abordé le chott Melrir, le sable du désert était couvert d'innombrables débris de cette coquille; or, si les Balances et les Buccins sont des mollusques qui n'habitent que le rivage de la mer, le *Cardium edule* s'y trouve rarement, mais il caractérise la faune des marais salants, lagunes ou lacs d'eau saumâtre. Les bords de tous ceux de la Camargue et des côtes du Languedoc, depuis Aigues-Mortes jusqu'à Cette, sont blanchis, lorsque

[1] *Das mittelländische Meer und Nord Afrika Carte*, von A. Petermann.

leurs eaux sont basses, par les innombrables coquilles de *Cardium*, dont les individus vivants se multiplient à l'infini dans ces eaux saumâtres. Ainsi donc, nous avions sous les yeux les fossiles caractéristiques des eaux marines et de celles qui sont un mélange d'eau douce et d'eau salée. Si donc une mer intérieure pénétrait dans le Sahara, elle s'est retirée depuis et a été remplacée par un réseau de lagunes et de marais salants, dont les chotts actuels sont les derniers restes, qui ont persisté dans les dépressions les plus profondes. Actuellement, la salure de leurs eaux est telle qu'aucun animal ne peut y subsister, tandis que le *Cardium edule* vivait en abondance dans les anciennes lagunes.

« Trois causes peuvent expliquer la transformation d'un golfe maritime en lagunes : 1° les atterrissements de fleuves ou de rivières; 2° la formation des cordons littoraux marins, comme nous le voyons sur les côtes du Languedoc; 3° le soulèvement de la côte tout entière. Les deux premières causes, supposant l'existence de longs fleuves chargés de limon, tels que le Pô, le Rhône, l'Èbre ou le Nil, ne sauraient être invoquées, la région saharienne étant privée de ces grands cours d'eau. La dernière cause en est indépendante; elle est le résultat d'un phénomène général, l'exhaussement des continents, attesté par les plages soulevées que présentent presque toutes les côtes maritimes dans l'ancien comme dans le nouveau monde. Nous pensons donc que la surface inondable du Sahara, quoiqu'elle soit maintenant encore au-dessous du niveau de la Méditerranée, était encore plus basse à l'époque où elle ne formait qu'un prolongement du golfe de Gabès. Par suite de son exhaussement, une partie du golfe a été séparée de la mer et convertie en un réseau de lagunes. Le sol est imprégné de sel, et la végétation qui le couvre ressemble à celle qui entoure les marais salants du Languedoc, séparés également de la mer par des cordons littoraux dont les uns sont l'œuvre directe du Rhône, de la Durance, du Vidourle et d'autres cours d'eau; les autres, celle des courants transportant les sables déposés à leur embouchure [1].

« On a dit que la création d'une mer intérieure, de 13,280 kilomètres carrés suivant le général Favé [2], changerait le régime pluviométrique de la contrée et même celui de l'Algérie tout entière.

[1] Voir *Topographie géologique des environs d'Aigues-Mortes* (*Comptes rendus*, t. LXXVIII, p. 1748).

[2] *Comptes rendus*, t. LXXXIV, p. 1119.

C'est, selon nous, une grande illusion. Quoique les lois des mouvements atmosphériques généraux soient encore peu connues, cependant on entrevoit déjà que l'Atlantique est le grand réservoir d'où s'élèvent les vapeurs qui se résolvent en pluies au-dessus du continent européen. Nous croyons qu'il en est de même pour le Nord de l'Afrique. Quand on déploie une grande mappemonde, on voit que la Méditerranée n'est qu'un golfe relativement bien peu étendu de l'océan Atlantique, et l'addition de 13,000 kilomètres carrés n'ajoutera rien à son influence climatérique. On a fait de longs calculs sur la quantité d'eau évaporée par la mer nouvelle; mais, suivant M. Angot, les vents régnant à Biskra et à Touggourt sont des vents du Nord. La preuve en est que nous avons vu les tiges de tous les arbrisseaux du Souf (*Retama, Ephebra, Calligonum*) inclinées vers le Sud-Est.

« A priori, cela devait être. En effet, si le contraste calorifique entre l'air froid des Alpes, des Cévennes et de la montagne Noire avec l'air chaud du littoral de la Provence et du Languedoc engendre le vent du Nord appelé *mistral*, qui souffle surtout en hiver et au printemps, de même la chaîne des Aurès s'élevant au Nord des sables du Sahara doit rendre les vents du Nord prédominants. Les vapeurs de ce golfe méditerranéen seraient donc entraînées vers le désert; or, ici nous partageons complètement l'opinion de M. Cosson. Le moindre changement dans le climat du Souf serait préjudiciable à la culture des dattiers; s'ils mûrissent leurs fruits, c'est grâce à la sécheresse et à la température de l'air réfléchi par les parois des cavités coniques, appelées *ritans*, au fond desquelles ils sont plantés. Un air plus humide ou plus froid leur serait également défavorable, et les habitants seraient obligés d'abandonner une contrée où ils ont su établir la seule culture possible au milieu de ces sables arides. Les alentours des mers intérieures, telles que la Caspienne et le lac Aral, sont des steppes célèbres par leur sécheresse; les bords de la Méditerranée en souffrent également lorsque, ainsi qu'on l'a vu l'année dernière, les pluies du Nord ne s'étendent pas dans le Midi.

« Pour toutes ces raisons, déjà indiquées en partie par nos prédécesseurs, nous nous joignons à eux pour déclarer qu'il n'y a aucune parité à établir entre le percement de l'isthme de Suez réalisé par M. de Lesseps et le rétablissement d'une mer intérieure dans le Sahara algérien proposé par M. Roudaire. »

PHYSIQUE DU GLOBE. — Sur le projet de mer intérieure en Algérie. (Note de M. I. Favé. — Séance du 17 février 1879.)

« Les *observations sur le projet de la création d'une mer intérieure dans le Sahara oriental,* qui ont été insérées au *Compte rendu* de la dernière séance, insistent sur la crainte que l'exécution d'un tel projet ne compromette les palmiers-dattiers que les indigènes plantent dans l'oued Souf, au fond d'un cône tronqué renversé dont la profondeur est de 5 à 6 mètres.

« Comme il s'agit d'éviter que les eaux de la mer intérieure ne puissent s'étendre, par infiltration, à travers les terres jusqu'à l'intérieur de ces cavités, la confiance que la pratique des nivellements peut inspirer se trouve ici en cause.

« Nous nous demandons, disent les auteurs de la note, si les pré-
« visions d'un travail sans précédent et sur un sol si extraordinaire
« et si peu expérimenté que celui du Sahara peuvent acquérir un
« degré de probabilité tel qu'il soit équivalent à la certitude.

« Ils avaient dit un peu auparavant, après avoir signalé quelques nivellements opérés en France et en Suisse avec une rigueur exceptionnelle :

« Que ne doit-on pas craindre quand il s'agit d'un nivellement
« exécuté dans le pays classique du mirage, où la surface du sol est
« constamment altérée et déformée par la réflexion et la réfraction
« des rayons lumineux qui arrivent à l'œil de l'observateur? Quel
« est celui qui oserait affirmer que la mire qu'il vise, même dans
« une portée de 100 mètres, est réellement à la place où il la voit?

« Toutes les difficultés qui sont ici signalées existent sans nul doute; mais l'art du topographe en a su triompher par ses méthodes et obtenir en outre des vérifications fréquentes qui donnent la mesure des inexactitudes. S'il en était autrement, le percement de l'isthme de Suez n'aurait pas pu être entrepris sans une insigne imprudence. Son exécution, qui s'est opérée sans aucun mécompte, a prouvé que les procédés du nivellement topographique, mis en pratique sur un sol comparable à celui du Sahara, n'en ont pas moins donné, là comme partout ailleurs, des résultats remplissant les conditions de la certitude. »

RÉPONSE AUX OBSERVATIONS DE MM. MARTINS ET DESOR.

A l'époque où la lettre de MM. Martins et Desor fut communiquée à l'Académie des sciences, je faisais exécuter des sondages dans la région des chotts tunisiens; je ne pus donc répondre aux critiques de ces deux savants. Dans la note qui précède, M. le général Favé a bien voulu faire ressortir combien étaient peu fondés les doutes qu'ils avaient exprimés sur le degré de précision du nivellement. Aucun géodésien n'ignore que le nivellement de proche en proche, exécuté avec soin par petites portées, échappe complètement, *rigoureusement*, aux causes d'erreur qui proviennent de la déviation des rayons visuels, même lorsque cette déviation est anormale comme dans les contrées où se produit le mirage. Les faits d'ailleurs prouvent surabondamment l'exactitude de la théorie.

A l'exemple des nivellements exécutés à l'isthme de Suez, cités par M. le général Favé, nous pouvons ajouter l'exemple tiré des nivellements de notre dernière campagne, qui ont donné le même résultat que ceux de 1876. Rien d'ailleurs n'est plus éloquent que les chiffres. Or, si l'on se reporte à la page 250 de ce rapport, on verra que deux nivellements indépendants l'un de l'autre se sont vérifiés dans le chott Fejej, au repère 2, à 4 millimètres près, sur un parcours de 27 kilomètres.

Au col de Kriz, la vérification s'est faite à 206 millimètres près, sur un parcours de 123 kilomètres.

La précision du nivellement étant bien établie, il nous est facile de rassurer MM. Martins et Desor au sujet des craintes qu'ils ont exprimées sur le préjudice que la submersion du bassin des chotts pourrait causer aux oasis du Souf. En 1875, nous avons rattaché le Souf par un nivellement géométrique à la ligne principale d'opérations. Nous avons reconnu que Debila, l'oasis la plus basse et la plus rapprochée des chotts, est à l'altitude de 53^{m},50 au-dessus du niveau de la mer. Les ritans y sont creusés à la profondeur de 8 ou 10 mètres. Le fond de ces excavations est donc encore à 43 mètres d'altitude, et se trouve par conséquent plus élevé au-dessus de la Méditerranée que Paris ne l'est au-dessus de la Manche. El-Oued, l'oasis la plus éloignée, est à l'altitude de 77 mètres. Les ritans y sont plus profonds (environ 15 ou 20 mètres), mais le pied des palmiers reste encore à 60 mètres en moyenne au-dessus du niveau de la Méditerranée.

MM. Martins et Desor enfin ne croient pas que la submersion du bassin des chotts puisse exercer une influence sensible sur le climat, et fondent leur opinion sur les observations citées par M. Angot. J'ai répondu à ce sujet (page 125 du présent rapport).

Enfin, je dois signaler un long article publié par M. Cosson dans le *Bulletin de la Société de géographie*, sous le titre *Note sur le projet de création d'une mer* DITE INTÉRIEURE *en Algérie*[1]. Le mot *intérieure* paraîtrait-il impropre à M. Cosson? J'en cherche en vain la raison. Les anciens appelaient la Méditerranée *mer Intérieure* (*Internum mare*), parce qu'elle est située dans l'intérieur des terres. La mer des chotts ne serait-elle pas tout à fait dans le même cas? Du reste, ce document n'est que la reproduction des objections déjà formulées par l'auteur dans ses différentes notes à l'Académie des sciences. J'avais déjà répondu à la plupart d'entre elles dans le rapport que j'ai eu l'honneur de vous adresser en 1877[2]. Nous venons de voir d'un autre côté que MM. de Lesseps et d'Abbadie ont bien voulu les réfuter avec toute l'autorité qui s'attache à leur parole[3]. Je ne pourrais donc répondre à ce dernier article qu'en répétant ce qui a déjà été dit. Je crois cependant nécessaire de faire quelques remarques.

Page 37, on trouve cette phrase : « Le relief montagneux désigné par M. Roudaire sous le nom de seuil d'Asloudj, situé entre le chott Melrir et le chott Rharsa, présente sur différents points des altitudes de + 11^{m}, + 21^{m}, + 23^{m}, + 33^{m}, + 38^{m}6, + 45^{m},6, et il devrait être traversé par le canal d'alimentation non pas sur une longueur de 6 kilomètres seulement, mais bien sur une longueur de 12,500 mètres. »

Je ne comprends pas très bien ce que M. Cosson a voulu prouver en faisant cette énumération de chiffres; mais la réponse est facile à donner. Il y a dans le seuil d'Asloudj, ainsi que cela a été établi par le nivellement géométrique, un col dont la hauteur au point culminant n'est que de 10 mètres au-dessus du niveau de la mer. C'est naturellement par ce col, situé d'ailleurs sur le trajet le plus direct que le seuil sera traversé par le canal de communication. Il y aurait au Nord ou au Sud des altitudes non seulement de 21, 23, 45 mètres, mais même de 1,000 mètres que cela ne compliquerait en rien la question.

[1] *Bulletin de la Société de géographie* (janvier 1880).

[2] Pages 97 et suiv.

[3] Voir pages 103-109.

M. Cosson ajoute, page suivante : « Mais je ferai remarquer que dans le chott Melrir le fond présente des variations d'altitude très notables et souvent dans des points très rapprochés. En effet, les profondeurs au-dessous du niveau de la mer y sont, d'après M. Roudaire, de —4^m,03, —9^m,35, —18^m,37, —20^m,73 et peuvent atteindre jusqu'à —25^m,75, tandis que dans la partie orientale des reliefs, dont l'altitude atteint depuis + 6^m, + 10^m, + 24^m, + 26^m jusqu'à + 36^m, déterminent la formation de lagunes nombreuses et très étendues. »

Ce n'est pas vers le centre du bassin du chott Melrir, comme la phrase précédente pourrait le faire croire, mais au contraire sur les bords de ce bassin seulement que se trouvent, en des points très rapprochés, des variations de profondeur très notables [1]. Et il est heureux qu'il en soit ainsi, car, s'il fallait franchir de grands intervalles pour trouver sur les bords du bassin des variations de profondeur notables, cela prouverait que la dépression est limitée par des pentes très douces. Le fait d'y trouver des altitudes très différentes en des points très rapprochés prouve que ces pentes sont au contraire très accentuées. L'argument invoqué par M. Cosson se retourne donc contre lui, puisqu'il prouve combien sont peu fondées les craintes qu'il a exprimées au sujet de l'inondation et de l'exondation alternative des plages des chotts, dont les pentes sont loin d'être presque insensibles, comme il l'admet [2].

C'est toujours en raison de l'accentuation des pentes que, le nivellement s'étant éloigné, dans la partie orientale du chott Melrir, des bords de la dépression, nous n'avons pas tardé à constater des altitudes de +6^m, +10^m, +26^m, +36^m. Mais, loin d'en conclure qu'il se produirait des lagunes, c'est la conséquence contraire qu'il faut en tirer. Certes, si l'on avait reconnu que de vastes espaces avoisinant la dépression n'étaient élevés que de quelques centimètres au-dessus du niveau de la mer, on aurait pu craindre la formation de lagunes; mais rien de semblable n'existe, ainsi que M. Cosson le fait remarquer lui-même, et les eaux de la Méditerranée, si elles étaient introduites dans le bassin du chott Melrir, s'y fixeraient entre des limites bien définies.

[1] Il suffit de consulter la carte pour voir que les profondeurs —4^m,03 —9^m,35 —18^m,37 se trouvent près de la ligne bleue qui figure le niveau de la mer et, par conséquent, le rivage de la mer future.

[2] Voir pages 102 et 112.

Page 43, M. Cosson cite comme devant être submergées : El-Haouch, avec 8,000 dattiers et 60 maisons; Oum el-Thiour, avec 1,100 dattiers de plantation récente et 20 maisons; Bir Cedra; l'oasis de Mguebra; Mraïer, dont l'oasis renferme 300 palmiers et 100 maisons. El-Haouch et Oum el-Thiour sont au-dessus du niveau de la mer. Bir Cedra est un puits d'eau saumâtre sur les bords duquel il n'y a ni cultures, ni habitations. Il en est de même de Mguebra, qui n'est qu'un puits et non une oasis; seulement l'eau y est un peu moins saumâtre. Quant à l'oasis de Mraïer, elle se trouverait en effet sur les bords de la nouvelle mer. Les parties les plus basses de cette oasis seraient même recouvertes d'une couche d'eau de 2 à 3 mètres de profondeur; mais il serait facile de les préserver en les entourant préalablement de digues, comme je l'ai déjà dit dans mon rapport de 1877.

M. Cosson avance plus loin [1] que la faible profondeur du golfe de Gabès exclut les grands navires. C'est là une erreur qu'il lui aurait été facile d'éviter en consultant la carte hydrographique levée par l'amiral Mouchez. Il aurait vu que les plus grands navires peuvent, sans le moindre danger, venir jeter l'ancre à l'embouchure de l'oued Melah.

Enfin, M. Cosson dit encore : « Pour démontrer que, loin d'assurer la sécurité complète de nos possessions d'Algérie, la mer intérieure la compromettrait et serait même un danger permanent pour la domination française, il suffira de rappeler que l'entrée de cette mer et la plus grande partie de son étendue seraient situées en Tunisie, et que nous n'en posséderions guère que les plages occidentales. » J'ai déjà répondu succinctement à cette critique dans la note C annexée au rapport que j'ai adressé à votre prédécesseur en 1877. Il y aurait encore de nombreuses considérations à développer sur ce sujet, mais je crois plus sage d'imiter la réserve de M. d'Abbadie [2]. Aussi n'aurais-je même pas songé à relever cette dernière objection si M. Cosson n'avait ajouté la phrase suivante : « En cas d'insurrection, *n'est-il pas beaucoup plus facile de concentrer nos troupes à Biskra* et de les diriger contre les révoltés, que d'avoir à les embarquer à Bône, par exemple, et d'avoir ainsi à leur faire subir, indépendamment de la longueur

[1] Page 47.
[2] Voir page 112.

du trajet maritime, les difficultés d'un embarquement et d'un débarquement? »

Je répondrai à mon honorable contradicteur que, s'il y avait une insurrection sérieuse, si les nombreuses tribus guerrières de l'Aurès se soulevaient, il ne serait pas si facile qu'il le pense de concentrer nos troupes à Biskra. La route de Batna à Biskra, qui n'est qu'une suite de défilés, serait certainement coupée par les insurgés. Il faudrait commencer par la dégager et l'occuper fortement pour assurer notre ligne d'opérations. Nos troupes finiraient certainement par être victorieuses; mais si au début des opérations elles éprouvaient quelques échecs dans l'Aurès, la garnison de Biskra et tous les colons établis au Sud de l'Aurès seraient peut-être massacrés, comme en 1848. Avec la mer intérieure, au contraire, on pourrait, en quelques jours, secourir Biskra et y amener des troupes qui prendraient l'insurrection à revers. Mais je crois que l'on n'aurait pas d'insurrection à réprimer, car les Arabes, se sentant pris entre deux feux, ne songeraient probablement plus à se révolter.

Malgré le rapport si concluant de M. le général Favé, tous les adversaires du projet ont plus ou moins contesté l'heureuse influence que le remplissage du bassin des chotts doit exercer sur le régime climatérique des régions voisines. On a cité l'exemple de la mer Rouge, de la Méditerranée et même de l'océan Atlantique, qui n'empêchent point le désert de s'étendre jusqu'à leur rivage. Enfin, on a fait ressortir que l'archipel du Cap-Vert possède une vraie constitution saharienne.

Il est incontestable que le voisinage d'une grande masse d'eau ne suffit pas pour qu'un pays soit fertile. Les conditions qui déterminent la pluie sont très complexes. Pour que les vapeurs transportées par un courant se précipitent sous forme de pluie, il est nécessaire que le courant subisse un refroidissement tel que son point de saturation soit atteint, et la quantité de pluie produite est alors d'autant plus considérable (l'humidité relative étant la même) que la température du courant était primitivement plus élevée d'une part, et, d'autre part, que cette température est descendue d'un plus grand nombre de degrés au-dessous du point de saturation.

Prenons des exemples.

Le vent qui pousse les vapeurs de la Méditerranée sur l'Algérie est le vent du Nord. Sa température moyenne peut être estimée à 10 ou 15 degrés. A demi saturé il contient environ 5gr,57 de vapeur d'eau par mètre cube. Il faut pour qu'il atteigne son point de saturation, que sa température descende à 2 degrés. A 0 degré, un mètre cube d'air saturé contient encore 4gr,92 de vapeur d'eau. Donc, lorsque la température de ce vent du Nord descend jusqu'à 0 degré, en passant sur l'Algérie et la Tunisie, chaque mètre cube perd 5gr,57 — 4gr,92 = 0gr,65 de vapeur d'eau qui se précipitent en pluie; mais il arrive rarement qu'une température aussi basse soit atteinte.

Examinons maintenant ce qui se passera par les vents de la région Sud. En traversant la mer intérieure, les vents se chargeront d'autant plus avidement de vapeur d'eau qu'ils sont plus chauds et plus secs. En été, leur température atteint 40 et même 50 degrés. En hiver, elle varie entre 25 et 30 degrés. Calculons sur cette dernière température. Un mètre cube d'air à demi saturé à 30 degrés contient 15gr,21 de vapeur d'eau. En franchissant l'Aurès, les vents du Sud subiront un refroidissement considérable par suite de la dilatation résultant de leur marche ascensionnelle, de leur rayonnement vers les espaces supérieurs, et de leur contact avec un massif montagneux où règne toujours une basse température. A 17 degrés, le point de saturation sera atteint; à 10 degrés, 5gr,76 de vapeur d'eau par mètre cube seront transformés en pluie. A 0 degré, ce serait 10gr,29 par mètre cube. On peut affirmer que la température s'abaissera au moins jusqu'à 10 degrés. En 1872 et 1873, j'ai campé pendant le mois de juin près des sommets de l'Aurès, et j'ai constaté que, *vers le milieu du jour*, la température de l'air ne dépassait pas 6 ou 7 degrés, quoique le ciel fût très pur et les rayons du soleil très ardents. Les vents venus de la Méditerranée, en se refroidissant jusqu'à 0 degré (ce qui arrive rarement), ne produisent donc que 0gr,65 de pluie par mètre cube, tandis que les vents venus de la mer intérieure, en descendant à 10 degrés seulement (ce qui arrivera toujours), produiront 5gr,76 de pluie par mètre cube. Or, ainsi que l'ont prouvé nos observations météorologiques, les vents de la région Sud sont plus fréquents que ceux de la région Nord. Mais en admettant qu'ils soient beaucoup plus rares, qu'ils ne soufflent même que deux ou trois fois par mois, quels résultats merveilleux ne devrait-on pas attendre de la création de la mer intérieure dans un pays où la sécheresse seule produit la stérilité et où quelques jours de pluie suffisent pour assurer la récolte de l'année?

Cette discussion fondée sur les lois les plus élémentaires de la physique montre jusqu'à l'évidence combien sont spécieux les exemples tirés de la stérilité de certaines régions situées sur le rivage de l'Atlantique, de la Méditerranée ou de la mer Rouge, puisque, en raison même de la complexité des conditions nécessaires pour produire la pluie, une masse d'eau relativement petite comme la mer intérieure peut, par suite de sa situation, exercer sur une région déterminée une influence plus considérable qu'une grande masse d'eau comme la Méditerranée.

Rien ne prouve mieux la justesse de ce qui précède que la fertilité proverbiale de l'Algérie et de la Tunisie du temps des Romains. Que les chotts fussent des lacs fermés ou un golfe alimenté par la mer, il est certain qu'à cette époque ils étaient remplis d'eau et que le climat s'est modifié depuis qu'ils se sont desséchés. Il est vrai que les adversaires du projet ont cherché à expliquer cette ancienne fertilité par l'habileté avec laquelle les Romains avaient aménagé les eaux; mais les aqueducs des Romains seraient inutiles aujourd'hui, car ils n'auraient plus rien à transporter. On se demande avec étonnement, en voyant les ruines si fréquentes dans ces régions, où les habitants trouvaient l'eau nécessaire à leurs premiers besoins. Ce ne sont pas seulement les sources et les puits qui se sont taris, des rivières puissantes se sont desséchées. C'est ainsi que dans les vallées de l'oued Souf et de l'Igharghar, on retrouve encore les lits larges et profonds des fleuves qui les arrosaient. Ces cours d'eau étaient-ils donc alimentés par les aqueducs des Romains?

M. Cosson a dit que les températures élevées sont d'autant plus faciles à supporter que l'air est plus sec et les phénomènes de rayonnement plus intenses, et que l'anémie, qui dans la région tropicale où l'atmosphère humide dépasse rarement 30 ou 32 degrés décime déjà les Européens, serait bien plus fatalement la conséquence de l'habitation des contrées voisines de la mer intérieure, où les dangers causés par l'humidité atmosphérique seraient aggravés par des températures bien plus extrêmes.

L'anémie des régions tropicales doit tenir à d'autres causes qu'à l'humidité. A Alger, à Bône, à Cherchell, sur tout le littoral algérien où l'air est très humide et où la température est pendant des mois entiers supérieure à 30 et à 32 degrés, il y a beaucoup moins de cas d'anémie qu'à Biskra, où l'air est très sec. Cela est si vrai que les habitants de Biskra envoient leurs femmes et leurs enfants passer l'été sur le littoral. Le climat de Biskra est tellement redoutable, malgré l'extrême sécheresse qui y règne, que l'autorité militaire a établi dans l'Aurès des camps où les différentes fractions qui constituent la garnison vont successivement passer une partie de l'été.

Mais en disant que les dangers causés par l'humidité atmosphérique seraient aggravés sur le littoral de la nouvelle mer par des températures bien plus extrêmes que celles de la région tropicale, M. Cosson a fait un cercle vicieux, car les températures extrêmes du Sahara sont précisément dues à la sécheresse qui y règne. Tout le monde connaît l'influence modératrice que les mers exercent sur les climats. Quoique ce soit surtout par l'introduction dans l'atmosphère de grandes quantités de vapeur d'eau, qui tempèrent l'ardeur des rayons solaires pendant le jour et s'opposent au rayonnement pendant la nuit, que cette influence se produit[1], il faut

[1] Tyndall a prouvé par des expériences remarquables que cette influence est considérable. Voici le résumé des conclusions du célèbre physicien anglais :

« L'air par lui-même se comporte pratiquement comme le vide par rapport à la transmission de la chaleur, tandis que la vapeur d'eau possède à la fois une grande transparence pour la lumière et une grande opacité pour la chaleur.

« Plus l'air se rapproche de l'état de pureté absolue, plus son action sur la chaleur rayonnante se rapproche de celle du vide.

« L'air a d'autant plus d'action sur la chaleur rayonnante qu'il contient plus de vapeur. L'absorption atteint son maximum lorsqu'il est parfaitement saturé.

« Dans les circonstances habituelles, sur 200 atomes d'air, il y en a à peine un de vapeur aqueuse. Cet atome a 80 fois plus d'énergie absorbante que les 200 autres, et par conséquent, en comparant l'action d'un atome d'oxygène et d'azote à celle d'un atome de vapeur aqueuse, nous arrivons à la conclusion que ce dernier est 16,000 fois plus puissant que les premiers.

« En considérant la terre comme une source de chaleur, on doit admettre comme certain que 10 *au moins* pour 100 de la chaleur qu'elle tend à rayonner dans l'espace sont interceptés par les dix premiers pieds d'air humide qui recouvrent sa surface. *Ce fait seul indique assez l'énorme influence que cette propriété nouvellement constatée de la vapeur d'eau doit avoir dans les phénomènes de la météorologie.*

« La vapeur qui absorbe si avidement la chaleur rayonne aussi abondamment.

« Si l'on enlevait à l'air qui recouvre la terre la vapeur d'eau qu'il contient, il se ferait à la surface du sol une déperdition de chaleur semblable à celle qui a lieu à de grandes hauteurs. Le suppression pendant une seule nuit *d'été* de la vapeur contenue dans l'atmosphère qui recouvre l'Angleterre serait accompagnée

tenir également compte des phénomènes qui accompagnent les différentes transformations de l'eau et de la grande capacité spécifique qu'elle a pour la chaleur.

Supposons un vent du Sud ayant une température moyenne de 25 degrés et enlevant, en vingt-quatre heures, à la mer intérieure 39 millions de mètres cubes d'eau transformés en vapeur. La chaleur absorbée et rendue latente par l'eau qui se vaporise à 25 degrés est de 560 degrés. Le pouvoir conducteur de l'eau étant très faible, on peut admettre que la chaleur nécessaire à l'acte de la vaporisation sera tout entière empruntée à l'air; or, comme d'un autre côté la chaleur spécifique de l'eau est 3,080 fois plus considérable que celle de l'air, il en résulte que 39 millions de mètres cubes d'eau, en se transformant en vapeur, feront baisser de 5 degrés $\frac{39000000 \times 560 \times 3080}{5} = 13,453$ milliards de mètres cubes d'air, c'est-à-dire un volume d'air suffisant pour recouvrir l'Algérie et la Tunisie réunies d'une couche d'environ 45 mètres de hauteur.

Ces calculs n'ont d'autre but que de donner une idée de la quantité énorme de chaleur absorbée par la vaporisation ; ils prouvent que, non seulement le siroco, grâce à l'humidité dont il se chargera, perdra ses propriétés nuisibles, mais que sa température s'abaissera encore très sensiblement. En se condensant, les vapeurs restitueront aux massifs montagneux de l'Algérie et aux couches supérieures de l'atmosphère les énormes quantités de chaleur latente qu'elles recélaient.

Si on laisse de côté les phénomènes de vaporisation et de condensation, pour ne considérer que la chaleur spécifique de l'eau, (3,080 fois plus grande que celle de l'air), on comprend facilement que les mers exercent encore une influence considérable

de la destruction de toutes les plantes que la gelée fait périr. Dans le Sahara, *où le sol est de feu et le vent de flamme*, le froid de la nuit est quelquefois très pénible à supporter. On voit dans cette contrée si chaude de la glace se former pendant la nuit.

«Partout où l'air est sec, l'échelle des températures est considérable.

«Plus on étudiera la question, plus on se convaincra du rôle important que la puissance de radiation et d'absorption de la vapeur d'eau joue dans les phénomènes de la météorologie.»

TYNDALL (*La chaleur*, traduction de l'abbé Moigno, p. 346 et suiv.)

sur les climats en remplissant le rôle d'immenses réservoirs qui tour à tour emmagasinent et distribuent la chaleur.

Sur les côtes et dans les îles, la température des jours et des nuits tend à s'équilibrer par les brises régulières. En hiver, les mers rendent à l'atmosphère la chaleur lentement emmagasinée en été, tandis que de grands courants, comme le Gulf Stream, portent, en toute saison, vers les régions polaires une partie de la chaleur accumulée sous l'équateur.

Un calcul analogue au précédent montre que la masse d'eau contenue dans les chotts Melrir et Rharsa, en s'échauffant ou en se refroidissant de quelques degrés, abaisserait ou élèverait du même nombre de degrés la température d'un volume d'air qui recouvrirait l'Algérie et la Tunisie d'une couche de 1,968 mètres de hauteur.

PROCÉDÉS D'EXÉCUTION.

En 1876, il suffisait de creuser un trou dans le lit des chotts Djerid et Fejej pour qu'il se remplît instantanément d'eau. Dès que l'on était arrivé à une profondeur de 60 à 80 centimètres, le sol devenait tellement vaseux que les hommes s'y enfonçaient de leur propre poids. On rencontrait fréquemment des crevasses profondes, pleines d'une eau verte et salée, et désignées par les Arabes sous le nom d'*Aïn el-Behhar* (œil de la mer). Ces faits m'avaient amené à croire, avec les habitants du pays, que le sous-sol des chotts était occupé par une immense nappe d'eau, recouverte d'une croûte solide plus ou moins épaisse. Telle était également l'opinion de M. Tissot, qui, dans l'article cité plus haut, s'exprime ainsi[1] : « La vaste et profonde dépression du chott El-Djerid est remplie aujourd'hui, en grande partie, de sables mouvants. La partie centrale du bassin paraît contenir encore toutefois une masse d'eau considérable recouverte d'une croûte saline qui a fait comparer le lac, par les voyageurs arabes, tantôt à un tapis de camphre ou de cristal, tantôt à une feuille d'argent ou à une nappe de métal en fusion. L'épaisseur de cette croûte est très variable : elle n'offre que sur certains points une solidité assez grande pour qu'on

[1] *Bulletin de la Société de géographie* (juillet 1879, p. 12).

puisse s'y hasarder. Dès qu'on s'écarte de ces passages, la croûte cède et l'abîme engloutit sa proie. Les gués dont je viens de parler deviennent eux-mêmes très périlleux dans la saison des pluies, lorsque les eaux recouvrent la croûte saline et en diminuent encore l'épaisseur. »

J'avais développé cette opinion dans mon dernier rapport, tout en ajoutant qu'il était nécessaire de faire des sondages dans les chotts Djerid et Fejej, afin de se rendre un compte exact de l'état des choses. Au commencement de 1879, après deux années consécutives de sécheresse, le lit du chott Fejej était beaucoup moins humide, le sous-sol plus consistant, et l'on pouvait parcourir sans danger des parties qui, deux ans avant, étaient inaccessibles. Les sondages exécutés dans ce chott nous ont d'ailleurs prouvé que, si les terrains y sont imbibés jusqu'à une grande profondeur par une nappe d'infiltration dont le niveau supérieur se maintient à 1 ou 2 mètres, au plus, au-dessous de la surface du sol, ils n'en présentent pas moins une solidité assez grande pour qu'il soit nécessaire d'y creuser un canal de communication.

Quant au chott Djerid, sa partie centrale est réellement occupée, jusqu'à une grande profondeur, par des eaux et des sables vaseux très fluides. Au sondage n° 12, exécuté à 7 kilomètres seulement du bord Nord du chott, à l'altitude de 13^{m},68, on traversa d'abord de 3 à 4 mètres d'eau et de vase noire liquide, puis des sables vaseux, tellement fluides que les barres de sonde y furent enfoncées à la main jusqu'à une profondeur de 17 mètres. A ce moment, les hommes ne pouvant plus soulever les barres, on plaça la petite chèvre, et l'on pénétra jusqu'à l'altitude de 11^{m},71 au-dessous du niveau de la mer, en traversant les mêmes terrains fluides. Les sondages n°s 13, 14 et 15, exécutés les jours suivants à l'Ouest du sondage n° 12, durent être placés très près du bord du chott, le sol n'offrant pas assez de consistance pour qu'on pût s'aventurer plus loin.

La quantité de déblais que nécessiterait le creusement d'un canal de communication entre la Méditerranée et le chott Rharsa semble déjà présenter un obstacle considérable à la réalisation du projet; mais l'obstacle qui paraît le plus difficile à vaincre est celui qui résulte de la présence des masses fluides et vaseuses contenues dans la partie centrale du chott Djerid, à travers lesquelles il faut créer une communication. Ces difficultés, en effet, seraient grandes sans le voisinage du chott Rharsa dont le fond est à une trentaine de mètres au-dessous du niveau de la mer.

Supposons, en effet, que l'on ait creusé à travers le seuil qui sépare le chott Djerid du chott Rharsa un canal dont le plafond serait incliné vers ce dernier chott. Il est évident que ce canal drainera le chott Djerid, dont les eaux s'écouleront dans le chott Rharsa. Que se passera-t-il, alors? Au sondage n° 12, les vases fluides recueillies jusqu'à la profondeur de $12^{m},71$ au-dessous du niveau de la mer étaient composées de 2/3 d'eau et de 1/3 seulement de matières terreuses. Ce sondage, il est vrai, était placé au-dessus d'un de ces griffons produits probablement par des sources de fond, dont l'existence est indiquée à la surface du sol par un léger renflement. Or les griffons étaient très nombreux dans cette partie du chott, qui, cependant, était d'un accès très facile. Ne doit-on pas en conclure que, dans la partie centrale inaccessible, dont la superficie ne mesure pas moins de 3,500 kilomètres carrés, il existe des masses considérables d'eau, presque pure, dont l'écoulement donnerait naissance à une dépression inondable ou déterminerait, tout au moins, un grand affaissement du sol? Mais, en l'absence de données qui puissent permettre de calculer l'affaissement qui se produirait, je me contenterai d'établir qu'en reliant le chott Rharsa au chott Djerid on peut drainer le lit de ce dernier, le dessécher, et par conséquent lui donner la solidité nécessaire pour que l'exécution d'un canal de communication n'y rencontre plus aucun obstacle. Je me placerai même dans les conditions les plus défavorables, puisque, dans le calcul des déblais, j'admettrai, contre toute probabilité, que le sol n'aura subi aucun affaissement, et je démontrerai que, même dans ces conditions, la réalisation du projet est beaucoup plus simple qu'elle ne le semble au premier abord.

Quoi qu'il en soit, la difficulté résultant de la présence des eaux et des vases fluides contenues dans le chott Djerid est, grâce à la dépression du chott Rharsa, des plus faciles à résoudre. Quant à la difficulté provenant de la longueur et de la profondeur du canal à creuser, il est relativement facile de la surmonter, puisque nous pouvons faire exécuter la plus grande partie du travail par les masses d'eau qui doivent être introduites dans les chotts Rharsa et Melrir.

J'ai expliqué, dans mon rapport précédent[1], comment on pourrait arriver à ce résultat en ne creusant que de simples tranchées initiales que le courant se chargerait d'élargir et d'approfondir. A l'appui de cette théorie, je vais aujourd'hui citer des faits pratiques. Pendant ces dernières années, en effet, le système de l'élargissement et de l'approfondissement d'un canal par les eaux a été appliqué avec le plus grand succès à la rectification du cours de la Meuse par M. Caland, ingénieur hollandais.

Avant de se jeter dans la mer du Nord, un des bras de la Meuse, le Scheur, faisait un coude pour contourner la pointe de Hock Von Holland. On lui a creusé un lit direct d'une largeur de 120 mètres et d'une profondeur variant entre 0 et 3 mètres au-dessous de la marée basse. L'ancien lit ayant été barré, le Scheur s'est écoulé dans le nouveau chenal dont il a porté en deux ans la largeur à 200 mètres et la profondeur à 10 ou 12 mètres au-dessous de la marée basse.

M. Caland, à l'obligeance de qui je dois ces renseignements[2], ajoute que l'opération s'est effectuée d'un manière assez régulière, c'est-à-dire que le rapport entre l'élargissement et l'approfondissement a été à peu près constant, quoique cependant l'élargissement ait été un peu plus fort au début de l'opération que par la suite. La longueur de la tranchée était de 5 kilomètres. Le nombre de mètres cubes de déblais enlevés de main d'homme pour le creusement du chenal primitif avait été de 1,500,000 mètres cubes. Les déblais enlevés par les eaux se sont élevés à 5 millions de mètres cubes.

Le système à employer pour utiliser le passage des énormes masses d'eau qui doivent être introduites dans les bassins inondables consistera à opérer comme on l'a fait à l'embouchure de la Meuse. Au lieu de donner au canal ses dimensions définitives, on creusera une tranchée que le courant se chargera d'élargir et d'approfondir. Mais, afin de rendre l'opération plus sûre, plus prompte et en même temps plus régulière, nous soulèverons le sol au moyen d'excavateurs, de sorte que les eaux n'auront qu'à entraîner des terres désagrégées.

[1] Pages 64 et suiv. et note A.

[2] On peut consulter à ce sujet le remarquable ouvrage de M. Croizette-Desnoyers intitulé *Les travaux publics en Hollande*, p. 11 et suiv.

La tranchée initiale aura une largeur de 1 mètre au plafond [1], 2 mètres de profondeur au-dessous de la marée basse à l'embouchure de l'oued Melah, des talus à $\frac{1}{1}$ et une pente de 3 centimètres par kilomètre vers le chott Rharsa. A la marée basse, elle aura 5 mètres de largeur à la ligne d'eau. La vitesse moyenne y sera de 27 centimètres par seconde. La marée étant de 2 mètres, la largeur à la ligne d'eau sera de 9 mètres à la marée haute. Elle atteindra alors 43 centimètres par seconde et croîtra ensuite rapidement en même temps que la section de la tranchée.

Dans la partie du seuil de Gabès où existent des bancs de calcaire, on ne pourra pas compter sur l'agrandissement par les eaux. Il faudra donc donner immédiatement au canal des dimensions suffisantes. Pour fixer ces dimensions, il est nécessaire de tenir compte du volume d'eau que le canal devra fournir pour effectuer le remplissage, défalcation faite de l'évaporation.

J'ai dit, dans mon rapport précédent [2], que, d'après les observations faites aux lacs Amers, l'évaporation enlèverait à la mer intérieure 1 mètre d'eau par an. On m'a fait à ce sujet des objections. J'y ai répondu plus haut [3], en tirant de nouveaux arguments des observations faites pendant ma dernière expédition, et j'ai démontré que le chiffre de 1 mètre ne peut être sérieusement discuté.

Un canal ayant 49 mètres de largeur au plafond, avec des talus à $\frac{1}{1}$ [4], une profondeur de 8 mètres au-dessous de la marée basse à l'embouchure de l'oued Melah et une pente de 3 centimètres par kilomètre vers l'Ouest, débouchera dans le chott Rharsa à la profondeur de $14^{m},81$ au-dessous de la marée basse, ou de $15^{m},81$ au-dessous du niveau moyen du golfe de Gabès. A marée moyenne, la section liquide aura 522 mètres carrés, le périmètre mouillé $74^{m},25$, et le rayon moyen $7^{m},03$. La chute de la veine liquide sera de $69^{mm},5$ par kilomètre et la vitesse du courant atteindra $1^{m},1884$ par seconde. Le canal débitera donc 53,625,000 mètres

[1] Dans mon dernier rapport, j'avais donné aux tranchées initiales 4 mètres de largeur au plafond et un mètre seulement de profondeur, mais je me suis rallié à l'opinion de M. Dauzats, ingénieur à la Compagnie de Suez, qui pense que l'effet du courant sera plus sûr en réduisant la largeur au strict minimum nécessaire, 1 mètre par exemple, et en augmentant la profondeur.

[2] Page 63.

[3] Voir page 125.

[4] Au sujet des talus, voir plus loin, page 158.

cubes par jour et 19,575 millions de mètres cubes par an. Ce débit serait suffisant pour assurer le remplissage des bassins inondables; mais il augmentera encore, comme nous le verrons par la suite.

Seuil de Gabès. – Déblais à exécuter de main d'homme. — Dans la partie du seuil de Gabès où existe le calcaire, c'est-à-dire entre les points *h* et *i'* [1], on donnera donc au canal les dimensions que nous venons de fixer. La cote du plafond sera de — 8m,40 au point *h*, et de — 8m,53 au point *i'*. Les déblais s'élèveront à 21,570,639 mètres cubes, dont 1,449,000 mètres cubes de calcaire.

Entre l'embouchure de l'oued Melah et le point *h* d'une part, le point *i'* et le point *j* d'autre part, on se contentera de creuser une tranchée-amorce. L'altitude du plafond de cette tranchée sera de — 2 mètres au point *a*; de — 2m,40 au point *h*; de — 2m,53 au point *i'* et de — 2m,68 au point *j*. Les déblais s'élèveront à 16,300,899 mètres cubes.

La somme des déblais à exécuter de main d'homme dans le seuil de Gabès s'élèvera donc à 37,871,538 mètres cubes, qui se décomposent en 36,422,538 mètres cubes de sables ou argiles et 1,449,000 mètres cubes de calcaire.

Chott Djerid et seuil de Mouïat Sultan. — La tranchée-amorce du seuil de Gabès prolongée, à travers le chott Djerid et le seuil de Mouïat Sultan, jusqu'au chott Rharsa, y déboucherait, par suite de la pente de 3 centimètres par kilomètre, à l'altitude de 8m,81 au-dessous du niveau de la mer, et les déblais nécessités par ce travail s'élèveraient à 154,444,710 mètres cubes, qui se décomposent ainsi: 67,624,916 du point *j* au point *p* (chott Fejej), 64,561,000 du point *p* au point *v* (chott Djerid) et 22,258,794 du point *v* au point *f'* (seuil de Mouïat Sultan). N'est-il pas possible de réduire considérablement le cube des déblais à exécuter de main d'homme? C'est ce que nous allons examiner.

Ainsi que je l'ai déjà dit, la partie centrale du chott Djerid est complètement inaccessible et paraît contenir d'énormes masses d'eau. En les faisant couler dans le chott Rharsa, on obtiendrait, selon toute probabilité, un affaissement notable, peut-être même

[1] Se reporter au profil n° 1, annexé à la grande carte des chotts.

se formerait-il une dépression dont le fond serait au-dessous du niveau de la mer. Mais ce ne sont là que des hypothèses, et je me contenterai de partir de ce fait indiscutable : c'est qu'on peut faire écouler dans le chott Rharsa les eaux du chott Djerid, et par conséquent drainer ce dernier de manière à pouvoir y creuser une tranchée.

Tranchée supérieure dans les chotts et le seuil de Mouïat Sultan. – Déblais à exécuter de main d'homme. — Supposons que l'on creuse dans le seuil de Mouïat Sultan une tranchée inclinée de 3 centimètres par kilomètre vers le chott Rharsa. Si on lui donne une profondeur de 5m,20 au point *v*, son plafond s'y trouvera à l'altitude de 11m,75. Au point *b'*, il ne sera plus qu'à l'altitude de 11m,23. On augmentera ensuite son inclinaison de manière à le maintenir, aux points *c'*, *d'*, *e'*, à 2 mètres au-dessous du sol et à le faire affleurer à la surface du lit du chott Rharsa ; au point *f'*, à l'altitude de 9 mètres au-dessous du niveau de la mer. Cette tranchée drainera les eaux du chott Djerid, dont la partie centrale est, à l'altitude de 13m,50, à 14 mètres au-dessus du niveau de la Méditerranée. Au fur et à mesure que le chott Djerid se desséchera, on prolongera la tranchée vers le golfe de Gabès, en lui conservant la même inclinaison, ce qui lui donnera les profondeurs suivantes : au point *u*, 4m,97 ; au point *r*, 2 mètres ; au point *p*, 6m,35 ; au point *o*, 9m,36 ; au point *n*, 7m,72 ; au point *m*, 5m,62 ; au point *l*, 8m,56 ; au point *k*, 9m,63, et enfin au point *j*, 15m,36. L'altitude de ce dernier point étant de 32m,42 au-dessus du niveau de la marée basse, le plafond de la tranchée s'y trouvera à 17m,06 au-dessus de ce niveau.

Le cube total des déblais à enlever pour l'exécution de ce chenal entre le point *j* et le point *f'*, c'est-à-dire du seuil de Gabès au chott Rharsa, s'élèvera à 17,372,602 mètres cubes, savoir : 7,207,078 du point *j* au point *p*, 2,782,575 du point *p* au point *v*, et 7,382,949 du point *v* au point *f'*.

Approfondissement par les eaux de la tranchée supérieure. — Cette tranchée recueillera successivement les eaux contenues dans les chotts Djerid et Fejej. Le volume de ces eaux sera-t-il assez considérable pour produire un courant permanent capable d'approfondir le chenal et de creuser la tranchée-amorce définitive ? Je crois pouvoir être affirmatif en ce qui concerne le chott Djerid et le seuil de Mouïat Sultan. Les vases que nous avons recueillies dans le sondage n° 12, jusqu'à l'altitude de 11m,70 au-dessous du niveau de la mer, se composaient de 2/3 d'eau et de 1/3 de matières terreuses. Il est vrai que nous nous trouvions probablement au-dessus d'une de ces sources de fond très fréquentes dans la partie du chott où a été exécuté le sondage 12 ; mais ces sources doivent être encore plus nombreuses dans la partie centrale du chott Djerid, qui est complètement inaccessible sur une surface d'au moins 3,500 kilomètres carrés, ce qui donne pour la masse vaseuse, dont la profondeur est de 25 à 26 mètres, un volume d'environ 90 milliards de mètres cubes. En admettant que l'eau y entre dans la proportion de 1/20 seulement, on voit que son volume s'élèverait à 4 milliards 1/2 de mètres cubes, qui, en s'écoulant dans le chott Rharsa, creuseront la tranchée-amorce définitive dans la partie centrale du chott Djerid et dans le seuil de Mouïat Sultan, c'est-à-dire du point *p* au point *f'*. Entre ces deux points, le volume des déblais de la tranchée supérieure est de 10,165,524 mètres cubes. Le volume des déblais de la tranchée-amorce définitive s'élèverait pour la même section à 86,923,000 mètres cubes. Il reste, par conséquent, à faire entraîner par les eaux la différence entre ces deux volumes, c'est-à-dire 76,127,476 mètres cubes. Or 4 milliards 1/2 de mètres cubes d'eau, en ne charriant que le 1/50 de leur volume de limon, déblayeraient 90 millions de mètres cubes de terre. Il ne peut donc subsister aucun doute sur la réussite de cette opération. Cependant je me hâte de dire que l'utilisation des eaux du chott Djerid n'apportera au projet que je vais exposer qu'un appoint qui se traduira par une économie de temps, mais dont on pourrait très bien se passer, comme on le verra plus loin.

Les sondages que nous avons faits dans le chott Fejej nous ont prouvé que le terrain y est imbibé par une nappe d'infiltration dont le niveau supérieur ne se tient qu'à 1 ou 2 mètres au-dessous de la surface du sol. Cette nappe fournirait-elle une quantité d'eau suffisante pour entretenir dans la tranchée superficielle un courant permanent? Cela est au moins douteux pour la partie orientale du chott comprise entre le point *j* et le point *k*.

A partir du point *k*, nous nous trouvons dans des conditions bien différentes. L'oued El-Hamma, qui se jette dans le chott au

Sud-Est de ce point, est un cours d'eau régulier dont le débit doit être évalué à 8 mètres cubes par seconde [1]. En pénétrant dans le chott, les eaux de cette rivière sont absorbées en partie par le sol, mais elles continuent à couler moitié superficiellement, moitié souterrainement jusqu'au du sondage n° 8 [2]. La tranchée supérieure, dont la profondeur au point *k* sera de 9^{m},63, recueillera donc ces eaux, et il s'y établira un courant dont le débit par seconde ne sera jamais inférieur à 8 mètres cubes et qui, au moment des pluies, pourra s'élever à 15 ou 20 mètres cubes. Ce courant suffirait à lui seul pour produire l'approfondissement de la tranchée à l'Ouest du point *k*; mais je vais expliquer comment ce résultat pourrait être obtenu, même sans le secours des eaux de l'oued El-Hamma.

Dès que la tranchée initiale du seuil de Gabès aura été creusée, les eaux de la mer arriveront jusqu'au point *j* et s'y trouveront à 17^{m},06 au-dessous de la tranchée du chott Fejej à marée basse, et à 15^{m},06 à marée haute. Pour les introduire dans cette tranchée, il suffira donc de les élever de 16^{m},06 en moyenne.

Supposons que nous élevions 4 mètres cubes par seconde. En raison de la section et de la pente de la tranchée, ces 4 mètres cubes formeront une veine liquide dont la hauteur sera de 3^{m},25 et la vitesse par seconde de 29 centimètres. Il faudra donc, en réalité, pour obtenir un courant permanent, les élever de 16^{m},06 + 3^{m},25 = 19^{m},31. Pour élever verticalement 2 mètres cubes d'eau par seconde à la hauteur de 19^{m},31, il faut une machine de la force de 550 chevaux-vapeur. Avec deux machines semblables, on

[1] L'oued El-Hamma, alimenté par les sources chaudes de l'oasis de la Hamma, dont le débit ne varie jamais, roule toujours la même quantité d'eau, excepté à l'époque des pluies, où il se produit des crues. Voici les mesures de la veine liquide prises pendant la saison sèche : largeur, 43^{m},80; profondeur moyenne, déduite de mesures prises de mètre en mètre, 0^{m},255; vitesse du courant, 0^{m},42 par seconde, ce qui donne un débit de 4^{mc},70 seulement par seconde. Mais il y a sept ou huit ans, les sables entraînés par les torrents, au moment des pluies, ont obstrué plusieurs sources importantes qui sont connues et qu'il serait très facile de mettre à découvert. A cette époque, d'après les habitants de l'oasis, la profondeur de l'eau dans la rivière atteignait une brasse. Il n'y a donc aucune exagération à compter sur un débit de 8 mètres cubes par seconde.

[2] L'oued El-Hamma s'est creusé à travers le chott un lit d'une quarantaine de mètres de largeur. Ce lit est très nettement tracé. On y trouve encore 15 ou 20 centimètres d'eau en face du sondage n° 8, qui est situé sur sa rive gauche.

élèvera 4 mètres cubes par seconde, ce qui donnera 345,600 mètres cubes par vingt-quatre heures. Mais au fur et à mesure que le canal se creusera, les machines pourront élever un volume d'eau plus considérable. Après chaque approfondissement de 1 mètre, ce volume deviendra successivement égal à $4^{mc} \times \frac{19,31}{15,06 + 3,30}$; $4^{mc} \times \frac{19,31}{14,06 + 3,35}$; $4^{mc} \times \frac{19,31}{13,06 + 3,42}$ .... $4^{mc} \times \frac{19,31}{1,06 + 5,30}$; $4^{mc} \times \frac{19,31}{0,06 + 5,50}$, et enfin $4^{mc} \times \frac{19,31}{-0,94 + 5,80}$ au moment où le plafond du canal ne sera plus qu'à 6 centimètres au-dessus du niveau de la marée basse. D'un autre côté, le cube des déblais correspondant aux approfondissements successifs de 1 mètre augmentera suivant la progression arithmétique suivante, dont la différence est égale à la longueur du canal entre j et p multipliée par 2 : 1,552,704; 1,712,864; 1,873,024; ... 3,955,004; 4,115,164.

Calcul du temps nécessaire pour l'approfondissement de la tranchée supérieure. — Si l'on part de ces données pour calculer le temps qu'il faudrait à l'oued El-Hamma et aux machines pour débiter ensemble l'eau nécessaire à chaque approfondissement de 1 mètre, en admettant que cette eau charrie des matières terreuses dans la proportion de 1/25 de son volume, on trouve les chiffres suivants : 37 jours pour le 1er mètre; 40 pour le 2e; 43 pour le 3e; 46 pour le 4e; 48 pour le 5e; 51 pour le 6e; 53 pour le 7e; 54 pour le 8e; 55 pour le 9e; 57 pour le 10e; 57 pour le 11e; 58 pour le 12e; 58 pour le 13e; 57 pour le 14e; 56 pour le 15e; 54 pour le 16e, et 52 pour le 17e; ce qui fait en tout 876 jours ou 2 ans et 140 jours.

Le plafond du canal-amorce se trouvera à ce moment à 6 centimètres au-dessus du niveau de la marée basse; il faudra encore, pour le porter à sa profondeur définitive, le creuser de $2^{m},74$. Ce travail nécessitera un entraînement de 12,111,584 mètres cubes.

En continuant à faire usage des machines, l'opération s'accomplira en 49 jours pour le 1er mètre, 46 jours pour le second et 32 jours pour les 74 derniers centimètres; ce qui portera à 2 ans et 267 jours le temps nécessaire pour que la tranchée du chott Fejej ait au point j une profondeur de $2^{m},68$ au-dessous de la marée basse.

Il y aurait encore une autre manière d'opérer, qui consisterait à mettre la tranchée du seuil de Gabès en communication avec celle du chott Fejej dès que le plafond de cette dernière se trouvera au niveau de la marée basse. Une colonne d'eau de 2 mètres de hauteur s'engagerait alors dans la tranchée, à marée haute. A marée basse, on intercepterait la communication au moyen de vannes, et l'on ferait fonctionner les machines à vapeur.

On pourrait enfin supprimer complètement l'emploi des machines en emmagasinant l'eau de la mer, au moment de la marée haute, dans des bassins de retenue établis à l'embouchure de l'oued Melah. Ces bassins serviraient plus tard de port. On obtiendrait alors un courant permanent d'environ 2 mètres de hauteur dans la tranchée du chott Fejej. En procédant ainsi, il faudrait 300 jours environ pour approfondir cette tranchée de $2^m,68$. Je crois que le moyen le plus simple et le plus expéditif sera de profiter de l'installation des machines et de les employer jusqu'à la fin.

On voit donc que les masses d'eau contenues dans la partie centrale du chott Djerid ne nous apporteront, ainsi que je l'ai dit plus haut, qu'un appoint qui se traduira par une économie de temps; supposons, en effet, qu'elles n'existent pas. Les eaux de l'oued El-Hamma, jointes à celles de la mer élevées à l'aide de machines, auraient alors à entraîner les déblais nécessités par l'approfondissement de la tranchée supérieure, aussi bien dans le chott Djerid que dans le chott Fejej, et l'opération demanderait un temps à peu près double.

Au moment où le canal-amorce se trouvera définitivement creusé, le volume introduit dans le chott Rharsa s'élèvera à 136,600,000 mètres cubes de déblais, plus 6,012 millions de mètres cubes d'eau provenant du chott Djerid, de l'oued El-Hamma et de la Méditerranée. Le chott Rharsa ayant, d'après nos dernières observations, une superficie de 1,390 kilomètres carrés et une profondeur moyenne de 24 mètres, se trouverait alors rempli jusqu'à la cote $19^m,58$ au-dessous du niveau de la mer. Mais cette opération ayant duré 2 ans et 267 jours, pendant lesquels l'évaporation aura absorbé $2^m,75$ d'eau, le niveau de l'eau se trouvera en réalité à $22^m,33$ au-dessous de celui de la mer.

Transformation de la tranchée initiale en canal définitif. — Calcul du temps nécessaire. — Il nous reste maintenant à rechercher dans quelles conditions s'effectueront l'approfondissement et l'élargissement de la tranchée initiale, c'est-à-dire sa transformation en canal ayant 49 mètres de largeur au plafond, 8 mètres de profondeur au-dessous du niveau de la mer à l'embouchure de l'oued Melah et une pente de 3 centimètres par kilomètre qui le fera déboucher dans le chott Rharsa à la profondeur de $14^{m},81$ au-dessous du niveau de la mer.

Dans la rectification du cours de la Meuse, on a obtenu 80 mètres d'élargissement pour un approfondissement de 10 mètres. L'action des eaux avait été régulière, et le rapport entre l'approfondissement et l'élargissement à peu près constant. En admettant que les choses se passent à peu près de la même manière dans la tranchée initiale, ce que l'on obtiendra toujours en dirigeant l'opération au moyen d'excavateurs, il s'y produira 1 mètre d'approfondissement pour 8 mètres d'élargissement. Si l'on fait le calcul des déblais pour chaque approfondissement successif de 1 mètre correspondant à un élargissement de 8 mètres, on obtient la progression arithmétique suivante, dont la différence est égale à 4,015,260, chiffre qui représente la longueur du canal multipliée par 18 : 60,303,899, 64,319,149, 68,334,409, 72,349,669, 76,364,919, 80,380,189. D'un autre côté, en calculant les sections liquides moyennes et les vitesses correspondantes, on trouve pour les sections : 32, 81, 148, 223, 336 et 457 mètres carrés[1]; et pour les vitesses : $0^{m},4569$, $0^{m},6136$, $0^{m},7490$, $0^{m},8910$, $1^{m},0106$ et $1^{m},1291$ par seconde. Si l'on calcule d'après ces données le temps nécessaire pour chaque approfondissement de 1 mètre, en tenant compte des eaux de l'oued El-Hamma, et en admettant toujours que les eaux entraînent les déblais dans la proportion de 1/25 de leur volume, on trouve 707 jours pour le 1er mètre, 314 pour le 2e, 162 pour le 3e, 96 pour le 4e, 63 pour le 5e, et 44 pour le 6e; en tout 3 ans et 291 jours, pendant lesquels 422,587,000 mètres cubes de limon et 10,564,675,000 mètres cubes d'eau, ensemble 10,987,262,000 mètres cubes, auront été introduits dans le chott Rharsa, dont le niveau aurait été ainsi

[1] Les vitesses sont calculées d'après la formule de Prony :

$$U = \sqrt{0,005163 + 3233\,RI} - 0,0718,$$

dans laquelle U représente la vitesse moyenne, R le rayon moyen et I la pente par mètre.

exhaussé de 7^{m},90. Mais le travail ayant duré 3 ans et 291 jours, ce chiffre, se trouvera, par suite de l'évaporation, réduit à 4^{m},10. Le niveau du chott Rharsa se sera donc élevé de la cote — 22^{m},33 à la cote — 18^{m},23 et par conséquent restera encore à 3^{m},42 au-dessous du plafond du canal, qui débouchera dans le chott Rharsa à la cote — 14^{m},81.

On voit que le système d'entraînement des déblais par le courant ne peut occasionner aucun encombrement dans le chott Rharsa, puisque ces déblais ne pourront s'y déposer qu'au-dessous du plan horizontal passant par la cote — 14^{m},81, et que par conséquent, même au débouché du canal, où il se produira probablement une accumulation de matériaux, la profondeur d'eau sera au moins de 14^{m},81 [1].

C'est à ce point de vue que nous nous trouvons dans des conditions exceptionnellement avantageuses. Dans les travaux analogues entrepris à l'embouchure de la Meuse, le courant subissait nécessairement, en arrivant dans la mer du Nord, un ralentissement notable. Les matières terreuses entraînées jusque-là se déposaient alors et formaient une barre qui eût interdit à la navigation l'accès du nouveau lit. Il a fallu faire des dragages importants et perdre ainsi une partie du bénéfice qu'on avait réalisé en utilisant l'action des eaux. Nous ne rencontrerons aucune difficulté de cette nature.

Seuil d'Asloudj. – Déblais à exécuter de main d'homme. — Entre le chott Rharsa et le grand bassin du chott Melrir se trouve le petit seuil d'Asloudj, dans lequel on creusera, suivant la ligne J, I, H, G, F, E, D, C, une tranchée à laquelle on donnera, comme précédemment, 1 mètre de largeur au plafond et une pente de 3 centimètres par kilomètre vers le chott Melrir. Elle partira dans le chott Rharsa de la cote — 8 qui se trouve à 3 kilomètres à l'Est du point J. Elle aura les profondeurs suivantes au-dessous du sol : au point J, 3^{m},21 ; au point I, 6^{m},73 ; au point H, 15^{m},26 ; au point G, 6^{m},45 ; au point F, 7^{m},58 ; au point E, 18^{m},66 ; au

[1] On doit même compter sur 15^{m},81, car, ainsi que je l'ai expliqué dans mon rapport précédent (page 48) en me fondant sur l'exemple du lac Timsah et des lacs Amers, le niveau qui s'établira dans la mer intérieure sera, selon toute probabilité, le niveau moyen entre la marée basse et la marée haute du golfe de Gabès.

point D, 3m,74, et viendra affleurer dans le lit du chott Melrir à l'Est du point C, à l'altitude de 8m,74 au-dessous du niveau de la mer. Les déblais s'élèveront à 2,044,524 mètres cubes.

Dès que les eaux seront arrivées dans le chott Rharsa à hauteur du plafond de ce chenal, elles s'y engageront et se creuseront rapidement, en se précipitant vers le chott Melrir, une large communication à travers le petit seuil d'Asloudj.

Entraînement des déblais par les eaux. — Dans l'exposé du système qu'il est rationnel d'adopter pour creuser économiquement un canal de communication entre les chotts et le golfe de Gabès, j'ai admis que les eaux entraîneraient les matières terreuses dans la proportion de 1/25 de leur volume. Il est clair que le courant ne sera pas assez fort pour arracher aux berges et au plafond de la tranchée cette proportion de matières terreuses; mais on arrivera au résultat demandé en procédant de la manière suivante :

Dans le percement de l'isthme de Suez, des hommes d'une grande valeur, et notamment M. Sciama, ingénieur en chef des travaux, avaient songé à profiter de la dépression des lacs Amers pour hâter le creusement du canal au moyen du courant[1]. M. Sciama avait proposé d'employer, afin de faciliter l'entraînement des matières terreuses par les eaux, des coques de bateau munies d'un appareil capable de s'abaisser et de se relever à la demande et armé, à son extrémité inférieure, de socs de charrue pénétrant de 30 centimètres dans le sol.

Nous appliquerons ce système, en employant des excavateurs ou appareils fouilleurs pour désagréger, au-dessous de la ligne d'eau, les berges et le plafond des tranchées initiales. Par suite de la nature du sol, au fur et à mesure que le pied des talus sera rongé, les terres descendront d'elles-mêmes dans les tranchées et seront entraînées par le courant. S'il arrive par exception que, sur certains points, les parties supérieures des berges se maintiennent, alors que les parties inférieures seront excavées, on en déterminera la chute au moyen de quelques cartouches de dynamite-gomme.

Les excavateurs seront des appareils d'une grande simplicité. La

[1] *Étude géologique de l'isthme de Suez dans ses rapports avec l'exécution du canal maritime*, par E. Tissot (Turin, 1865).

force de leur machine sera surtout employée à leur faire remonter le courant lorsqu'ils auront fourni toute leur course en descendant. La remonte sera facilitée par une chaîne de touage disposée dans le chenal. Un excavateur de la force de 20 à 25 chevaux, coûtant de 25,000 à 30,000 francs, soulèvera 5,000 mètres cubes de terre par jour. Avec vingt de ces appareils, on désagrégera 100,000 mètres cubes de terre par 24 heures.

En tenant compte de l'oued El-Hamma, le volume d'eau qui s'écoulera en moyenne par 24 heures dans la tranchée supérieure du chott Fejej, pendant la première période de 37 jours, sera de 1,045,900 mètres cubes. Le courant devra entraîner 41,830 mètres cubes de terres, sur lesquels 38,150 seront situés au-dessous de la ligne d'eau; il suffira donc de faire fonctionner sept ou huit appareils *Sciama*. Pendant la dernière période de 32 jours, la tranchée débitera par 24 heures 2,657,000 mètres cubes d'eau, qui charrieront 106,300 mètres cubes de limon, dont 69,720 extraits au-dessous de la ligne d'eau; on emploiera alors quatorze appareils. On voit donc que la réussite de l'opération est certaine, puisqu'on ne demandera au courant d'autre service que d'entraîner les déblais que les appareils auront soulevés.

Examinons maintenant ce qui se passera dans la transformation de la tranchée initiale en canal à grande section. Pour chaque approfondissement de 1 mètre correspondant à un élargissement de 8 mètres, le cube à déblayer au-dessous de la ligne d'eau (niveau de la marée basse) sera successivement de 6,692,800 mètres cubes pour le 1er mètre; 10,707,360 pour le 2e; 14,722,620 pour le 3e; 18,737,880 pour le 4e; 22,753,880 pour le 5e; et enfin 26,678,400 pour le 6e. Nous avons vu que ces approfondissements successifs dureraient 707 jours pour le 1er mètre; 314 pour le 2e; 162 pour le 3e; 96 pour le 4e; 63 pour le 5e et 44 pour le 6e. En divisant chaque volume par le nombre de jours correspondant, on reconnaît que le courant devra extraire en dessous de la ligne d'eau 9,464 mètres cubes par jour pendant la 1re période; 34,080 pendant la 2e; 90,800 pendant la 3e; 195,500 pendant la 4e; 361,300 pendant la 5e, et 607,700 pendant la 6e. Le nombre de mètres cubes de terres que le courant devra déblayer en 24 heures au-dessous de la ligne d'eau, pendant les trois dernières périodes, sera donc supérieur à celui que peuvent désagréger vingt excavateurs; mais il faut remarquer que la vitesse sera de 83 centimètres par seconde au début de la 4e période, et qu'elle augmentera progressivement de manière à atteindre 1^m,18.

Il est hors de doute qu'un courant semblable exercera une action érosive puissante sur des terres incessamment fouillées par vingt excavateurs; mais en admettant même qu'il n'entraîne absolument que les terres soulevées par ces appareils, il n'en résulterait pas un ralentissement considérable. Le temps nécessaire au déblayement serait porté de 96 à 187 jours pour la 4e période; de 63 à 227 pour la 5e; de 44 à 267 pour la 6e, et la transformation de la tranchée initiale en canal à grande section demanderait alors 5 ans et 39 jours au lieu de 3 ans et 291 jours.

Le volume total des déblais entraînés par les eaux depuis le commencement des travaux s'élèvera alors à 561,187,000 mètres cubes. Tous ces déblais se seront déposés à la profondeur de 14^m,81, au moins, au-dessous du niveau de la mer. En admettant qu'ils s'étalent uniformément sur le lit du chott Rharsa, dont la superficie est de 1,390 kilomètres carrés, ils n'en surélèveraient le fond que de 25 centimètres.

Dès que le canal de communication aura été approfondi de 6 mètres, ce qui le fera déboucher dans le chott Rharsa à l'altitude de −14^m,81, on cessera de faire usage des excavateurs. Malgré la rapidité du courant, qui atteindra alors 1^m,18 par seconde, les eaux exerceront une action bien moins puissante sur les berges du canal dès que celles-ci ne seront plus incessamment ameublies par les appareils fouilleurs. On peut admettre cependant qu'en raison de leur vitesse et du peu de consistance des terrains, elles produiront en moyenne un déblayement égal à 1/400 de leur volume. A ce moment, le volume d'eau à jeter dans le chott Rharsa pour le remplir complètement sera encore de 25,340 millions de mètres cubes. La capacité du chott Melrir est de 160,800 millions de mètres cubes. Les masses d'eau qui devront encore s'écouler dans le canal avant le remplissage des bassins s'élèvera donc à 186,140 millions de mètres cubes. En calculant sur la proportion de 1/400, elles produiront un déblayement de 465 millions de mètres cubes de terre. Le bassin des chotts sera alors relié au golfe de Gabès par une large et magnifique communication ayant une profondeur d'une quinzaine de mètres, une largeur au plafond de 120 mètres environ et des berges suivant l'inclinaison naturelle des terres.

Ce volume énorme de 465 millions de mètres cubes, en se

répartissant uniformément dans le chott Rharsa, n'en exhausserait le fond que de 33 centimètres. Il est évident que les choses ne se passeront pas tout à fait ainsi, mais l'essentiel est que les dépôts ne s'accumulent pas au-dessus d'une certaine profondeur.

Une fois arrivées au niveau du plafond du canal, les eaux commenceront à s'élever dans le chott Rharsa au-dessus de la cote —14,81 ; mais elles ne dépasseront guère la cote — 8, car, parvenues à cette hauteur, elles s'écouleront dans le chott Melrir par la tranchée initiale du seuil d'Asloudj. Cette tranchée ayant une section moins grande que le canal du chott Djerid, les eaux s'élèveront momentanément au-dessus de l'altitude — 8; mais la vitesse du courant augmentera rapidement dans la tranchée du seuil d'Asloudj et ouvrira, en peu de temps, à travers les argiles et les sables très peu consistants qui constituent ce petit seuil une large communication dont le plafond atteindra la profondeur de 15 à 20 mètres au-dessous de la mer. Les eaux redescendront donc dans le chott Rharsa et ne commenceront à s'élever de nouveau que lorsque le niveau du chott Melrir aura atteint celui du chott Rharsa.

Pendant toute cette période, les déblais ne pourront se déposer qu'au-dessous de l'altitude — 8. Ils tendront à s'accumuler près du débouché du canal. Mais le courant qui s'établira dans le chott Rharsa entre le canal du chott Djerid et celui du seuil d'Asloudj les transportera successivement vers le centre du bassin.

Lorsqu'on cessera de faire usage des appareils fouilleurs, la vitesse du courant dans le canal sera de $1^{m},18$ par seconde. Cette vitesse croîtra en même temps que la section du canal, jusqu'à atteindre $1^{m},50$. Mais dès que les eaux se seront élevées dans les bassins du Melrir et du Rharsa à l'altitude —14,81, la vitesse commencera à décroître progressivement, et ne sera plus que de $0^{m},93$ au moment où le niveau aura atteint l'altitude — 8. Elle continuera ensuite à diminuer, de manière à devenir nulle lorsque les bassins seront entièrement remplis. Les berges du canal, soumises précédemment à des vitesses supérieures à $1^{m},18$, résisteront probablement à des vitesses inférieures à $0^{m},93$. Dans tous les cas, la proportion des matières terreuses entraînées, très faible d'abord, tendra à devenir bientôt nulle, et le courant qui régnera toujours dans le chott Rharsa, entre le canal du Djerid et celui d'Asloudj, les entraînera vers la partie centrale du bassin.

Une fois le remplissage effectué, le canal n'aura plus à fournir annuellement à la mer intérieure que les 8,090 millions de mètres cubes absorbés par l'évaporation. Il s'y produira un courant supérieur allant du golfe de Gabès vers les chotts, courant dont il est difficile de calculer la vitesse; car, d'une part, il s'établira en même temps un contre-courant inférieur [1] qui ramènera dans la Méditerranée les eaux lourdes surchargées de sel, et, d'autre part, une grande partie de l'eau que la mer intérieure perdra par suite de l'évaporation lui sera rendue par les pluies et les rivières. De là, deux actions contraires tendant, la première à augmenter la vitesse du courant supérieur, la seconde à la diminuer. En admettant qu'elles s'équilibrent, quoique le volume d'eau restitué par les pluies et les rivières doive, sans aucun doute, être de beaucoup le plus considérable, le courant supérieur aura une vitesse de 13 à 14 centimètres par seconde, et ne pourra, par conséquent, exercer aucune action appréciable sur les berges du canal.

Ces chiffres sont la meilleure réponse que je puisse faire aux objections formulées par M. Naudin devant l'Académie des sciences [2]. On voit, en effet, que la puissance d'érosion des courants dont l'honorable membre de l'Institut redoutait les effets, loin d'être nuisible, sera, au contraire, d'un puissant secours, puisqu'on l'utilisera pour creuser à peu de frais un vaste canal de communication. Quant aux déblais entraînés pendant l'opération, ils disparaîtront, pour ainsi dire, dans le seul bassin du chott Rharsa, qui, cependant est six fois moins grand que celui du chott Melrir. L'opération une fois terminée, le courant qui s'établira dans le canal, pour contre-balancer l'évaporation, aura une vitesse tellement faible que sa puissance d'érosion sera nulle.

J'ai fait le calcul des déblais en admettant pour tous les talus des pentes à 45 degrés. Cette inclinaison pourra sembler trop forte. Mais je ferai remarquer qu'il suffira que les talus se maintiennent pendant le temps strictement nécessaire au creusement des tranchées initiales. S'il se produit ensuite des éboulements, ils seront culbutés et entraînés lorsque le courant s'établira dans les tranchées. A ce sujet, d'ailleurs, je ne puis mieux faire que de reproduire le passage suivant d'une lettre de M. Dauzats, ingénieur à la Compagnie de Suez :

[1] Voir à ce sujet le rapport de 1877, de la page 88 à la page 94.
[2] Voir page 93.

« Que se passera-t-il dans la tranchée ? Évidemment des éboulements importants se produiront au fur et à mesure que le pied des talus sera rongé et excavé par le courant. Ces éboulements pourront même avoir parfois une grande importance. Qu'arrivera-t-il alors ?

« Les eaux s'accumuleront derrière ce barrage accidentel, jusqu'à ce que leur poussée soit suffisante pour le culbuter; cette poussée sera d'autant plus puissante que les eaux continuant à couler en aval, la différence de niveau augmentera la charge d'entraînement. La veine liquide ne pourra pas tourner l'obstacle, puisqu'elle rencontrerait latéralement une résistance plus grande dans les terrains vierges; l'obstacle sera donc nécessairement emporté. Si par extraordinaire, au début de l'opération, la masse éboulée résistait à la poussée des eaux, on en serait quitte par l'exécution de quelques terrassements qui viendraient l'aider.

« Je ne vois donc pas en résumé qu'aucune objection sérieuse puisse être opposée à ce système, aussi simple qu'économique, de relier les chotts avec la mer et d'obtenir un chenal suffisant pour la navigation. »

Pour plus de simplicité, j'ai calculé les déblais et les vitesses d'écoulement du canal définitif en adoptant des talus à $\frac{1}{1}$. Mais il est évident que les berges prendront la pente naturelle des terres. Rien ne sera plus facile d'ailleurs que de les adoucir et de les retoucher sur les points où cela paraîtra nécessaire. Il suffira de faire tomber les déblais dans le canal, d'où ils seront entraînés dans le chott Rharsa. Si, comme cela est probable, les talus prennent une inclinaison inférieure à 45 degrés, le résultat sera d'augmenter la section et la vitesse, et par conséquent de réduire le temps nécessaire au remplissage.

Temps nécessaire au remplissage. — Au moment où l'on cessera de faire usage des appareils fouilleurs, la section liquide dans le canal de communication sera de 522 mètres carrés. Le courant, dont la vitesse aura atteint $1^m,18$ par seconde, versera dans le chott Rharsa 53,625,000 mètres cubes d'eau par jour. La section augmentera progressivement, et sera d'environ 1,875 mètres carrés lorsque les eaux, par leur seule puissance d'érosion, auront entraîné 465 millions de mètres cubes de nouveaux déblais. Quant à la vitesse, elle croîtra en même temps que la section et atteindra

1m,50 par seconde quand les eaux seront arrivées dans les bassins du Melrir et du Rharsa à l'altitude de — 14m,81. Le débit du canal sera à ce moment de 281,250,000 mètres cubes par jour. Le débit moyen, pendant cette période, sera donc de 167,437,000 mètres cubes. Le volume d'eau à introduire pour élever dans les deux bassins le niveau jusqu'à l'altitude — 14m,81 sera de 66,331 millions de mètres cubes, qui seront fournis par le canal en 396 jours.

La vitesse commencera ensuite à décroître, et lorsque les eaux se seront élevées à l'altitude — 8, elle ne sera plus que de 0m,937 par seconde. Le canal débitera alors 86,722,000 mètres cubes par jour. Le débit moyen, pendant cette seconde période, sera donc de 184,486,000. Le volume d'eau nécessaire pour remplir les chotts de la cote — 14m,81 à la cote — 8 étant de 55,292,900,000 mètres cubes, cette partie du remplissage s'effectuera en 300 jours.

Le débit et la vitesse continueront à diminuer, de manière à devenir nuls au moment où les bassins seront complètement remplis. En prenant $\frac{86,722,000}{2}$ mètres cubes, comme débit moyen pendant cette dernière période, on voit qu'il faudra encore 1,492 jours pour que l'eau s'élève, dans le bassin des chotts, au niveau de la marée basse du golfe de Gabès.

L'opération du remplissage durerait donc six ans environ; mais dès la fin de la deuxième année, le bassin des chotts sera recouvert d'une couche d'eau de 16 mètres de profondeur, accessible à la navigation, et dont l'influence bienfaisante se fera sentir sur le climat de la contrée. A la fin de la quatrième année, les bateaux d'un faible tonnage pourront déjà circuler dans le canal de communication.

Ces calculs, d'ailleurs, ne sont que des approximations destinées à donner un aperçu du temps nécessaire au remplissage. Il n'existe pas de données précises permettant de les établir rigoureusement. Je rappellerai, à ce sujet, que la rapidité du remplissage des lacs Amers a dépassé toutes les prévisions théoriques fondées sur des calculs analogues. Bien que les eaux aient été retenues et modérées par des déversoirs, et que le plafond du canal fût absolument horizontal, le remplissage a pu être effectué en sept mois. Le chiffre de six ans doit donc être considéré comme un maximum qui sera notablement réduit. Aussi n'ai-je pas cru devoir tenir compte de l'évaporation. En la faisant intervenir, on trouve que la durée du temps nécessaire au remplissage serait portée de six ans à huit ans.

Durée des travaux. — On peut estimer que les déblais à exécuter de main d'homme exigeraient environ deux ans. Nous avons vu qu'il faudra 2 ans et 267 jours pour l'approfondissement de la tranchée supérieure des chotts; 3 ans et 291 jours, pour la transformation de la tranchée initiale en canal à grande section. Cela fait en tout huit ans et demi environ pour la durée des travaux.

FRAIS D'EXÉCUTION.

Les déblais de la tranchée initiale du seuil de Gabès, y compris ceux du canal à grande section qu'il faut creuser de main d'homme dans la section *h i* où se trouve le calcaire, s'élèvent à 36,422,538 mètres cubes de sables et argiles et à 1,449,000 mètres cubes de calcaire : ensemble 37,871,538 mètres cubes. L'opinion formelle de MM. de Lesseps et Dauzats, ingénieur de la Compagnie de Suez, est que ces terrassements coûteront *au plus* 1 franc le mètre cube, *tous frais généraux compris.* Il est facile de démontrer par des exemples que ce prix doit être largement suffisant. Dans le projet d'amélioration de la navigation de la Seine entre Paris et Rouen établi par M. Cheysson, ingénieur des ponts et chaussées, directeur du Bureau de la statistique au Ministère des travaux publics, on trouve le devis suivant :

« Terrassements à sec et sous l'eau du canal, des ouvrages d'art et de leurs dépendances, dans un terrain quelconque *même de rocher,* y compris fouille, charge, transport au lieu d'emploi, décharge, régalage, dressement des plates-formes et des talus, reprise, sujétions et faux frais quelconques : 1 fr. 60 cent. le mètre cube. »

Dans le même projet, le salaire des ouvriers et manœuvres est fixé à 40 centimes l'heure, ce qui fait 4 fr. 40 cent. pour une journée de onze heures. Pendant les opérations de sondage que j'ai fait exécuter dans la région des chotts, j'avais d'excellents ouvriers indigènes que je ne payais que 1 fr. 50 cent. par jour, J'aurais pu les payer encore moins cher, car les Arabes arrivaient au camp par bandes, demandant à travailler moyennant 1 franc et

1 fr. 20 cent. D'après ce que j'ai vu, je suis persuadé que, si l'on met le projet de mer intérieure à exécution, on trouvera des manœuvres arabes en aussi grand nombre qu'on le désirera. Peut-être sera-t-on amené à augmenter progressivement les prix. Dans tous les cas, on n'arrivera pas à dépasser 2 francs par jour. La conséquence est facile à tirer. Si les terrassements dans un terrain quelconque, même de rocher, ne reviennent qu'à 1 fr. 60 cent. le mètre cube, alors que le salaire des manœuvres est fixé à 4 fr. 50 cent. par jour, ils ne coûteront que de 50 à 70 centimes dans un pays où les manœuvres ne se payent que de 1 fr. 50 cent. à 2 francs par jour. Quoique le calcaire n'entre que dans une faible proportion dans les déblais du seuil de Gabès, je prendrai pour l'évaluation du mètre cube le prix maximum de 1 franc, ce qui fait 37,871,538 francs. Le volume des déblais de la tranchée des chotts s'élève à 9,989,653 mètres cubes, celui de la tranchée du seuil de Mouïat Sultan à 7,382,949 mètres cubes, et enfin celui de la tranchée du petit seuil d'Asloudj à 2,044,525 mètres cubes : en tout 19,417,127 mètres cubes. D'après ce que je viens d'exposer, ces déblais en terrain facile reviendront au maximum à 70 centimes le mètre cube, ce qui fait 13,591,989 francs. Il reste enfin à évaluer la dépense des deux machines de 550 chevaux et des excavateurs. Le prix d'une machine de 500 chevaux avec 4 chaudières de rechange peut être estimé à 450,000 francs. La dépense en charbon est de 1 kilogramme par cheval et par heure. En évaluant le charbon à 40 francs les 1,000 kilogrammes, on trouve 918,720 francs pour les deux machines fonctionnant pendant 2 ans et 140 jours. Vingt excavateurs de la force de 25 chevaux coûteront ensemble 600,000 francs. Ils consommeront $2^k,5$ de charbon par cheval et par heure, ce qui donne pour chacun d'eux une dépense par jour de 1,500 kilogrammes de charbon ou de 60 francs. Ces vingt appareils ne fonctionneront simultanément que vers la fin des opérations. Le cube des déblais à extraire audessous de la ligne d'eau est de 39,644,000 mètres cubes pour l'approfondissement de la tranchée supérieure des chotts et de 77,629,060 mètres cubes pour la transformation de la tranchée initiale en canal à grande section, ce qui fait un total de 117,293,000 mètres cubes. Un excavateur pouvant soulever 5,000 mètres cubes par jour, les vingt excavateurs réunis devront fournir 23,458 journées de travail, qui, à 60 francs l'une, occa-

sionneront une dépense de 1,407,480 francs. En récapitulant, nous aurons :

Tranchée du seuil de Gabès	37,871,538f
Autres tranchées	13,591,989
Prix de deux machines de 550 chevaux	900,000
Dépense en charbon pendant deux ans	918,720
Prix de vingt excavateurs	600,000
Dépense en charbon de ces appareils	1,407,000
TOTAL	55,289,247

En ajoutant 20 millions pour les dépenses imprévues, on arrive au chiffre de 75 millions, avec lequel on est certain de faire largement face à toutes les éventualités.

Je ferai remarquer en effet que je me suis toujours placé dans les conditions les plus défavorables. Ainsi j'ai supposé que l'on ferait exécuter de main d'homme tous les déblais de la tranchée supérieure des chotts Fejej et Djerid; mais, grâce aux eaux de l'oued El-Hamma et aux nappes d'infiltration dont le lit des chotts est imbibé, la presque totalité de ces déblais pourra être enlevée à la drague. Le prix de revient du mètre cube sera alors de 30 à 40 centimes, au lieu de 70 centimes, comme je l'ai compté, ce qui produira une économie de plusieurs millions. D'un autre côté, le cube des déblais du seuil de Mouïat Sultan est fort exagéré. Comme je l'ai déjà dit, le sol de ce seuil est très tourmenté et couvert de larges excavations dont la profondeur atteint de 10 à 15 mètres. En faisant le nivellement, on ne pouvait suivre toutes les inflexions du terrain, et les mires étaient toujours placées sur les points les plus élevés du sol. J'ai calculé les déblais d'après les cotes des mires, sans tenir compte des vides profonds qui se trouvaient entre elles. D'après des calculs approximatifs, il aurait fallu réduire de plus d'un quart le volume des déblais, mais j'ai mieux aimé donner un chiffre certainement trop fort que de m'exposer à commettre une erreur en sens contraire. Je n'ai tenu également aucun compte, ainsi que je l'ai déjà expliqué, des affaissements plus ou moins considérables qui se produiront dans la partie centrale du chott Djerid lorsque les eaux qui y séjournent auront été déversées dans le chott Rharsa. Ces raisons expliquent suffisamment pourquoi en revanche je n'ai tenu dans le calcul des déblais aucun compte du foisonnement.

Les sondages exécutés au sommet du seuil de Gabès ont prouvé que le terrain y est excessivement tendre. Au sondage n° 1 *bis*, situé sur le trajet du canal, on est arrivé en quatre ou cinq jours, malgré le peu de puissance des appareils, à la profondeur de 30 et quelques mètres. A deux ou trois reprises différentes, vers la profondeur de 15 ou 16 mètres, les sondes se sont enfoncées d'un seul coup de plus de 1 mètre, comme si elles avaient rencontré un milieu fluide. Ce fait s'était également produit au sondage n° 1[3].

Ainsi que M. Dru le fait ressortir dans sa notice sur le régime des eaux de la région des chotts, partout le sol recèle à une faible profondeur des nappes d'eau considérables, grâce auxquelles il sera facile de pourvoir à tous les besoins des chantiers. C'est là un point des plus importants. Il ne faut pas oublier, en effet, qu'à l'isthme de Suez, on a dû dépenser des sommes énormes pour aller chercher les eaux du Nil, et les amener jusqu'à Ismailiah et Suez, au moyen d'un canal de 150 kilomètres de longueur.

En considérant l'importance et la grandeur de l'œuvre, on ne peut s'empêcher d'être frappé de la modicité des dépenses qu'exigerait sa réalisation. Cela tient aux conditions toutes particulières dans lesquelles se trouve le problème à résoudre. Aussi, en entrant dans le détail des procédés d'exécution, ce que j'ai cherché surtout à démontrer, c'est que l'on pouvait, en utilisant la force dynamique des eaux, accomplir à peu de frais un travail gigantesque. Je n'ai pas la prétention d'avoir exposé un projet qui doive être suivi de point en point; on peut lui faire subir différentes modifications. On peut, par exemple, adopter un autre type pour les tranchées initiales, et augmenter leur pente afin d'obtenir des vitesses plus grandes et de rendre ainsi l'action des eaux plus sûre. On pourrait également supprimer les machines et n'employer que les eaux de l'oued El-Hamma pour approfondir la tranchée supérieure du chott, quitte à creuser directement la section comprise entre les points j et k, en amont de cette rivière. On économiserait d'une part 2 millions environ sur les machines, mais on aurait 5 ou 6 millions de plus à dépenser pour la section $j\,k$ et le temps nécessaire à l'exécution du travail serait augmenté. J'ai fait aux dépenses imprévues une part assez large pour que, dans tous les cas, le chiffre de 75 millions ne soit pas dépassé. Il est probable qu'il ne sera pas atteint.

Monsieur le Ministre,

Je viens de résumer dans un exposé aussi succinct et aussi consciencieux que possible le résultat des divers travaux exécutés dans la région des chotts pendant la mission que vous m'aviez confiée. De nombreuses objections avaient été élevées contre l'opportunité de la submersion du bassin des chotts. J'aurais pu me retrancher derrière le rapport fait à l'Académie des sciences par M. le général Favé, mais je n'ai pas voulu éluder la discussion; j'ai tenu à démontrer qu'aucune de ces objections n'était fondée, et que la création de la mer intérieure amènerait une amélioration profonde dans le climat de l'Algérie et de la Tunisie, amélioration qui se traduirait par un accroissement considérable de la richesse agricole de ces contrées. A ce point de vue, la réalisation du projet intéresse profondément l'Algérie et, par conséquent, la France entière. Il y a là une question de prospérité générale dont l'importance ne pouvait échapper au Gouvernement. Grâce à son appui, toutes les études nécessaires ont été faites. Elles ont prouvé que, non seulement aucun obstacle sérieux ne s'oppose à l'exécution du projet, mais que l'homme sera au contraire puissamment secondé par la nature, puisqu'il pourra faire accomplir la plus grande partie du travail par les eaux destinées à remplir les bassins inondables. Dans les chapitres intitulés *Procédés d'exécution* et *Frais d'exécution*, j'ai exposé les moyens à employer pour arriver à ce résultat, et j'ai démontré qu'on fera largement face à toutes les dépenses avec 75 millions, somme peu importante si on la met en regard de la grandeur de l'œuvre à accomplir.

Là se termine ma tâche. Il ne m'appartient pas, en effet, de rechercher par suite de quelles combinaisons financières les 75 millions nécessaires pourraient être affectés à la réalisation du projet. Je me bornerai à répéter ce que j'ai déjà dit dans mon rapport précédent [1], c'est que les dépenses seraient couvertes par les bénéfices directs, immédiats provenant des droits de passage, de navigation, de pêche et de la concession d'une partie des terres situées

[1] Page 105.

autour et principalement au Nord de la mer future. Ces terres, absolument incultes aujourd'hui, acquerraient rapidement une valeur sérieuse, d'abord à cause de leur fertilité naturelle, ensuite parce qu'elles comprendront l'emplacement des nouveaux ports. Mais ce qu'il faut surtout envisager, ce sont les résultats généraux, tels que l'amélioration du climat et, par conséquent, le développement de la richesse agricole de l'Algérie, la création d'une voie de communication facile et économique qui apportera la sécurité au Sud de cette magnifique contrée et y imprimera un nouvel essor au commerce et à l'industrie. C'est là ce qui rend la question véritablement nationale. C'est ce qui a fait dire à notre grand poète[1] :

« Le peuple est déshérité, le monde est désert : donnez-les l'un à l'autre, vous les faites heureux ! Étonnez l'univers par de grandes choses qui ne sont pas des guerres. Ce monde, faut-il le conquérir? Non. Il est à vous, il appartient à la civilisation, il l'attend. Personne ne peut vous le contester. Allez, faites, marchez, colonisez. Il vous faut une mer : créez-la. Une mer crée une navigation, une navigation crée des villes. . . »

Veuillez agréer, Monsieur le Ministre, l'hommage de mon profond respect.

E. Roudaire.

[1] Victor Hugo (Discours prononcé au Château-d'Eau, le 3 août 1879).

ANNEXE

AU

RAPPORT SUR LA MISSION DES CHOTTS.

J'avais chargé M. André, médecin-major au 15e bataillon de chasseurs, mis à ma disposition par M. le Ministre de la guerre, de faire des collections de plantes, de mollusques, d'insectes, d'animaux, de recueillir, en un mot, le plus de documents possible sur la faune et la flore de la région des chotts. Ces collections ont été classées et déterminées par MM. Cosson, Lataste, Morlet, Hénon, Leprieur, Simon. Je prie ces savants, qui m'ont si gracieusement prêté leur concours, d'agréer l'expression de ma reconnaissance.

Voici la liste des collections :

LISTE

DES COQUILLES RECUEILLIES PAR M. LE DR ANDRÉ

PENDANT L'EXPÉDITION DES CHOTTS

ET DESCRIPTION D'ESPÈCES NOUVELLES PAR LE COMMANDANT L. MORLET.

COQUILLES TERRESTRES ET FLUVIATILES [1].

* *Leucochroa candidissima*, Moquin-Tandon. — Oued Melah, oued Akarit, djebel Aïdoudi, seuil de Gabès, plaine d'Hameïmet.

* Var. *Perforata*. — Plaine d'Hameïmet.

* *Leucochroa Bœtica*, Rossmässler. — Plaine d'Hameïmet.

* *Helix aperta*, Born. — Tebourba.

Helix nucula, Parreys. — Kriz.

[1] Les espèces marquées d'un astérisque n'ont été recueillies qu'à l'état subfossile; celles qui sont marquées de deux astérisques ont été recueillies à l'état vivant et subfossile; celles qui n'ont aucun signe n'ont été trouvées qu'à l'état vivant.

* *Helix melanostoma*, Draparnaud. — Tebourba, Zemlet el-Bida, plaine d'Hameïmet, Bir Toquet, seuil de Gabès.

* *Helix vermiculata*, Müller. — Oued Akarit, Tunis (consulat de France), plaine d'Hameïmet, Zemlet el-Bida, Bir Toquet, seuil de Gabès.

* Var. *Minor*. — El-Bida.

* *Helix soluta*, Michaud. — Plaine d'Hameïmet.

* *Helix Constantinæ*, Forbes. — Tebourba.

Helix Malaspinæ, Bourguignat. — Tebourba.

* *Helix Ehrenbergi*, Bourguignat; var. *Chilembia*, Bourguignat. — Oued Kebiriti et Oglat Beni Zid, plaine d'Hameïmet.

** *Helix lenticula*, Férussac. — Tebourba, Kriz, plaine d'Hameïmet.

* *Helix Fleurati*, Bourguignat. — Tebourba.

* *Helix pulchella*, Müller. — Oued Melah.

Helix conspurcata, Draparnaud. — Tunis (consulat de France).

Helix Geryvillensis, Bourguignat. — Tebourba, Tunis (consulat de France), la Manouba de Tunis.

* *Helix Durieui*, Moquin-Tandon. — Oued Melah (embouchure).

** *Helix lauta*, Lowe. — Aïn Oudref (var. déprimée), oued Melah, Djerid, oued Akarit.

* Var. *Alba*. — Plaine d'Hameïmet.

* *Helix rufolabris*, Benoît. — Kriz (une variété plus grande que le type y est très répandue).

* *Helix Cretica*, Férussac. — Oued Akarit.

* *Helix euphorca*, Bourguignat. — Djerid, Berrada.

** *Helix Pisana*, Müller. — Kriz, la Manouba de Tunis, Bir Toquet, seuil de Gabès.

Var. *Minor*. — Kriz.

Helix subrostrata, Férussac. — Plaine d'Hameïmet.

** *Helix pyramidata*, Draparnaud. — Aïn Oudref, Gabès, oued Melah, Tebourba, oued Akarit, Zemlet el-Bida.

Helix cespitum, *var*. Draparnaud. — Plaine d'Hameïmet.

Helix Warnieriana, Bourguignat. — Kriz, Nefta.

* *Helix Lacosteana*, L. Morlet. (Pl. VI, fig. 1, 2.)

Testa late umbilicata, discoidea, supra tectiformis, convexiuscula, infra convexa, acute carinata, regulariter et arcuatim striato-plicatula, albida, maculis nebulosis, rufescentibus ornata; anfractus 6 1/2, primi læves, lutescentes, sequentes sensim crescentes, sutura subcrenulata et subexserta marginati; anfractus ultimus ad peripheriam depressus, vix descendens; umbilico lato;

perspectivo, obtuse angulato; apertura obliqua, subrhomboidea, extus acute angulata, margine basali arcuato-convexo; peristoma simplex, acutum.

Hauteur, 10 millimètres; diamètre, 22 millimètres.

Coquille largement ombiliquée, discoïde, tectiforme et un peu convexe en dessus, plus bombée en dessous, fortement carénée à la périphérie, ornée de stries pliciformes, régulièrement arquées et serrées; couleur blanchâtre, avec des taches nébuleuses d'un jaune brunâtre; six tours et demi de spire; les premiers, lisses et jaunâtres; les suivants, déprimés, croissant régulièrement et séparés par une suture subcrénelée et légèrement relevée; dernier tour déprimé à la périphérie, à peine descendant. Ombilic large, permettant de voir les premiers tours, et obtusément anguleux. Ouverture oblique, subrhomboïdale, très anguleuse en dehors; bord basal arqué et convexe; péristome simple et tranchant.

Habitat. Chott Djerid, djebel Aïdoudi.

Observ. Cette espèce se rapproche de l'*Helix Henoniana*, Bourguignat; mais il sera toujours très facile de l'en séparer, par sa forme générale, qui est moins bombée, son ombilic beaucoup plus large et subanguleux, ses stries plus régulières et plus fines, son ouverture plus anguleuse, son dernier tour plus dilaté, sa taille plus forte.

Helix acuta, Müller. — Tebourba, Kriz, Nefta, Tunis (consulat de France), la Manouba de Tunis.

* *Bulimus decollatus*, Bruguière. — Tebourba, oued Akarit, Kriz, Gabès, plaine d'Hameïmet, Zemlet el-Bida.

* *Ferussacia charopia*, Bourguignat. — Kriz.

Ferussacia procerula, Bourguignat. — Kriz.

** *Alexia Algerica*, Bourguignat. — Aïn Oudref, oued Akarit, oued Melah, Kriz.

* *Alexia Firmini*, Payraudeau. — Oued Akarit (embouchure).

Alexia Micheli, Mittre. — Oued Akarit.

Alexia bidentata, Montagu. — Oued Akarit (embouchure).

* *Planorbis subangulatus*, Philippi. — Oued Melah.

** *Truncatella truncatula*, Draparnaud. — Oued Akarit (embouchure), Aïn Oudref.

Acme Letourneuxi, Bourguignat. — Oued Akarit.

** *Hydrobia Peraudieri*, Bourguignat. — Aïn Oudref.

Hydrobia acerosa, Bourguignat. — Ruisseau de la Hamma de Gabès.

Hydrobia arenaria, Bourguignat. — Ruisseau de la Hamma de Gabès, Kriz, Dbabcha, oued Melah.

Hydrobia Duveyrieri, Bourguignat. — Oued Akarit, Kriz.

* *Amnicola similis*, Draparnaud. — Ruisseau de la Hamma de Gabès, Kriz, oued Akarit, oued Melah.

** *Amnicola Dupotetiana*, Forbes. — Ruisseau de la Hamma de Gabès, Aïn Oudref, oued Melah, Kriz (source chaude).

Amnicola pycnolena, Bourguignat. — Nefta, Kriz (source chaude).

** *Melania tuberculata*, Müller. — Ruisseau de la Hamma de Gabès, Aïn Oudref, Kriz, oued Melah, Tozeur, plaine d'Hameïmet.

* Var. *Maxima*. — Plaine d'Hameïmet, chott Djerid, près Tozeur.

Melanopsis Maroccana, Chemnitz. — Aïn Oudref, Kriz, Nefta, oued Melah, plaine d'Hameïmet.

Var. *Saharica*, Bourguignat. — Nefta.

Melanopsis cariosa, Linné; var. *Sevillensis*, Grateloup. — Chott Djerid[1].

Melanopsis Tunetana, L. Morlet. (Pl. VI, fig. 3, 4.)

Testa conoidea, elongata, subgracilis, solida, fusco-nigrescens, apice acuta, interdum erosa; anfractus 6 convexi, primi nodoso-tuberculosi, ultimus maximus 3/4 longitudinis superans, medio coarctatus, costis longitudinalibus, flexuosis, superne nodulosis, inæqualibus, vicinio suturæ evanescentibus ornatus. Apertura ovata, superne angulata, angusta, basi dilatata; columella obliqua, superne callosa; canali basali late marginato; labro tenui, acuto, vix arcuato.

Longueur, 16 millimètres; diamètre, 7mm,5.

Coquille conoïde, allongée, assez grêle, solide, opaque, d'un fauve noirâtre, aiguë au sommet, parfois érodée. Six tours de spire convexes; les premiers portant à leur partie moyenne une série transverse de tubercules noduleux; dernier tour grand, dépassant les trois quarts de la longueur totale, rétréci et déprimé à la partie moyenne, orné de côtes longitudinales, flexueuses, noduleuses, inégales, irrégulièrement développées, disparaissant au voisinage de la suture. Ouverture ovale, anguleuse, linéaire à sa partie supérieure, dilatée à la base; columelle oblique, garnie d'une forte callosité à sa partie supérieure; canal basal largement échancré; labre mince, aigu, à peine arqué.

Habitat. Tozeur, Kriz.

Observ. Cette espèce diffère du *Melanopsis Maresi*, Bourguignat, par sa forme constante plus allongée, sa spire plus effilée, ses côtes légèrement tuberculeuses, sa callosité plus forte, son ouverture plus élargie et son péristome beaucoup moins arqué; du *M. cariosa*, Linné, par sa taille, plus faible, sa forme plus allongée, ses côtes longitudinales moins fortes et plus sinueuses, sa spire plus longue, plus aiguë, et son ouverture plus étroite. Enfin elle se rapproche du *M. Maroccana*, Morelet, par sa forme générale, mais elle en diffère par ses premiers tours de spire tuberculeux, par

[1] P. Fischer, *Journ. de Conch.*, vol. XXIV, p. 257, 1876.

son dernier tour garni de côtes fortes assez espacées, et par la dépression au-dessous de la suture du dernier tour.

* *Neritina fluviatilis*, Lamarck. — Aïn Oudref, oued Melah.

COQUILLES MARINES.

* *Murex trunculus*, Linné. — Plage de Gabès.

* *Cardium edule*, Linné[1]. — Bords du chott, Cherb Berrania.

* Var. *Solida*, Tournouër. — Bords du chott Djerid, Cherb Berrania. (Pl. VI, fig. 5.)

* Var. *Fragile*, Tournouër. — Bords du chott, Cherb Berrania.

* Var. *Minor*, Tournouër. — Bords du chott, Cherb Berrania.

Poronia rubra, Montagu. — Oued Akarit (embouchure).

** *Pectunculus violacescens*, Lamarck. — Plage de Gabès et fossile dans le cordon littoral.

* *Ostrea edulis*, Linné. — Plage de Gabès.

Outre les espèces énumérées ci-dessus, je crois devoir signaler les espèces suivantes de coquilles marines, recueillies précédemment par divers observateurs dans la région des chotts, et qui ont donné lieu à quelques discussions :

Arca rhombea, Born. (Une seule valve roulée.)

Triton olearium, Linné.

Cyprea moneta, Linné.

Conus mediterraneus, Bruguière.

Massa gibbosula, Linné.

Pecten jacobæus, Linné.

Voir à ce sujet l'article publié par M. P. Fischer, dans le *Journal de Conchyliologie*, vol. XXIV, p. 257, 1876, et la note de M. R. Tournouër, dans l'Association française pour l'avancement des sciences (congrès de Paris, séance du 29 août 1878).

[1] R. Tournouër (Association française pour l'avancement des sciences. Congrès de Paris, 1878, séance du 29 août 1878).

LISTE

DES VERTÉBRÉS RECUEILLIS PAR M. LE DR ANDRÉ

PENDANT L'EXPÉDITION DES CHOTTS ET DÉTERMINÉS PAR M. F. LATASTE.

CLASSE I. — POISSONS.

(Confiés en détermination à M. Sauvage, aide-naturaliste au Muséum.)

CLASSE II. — BATRACIENS.

Ordre : ANOURES.

Sous-ordre : MÉDIOGYRINIDÉS.

Famille : DISCOGLOSSIDÉS.

1. *Discoglossus pictus*, Otth. — 2 ind. Tozeur, 1 ind. Nefta.

Sous-ordre : LÆVOGYRINIDÉS.

Famille : BUFONIDÉS.

2. *Bufo mauritanicus*, Schlegel. — 1 ind. de Gabès au chott Fejej.
3. *Bufo viridis*, Laurenti. — 1 ind. Cherb-Berrania.

Famille : RANIDÉS.

4. *Rana viridis*, Roesel. — 3 ind. de la mer au chott Fejej.

CLASSE III. — REPTILES.

Ordre : SAURIENS.

Famille : CAMÉLÉONIENS.

5. *Chamæleo cinereus*, Aldrov. — 2 ind. Nefta, 2 ind. de la mer au chott Fejej, 1 ind. de Gabès au chott Fejej.

Famille : GECKOTIENS.

6. *Platydactylus facetanus*, Aldrov. — 1 ind. Kriz.
7. *Stenodactylus guttatus*, Cuvier. — 1 ind. Bir Knafès et Bled Berrada.

Famille : IGUANIENS.

8. *Agama agilis*, Olivier. — 4 ind. Cherb Berrania, 2 ind. Berrada,

1 ind. de la mer au chott Fejej, 5 ind. Bir Knafès et Bled Berrada, 1 ind. de Gabès au chott Fejej.

Nota. Pour moi, *Agama agilis*, Olivier, et *mutabilis*, Merrem, forment une seule et même espèce. J'ai trouvé en Algérie toutes les transitions possibles d'un type à l'autre.

9. *Uromastix acanthinurus*, Bell. — 2 ind. de Gabès au chott Fejej.

Famille : LACERTIENS.

10. *Ophiops elegans*, Menetriès. — 3 ind. Bir Knafès et Bled Berrada, 1 ind. de Gabès au chott Fejej.

Nota. J'ai moi-même trouvé cette espèce à Batna et à l'oued Sedeur. C'est la première fois qu'elle est signalée en Mauritanie.

11. *Acanthodactylus boskianus*, Daudin. — 4 ind. Cherb Berrania, 1 ind. Kriz, 1 ind. Bir Knafès et Bled Berrada.

12. *Acanthodactylus scutellatus*, Audouin. — 1 ind. de Gabès à l'Oued-Akarit et au chott Fejej, 1 ind. de Bir Knafès et Bled Berrada.

13. *Eremias pardalis*, Licht. — 5 ind. Cherb Berrania, 1 ind. de Gabès à l'oued Akarit et au chott Fejej, 1 ind. Berrada, 1 ind. Kriz, 3 ind. Bir Knafès et Bled Berrada.

Famille : SCINCOÏDIENS.

14. *Scincus officinalis*, Laur. — 1 ind. Mouïat Sultan.

15. *Sphenops capistratus*, Fitz. — 2 ind. Tozeur.

16. *Gongylus ocellatus*, Gmelin. — 1 ind. Tozeur, 1 ind. de Gabès à l'oued Akarit et au chott Fejej, 1 ind. Nefta; 1 ind. Berrada, 1 ind. Kriz, 1 ind. de Gabès au chott Fejej.

17. *Euprepes Savignyi*, Audouin. — 1 ind. Cherb Berrania, 4 ind. Berrada, 3 ind. de la mer au chott Fejej, 2 ind. Kriz.

18. *Plestiodon cyprium*, Aldrov. — 1 ind. Cherb Berrania.

Ordre : OPHIDIENS.

Famille : CORONELLIDÉS.

19. *Psammophylax cucullatus*, Geoffroy Saint-Hilaire. — 4 ind. de la mer au chott Fejej (2 typiques, 2 de la variété *textilis* D. B.), 1 ind. de Gabès au chott Fejej (var. *Textilis*, D. B.).

Famille : COLUBRIDÉS.

20. *Periops algira*, Jan. — 1 ind. Bir Knafès, 1 ind. Nefta, 1 ind. de la mer au chott Fejej (variété à cercle écailleux sous-oculaire com-

plet, 10 sus-labiales d'un côté, la cinquième sous l'œil, 9 de l'autre), 1 ind. loc. ind.

Famille : PSAMMOPHIDÉS.

21. *Psammophis sibilans*, Linné. — 1 ind. Berrada (var. *Punctata* D. B.), 1 ind. Bir Knafès et Bled Berrada (var. *Punctata* D. B.).

Famille : VIPÉRIDÉS.

22. *Vipera cerastes*, Hasselq. — 2 ind. bords du chott Fejej.

CLASSE IV. — MAMMIFÈRES.

Ordre : CHIROPTÈRES.

1. *Vesperugo Kuhlii*, Natterer. — 1 ind.

Ordre : INSECTIVORES.

2. *Crocidura aranea*, Schreb. — 1 ind. (soumis à l'examen de M. le docteur Dobson).

3. *Macroscelides Rozeti*, Duvernoy. — 1 ind.

Ordre : RONGEURS.

Dipus . . . . . — 3 ind. en peau de deux espèces.

Gerbillus . . . . . — 5 ind. en alcool de deux espèces.

NOTA. Ces *Dipus* et *Gerbillus* seront étudiés et déterminés plus tard, avec les nombreux individus de ces deux genres difficiles que j'ai moi-même rapportés d'Algérie.

4. *Ctenodactylus Gundi*, Gmel. — 3 ind.

5. *Mus Alexandrinus*, E. Geoffr. — 3 ind.

6. *Mus musculus*, Linné. — 1 ind.

LISTE

DES INSECTES RECUEILLIS PAR M. LE Dr ANDRÉ

PENDANT L'EXPÉDITION DES CHOTTS.

COLÉOPTÈRES.

Eunectes griseus. — Oued Melah.
Hydroporus Cerizyi, A. — Oued Melah.
Ontophagus Amyntas, var. *Atramentarius*, Ol. — Seſtimi.
Aphodius (?). — Oudreſ.
Cleonus candidus, Ol. — Neſta.
C. hieroglyphicus. — Neſta.
Crytocephalus rugicollis, Ol. — Kriz.
Exochomus xantoderus, Fairin. — Bir Sultan.
Zophosis minuta (?). — Neſta.
Evaniocera Dufouri (?). — Neſta.

HÉMIPTÈRES.

Nepa cinerea, L. — Oued Melah.
Lygœus saxatilis, Fab. — Tozeur.
Pentatoma. — Tozeur.
Cydnus tristis, Fab. — Tozeur.

ORTHOPTÈRES.

Blepharis mendica (nymphe). — Tozeur.
Gryllus. — Kriz.
Gryllotalpa vulgaris, Latr. — Kriz.
Tryxalis procera. — Seuil de Gabès.
Accinipe elephas, Lin. — Oued Melah.
Brachytripes megacephalus, Lefeb. — Kriz.
Eremobia Clavela (larve), Luc. — Tozeur.
Acridium peregrinum, Oliv. — Tozeur.

Acridium. — Tozeur.

Œdipoda arenaria, Luc. — Tozeur.

HYMÉNOPTÈRES.

Chalicodoma Sicula, Rossi. — Tozeur.
Crocisa ramosa, de Saint-Farg. — Nefta.
Antophora nidulans, Fab. — Kriz.
Polistes. — Nefta et Tozeur.
Colpa aurea, Fab. — Nefta et Tozeur.
Dorylus juvenculus, Sch. — Bir Sultan.
Fœnus affectator, Fab. — Bir Knafès.
Paniscus. — Seuil de Gabès.

LÉPIDOPTÈRES.

Vanessa cardui, Lin. — Seuil de Gabès.
Sphinx lineata. — Tozeur.
Ophiodes tinhaca. — Nefta.

ARAIGNÉES.

Galeodes Olivieri, E. S. — Seftimi.
Tetragnata nitens, Sav. — Kriz.
Cirtophora Opuntiæ, L. Duf. — Seuil de Gabès.
Stegodyphus lineatus, Latr. — Seuil de Gabès.
Prosthesima æneа, E. S. — Seuil de Gabès.
Micrommata Ligurina, C. Koch. — Seuil de Gabès.
Steatoda Paykulliana, Walckenaer. — Tozeur.
Sparassus Walkenaerius, And. et Sav. — Nefta.
Stegadyphus lineatus, Latr. — Nefta.
Buthus Australis, L. (scorpion). — Nefta.

LISTE

DES PLANTES RECUEILLIES PAR M. LE DR ANDRÉ

PENDANT L'EXPÉDITION DES CHOTTS ET DÉTERMINÉES PAR M. COSSON.

RENONCULACÉES.

Ranunculus muricatus, L. — Oasis de Kriz, Tozeur, Nefta (Djerid). Avril, mai.

Nigella sativa, L. — Oasis de Kriz, Tozeur, Nefta (Djerid). Avril, mai.

PAPAVÉRACÉES.

Hypecoum Geslini, Coss. et Kral. — Oasis du Djerid. Avril, mai 1879.

FUMARIACÉES.

Fumaria capreolata, L.; var. *Bastardi*. — Oasis d'Oudref. — Mars 1879.

CRUCIFÈRES.

Eruca sativa, var. *Stenocarpa*, Boiss. et Reut. — Aïn Kebirita. Fin mars.

Brassica Rapa, L. — Kriz. Avril.

Brassica lyrata, Desf. *Enarthrocarpus clavatus*, Delile. — Bir Knales. Mars.

Moricandia suffruticosa, Coss. et D. R. *Brassica suffruticosa*, Desf. — Montagnes au Nord d'Oudref. Mars.

Moricandia cinerea, Coss. *Sisymbrium cinereum*, Desf. — Berrada, Oglat Beni Zid.

Diplotaxis pendula, D. C. — Oudref, Bir Knafès, Aïn Kebirita, etc., etc. Mars et avril.

Diplotaxis ..... (échantillon indéterminable).

Malcolmia Ægyptiaca, Spreng; var. *Longisiliqua*, Coss. et D. R. — Sables de Kriz, Tozeur, Nefta. — Avril.

Lonchophora Capiomontiana, D. R. — Berrada, Aïn Kebirita. Mars.

Sisymbrium Irio, L. — Kriz et oasis du Djerid. Avril, mai.

Farsetia Ægyptiaca, Turr. — Aïn Kebirita. 1er avril.

Nasturtium coronopifolium, D. C. — Bir Knafès. Mars.

Capsella procumbens, Fries. *Hutchinsia procumbens*, D. C. — Kriz et oasis du Djerid. Avril.

CAPPARIDÉES.

Cleome Arabica, L. — Kriz. Avril.

Capparis spinosa, L. — Djebel Kebiriti. Fin mars.

CISTINÉES.

Helianthemum Tunetanum, Coss. et Kral. *Cistus glaucus*, Desf. non Cav. — Seuil de Gabès, Berrada, Aïn Kebirita. Mars, avril.

Helianthemum sessiliflorum, Pers.; var. *Ellipticum*. — Très commun du seuil de Gabès à l'extrémité du Djerid.

Helianthemum sessiliflorum, Pers. — Tozeur, Nefta (Djerid). Avril, mai.

Helianthemum virgatum, Pers. — Seuil de Gabès. Février, mars.

RÉSÉDACÉES.

Reseda propinqua, R. Br. — Bir Knafès. 10 mars.

Reseda lutea, L. — Bir Knafès. 10 mars.

Reseda stricta, Pers. — Aïn Kebirita. Fin mars.

Reseda Alphonsi, Muell. Argov. — Bir Knafès, Aïn Kebirita. Mars.

FRANKENIACÉES.

Frankenia pulverulenta, L. — Seuil de Gàbès, Berrada. Mars.

Frankenia thymifolia, Desf. — Kriz (Djerid). Avril.

CARYOPHYLLÉES.

Silene rubella, L. — Kriz. Avril.

Silene inflata, Sm. — Kriz, Tozeur, Nefta. Avril, mai.

Spergularia media, Pers. — Oasis d'Oudref, de Kriz, de tout le Djerid et du Nifzaoua. Mars, avril, mai.

Spergularia diandra, Heldr. — Berrada. Mars.

Stellaria media, Sm. — Kriz, Tozeur et toutes les oasis.

LINÉES.

Linum strictum, L. — Berrada. Mars.

MALVACÉES.

Malva sylvestris, L. — Tozeur. Mai.

Malva microcarpa, Desf. — Aïn Kebirita. Plante nouvelle pour la flore des États Barbaresques.

GÉRANIACÉES.

Erodium glaucophyllum, Ait. — Berradah. Mars.

Erodium hirtum, Willd. — Aïn Kebirita. 1er avril.

Erodium malacoides, Willd. — Bir Knafès, Aïn Kebirita. Mars.

Gossypium herbaceum, L. — Nefta. Mai.

ZYGOPHYLLÉES.

Fagonia cretica, L. — Oudref. Février, mars.

Fagonia glutinosa, Delile. — Bir Knafès, Nefta. Mars à mai.

Fagonia virens, Coss. — Aïn Kebirita. Fin mars.

Zygophyllum album, L. — Seuil de Gabès. Février, mars.

RUTACÉES.

Peganum Harmala, L. — Très abondant autour de toutes les oasis du Djerid. Avril, mai.

Haplophyllum tuberculatum, A. de Jussieu. — Berrada. 17 mars.

TÉRÉBINTHACÉES.

Rhus dioica, Willd. — Djebel Aïdoudi, près de Bir Knafès. Mars.

LÉGUMINEUSES.

Retama Rœtam., Webb. — Tous les ravins et toutes les régions voisines des montagnes au Nord du chott.

Calycotome intermedia, Boiss. — Ravins au Nord d'Oudref.

Ononis angustissima, Lmk. — Bir Knafès, Kriz. Mars, avril.

Anthyllis tragacanthoides, Desf. — Oudref, seuil de Gabès. Février, mars.

Medicago sativa, L. — Toutes les oasis du Djerid. Avril, mai.

Medicago denticulata, Willd. — Tozeur. Fin avril.

Medicago tribuloides, Lmk. — Berrada. Mars.

Medicago laciniata, All. — Berrada. Mars.

Trigonella stellata, Forsk. — Berrada. Mars.

Trigonella Ægyptiaca, Poiret. — Berrada. Mars.

Melilotus parviflora, Desf. — Toutes les oasis du Djerid. Avril, mai.

Melilotus elegans, Salzm. — Aïn Oudref. Mars.

Melilotus messanensis, Desf. — Aïn Oudref. Mars.

Lotus corniculatus, L. ; var. *Tenuis*. — Aïn Oudref, Oglat Beni Zid, Kriz, etc. Mars, avril.

Lotus hosackoides, Coss. (inédit). — Aïn Kebirita. Fin mars.

Lotus creticus, L. — Aïn Kebirita. Fin mars.

Astragalus hamosus, L. — Oued Berrada. Mars.

Astragalus Kralikianus, Coss. — Oued Berrada. Mars.

Vicia calcarata, Desf. ; var. *Angustifolia*. — Oued Berrada. Mars.

Vicia calcarata, Desf. — Oued Berrada. Mars.

Scorpiurus sulcata, L. — Oued Berrada. Mars.

Hippocrepis bicontorta, Loisel. — Oued Berrada. Mars.

Hedysarum carnosum, Desf. — Aïn Kebirita et oasis.

Psoralea bituminosa, L. — Oglat Beni Zid. Mars.

TAMARISCINÉES.

Tamarix Gallica, L. — Oasis de Dbabcha (Nifzaoua), 7 mai ; bords de l'Oued Melah (seuil de Gabès), 2 mars.

Tamarix pauciovulata, J. Gay. — Djebel Kebiriti et bords de l'oued Berrada. Mars.

Tamarix bounopœa, J. Gay. — Oglat Beni Zid et alentours de Kriz. Mars, avril.

CUCURBITACÉES.

Cucumis Colocynthis, L. — Seuil de Gabès, tout le Djerid et le Nifzaoua, dans les sables.

Bryonia dioica, L. ; var. *Acuta*. — Bir Knafès, 10 mars.

PORTULACÉES.

Portulaca oleracea, L. — Seuil de Gabès, Bir Knafès, Aïn Kebirita et toutes les oasis. Très commun.

CRASSULACÉES.

Umbilicus horizontalis, Guss. — Djebel Sekkeur, près Bir Knafès. Mars.

PARONYCHIÉES.

Paronychia Cossoniana, J. Gay. — Aïn Kebirita. Fin mars.

Herniaria fruticosa, L. — Djebel Kebiriti. Fin mars.

Pteranthus echinatus, Desf. — Berrada. Mars.

Gymnocarpus decandrus, Forsk. — Berrada, Aïn Kebirita. Mars.

FICOÏDÉES.

Mesembryanthemum nodiflorum, L. — Seftimi. 10 mai.

Reaumuria vermiculata, L.; *forma*, R. *stenophylla*, Jaub. et Spach. — Kriz. Avril.

Nitraria tridentata, Desf. — Seuil de Gabès. Très abondant.

OMBELLIFÈRES.

Deverra scoparia, Coss. et D. R. — Seuil de Gabès, Oudref, Berrada, etc. Abondant. Mars, avril.

Coriandrum sativum, L. — Toutes les oasis.

Torilis nodosa, Gærtn. — Kriz, Tozeur, Nefta, etc. Avril, mai.

Fœniculum..... (échantillon trop jeune). — Kriz. Avril.

Bupleurum semicompositum, L. — Berrada. Mars.

Helosciadium nodiflorum, Koch. — Seguias de toutes les oasis du Djerid. Avril, mai.

Apium graveolens, L. — Seguias des oasis du Djerid.

Scandia Pecten-Veneris, L. — Kriz, Tozeur, Nefta, oasis. Avril, mai.

Carum incrassatum, Boiss. — Kriz (Djerid).

Anethum graveolens, L. — Toutes les oasis du Djerid.

RUBIACÉES.

Rubia tinctorum, L. — Kriz.

Galium tricorne, Wither. — Kriz.

Galium saccharatum, All. — Kriz.

Sherardia arvensis, L. — Kriz, Tozeur, Nefta.

COMPOSÉES.

Colletia chrysochomoides, Cass. — Nefta. Mai.

Phagnalon saxatile, D. C. — Aïn Kebirita. 1er avril.

Rantherium suaveolens, Desf. — Aïn Kebirita, 1er avril. Seftimi, 10 mai.

Inula viscosa, Ait. — Toutes les oasis du Djerid.

Asteriscus pygmæus, Coss. et D. R. — Berrada, Aïn Kebirita et toutes les montagnes. Très commun.

Pallenis spinosa, Cass. — Tozeur. Avril.

Ambrosia maritima, L. — Nefta. Mai.

Anthemis pedunculata, Desf. ; var. — Nefta. Mai.

Pyrethrum fuscatum, Willd. — Aïn Kebirita. Fin mars.

Pyrethrum trifurcatum, Willd. — Aïn Kebirita.

Chrysanthemum coronarium, L. — Bir Knafès. Mars.

Chlamydophora pubescens, Coss. et D. R. — Bir Knafès. Mars.

Artemisia herba alba, Asso. — Au Nord d'Oudref et toute la plaine entre le chott et les montagnes.

Filago spathulata, Presl. — Bir Knafès. 10 mars.

Senecio coronopifolius, Desf. — Tozeur et Nefta. Avril, mai.

Calendula stellata, Cav. ; var. *Hymenocarpa*. — Seuil de Gabès, Berrada, Aïn Kebirita, Kriz, etc.

Atractylis cancellata, L. — Berrada. Mars.

Atractylis citrina, Coss. et Kral. — Berrada, Kriz, Tozeur, Nefta. Mars, avril, mai.

Atractylis microcephala, Coss. et Dur. — Berrada. Mars.

Amberboa Lippii, D. C. — Bir Knafès, Berrada, Oglat Beni Zid, Aïn Kebirita, etc.

Centaurea Delilei, Godr. — Bir Knafès. Mars.

Centaurea apula, Lmk. — Aïn Kebirita. Fin mars.

Centaurea dimorpha, Viv. — Berrada, Aïn Kebirita, Kriz, etc.

Carduncellus eriocephalus, Boiss. — Aïn Kebirita.

Kalpinia linearis, Poll. — Kriz. Avril.

Kalbfussia Salzmanni, Sch. Bip. — Bir Knafès. Mars.

Spitzelia Saharæ, Coss. et Kral. — Bir Knafès. 10 mars.

Ætheorrhiza bulbosa, Coss. — Kriz. Avril.

Picridium tingitanum, Desf. — Berrada. Mars.

Zollikoferia resedifolia, Coss. *Sonchus chondrilloides*, Desf. — Bir Knafès. Mars.

Sonchus oleraceus, L. — Kriz et toutes les oasis.

Sonchus maritimus, L. — Toutes les oasis. Avril et mai.

Sonchus divaricatus, Desf. — Oudref, Bir Knafès, Kriz et les oasis du Djerid.

PRIMULACÉES.

Coris Monspeliensis, L. — Ravins et montagnes. Très abondant.

Anagallis arvensis, L. — Nefta, Kriz, Berrada, etc. Mars, avril.
Samolus Valerandi, L. — Seguias de toutes les oasis. Avril, mai.

ASCLÉPIADÉES.

Periploca angustifolia, Labill. — Djebel Kebiriti. Fin mars.
Dœmia cordata, R. Br. — Djebel Kebiriti.

CONVOLVULACÉES.

Convolvulus althæoides, L. — Bords du chott Fejej. 14 mars.
Convolvulus arvensis, L. — Kriz, Tozeur, Nefta. Avril, mai.

BORRAGINÉES.

Echium humile, Desf. — Bir Knafès, près des ruines d'un petit temple romain. 10 mars.
Echium maritimum, Willd. — Oglat Beni Zid. Mars.
Echiochilon fruticosum, Desf. — Oudref, seuil de Gabès, Berrada, etc. Très commun.
Nonnea phaneranthera, Viv. — Berrada. Mars.
Anchusa hispida, Forsk. — Oglat Beni Zid. Mars.
Lithospermum callosum, Vahl. — Tozeur, Nefta. Mai.

SOLANÉES.

Lycium mediterraneum, Dunal. — Gabès (seuil), Oudref, Bir Knafès, etc. Février, mars.
Solanum villosum, Lmk. — Seftimi. Mai.
Solanum nigrum, L.; var. *Suffruticosum*, Schousb. — Djebel Kebiriti. Fin mars.
Hyoscyamus albus, L. — Oudref, et sur les murs des jardins de toutes les oasis.

SCROFULARINÉES.

Celsia laciniata, Poir. — Djebel Kebiriti.
Linaria laxiflora, Desf. — Bir Knafès.
Linaria fruticosa, Desf. — Berrada.
Anarrhinum brevifolium, Coss. et Kral. — Bir Knafès, Berrada, Djebel Kebiriti, montagnes de Kriz, etc.
Scrofularia deserti, Delile. — Tozeur.

OROBRANCHÉES.

Phelipea violacea, Desf. — Bords du chott Fejej. Mars.
Phelipea lutea, Desf. — Bords du chott Fejej. Mars.

LABIÉES.

Lavandula multifida, L. — Oglat Beni Zid et tous les ravins au Nord du chott.
Thymus hirtus, Willd. — El-Hamma, Aïn Kebirita et ravins au Nord du chott.
Thymus capitatus, Link. et Hoffm. — Ravins au Nord d'Oudref.
Salvia lanigera, Desf. — Bir Knafès.
Salvia verbenaca, L. — Seuil de Gabès.
Marrubium . . . . . (échantillon trop jeune). — Bir Knafès. 10 mars.
Ballota hirsuta, Benth. — Bir Knafès, djebel Aïdoudi, djebel Diabit, Aïn Kebirita, etc.
Teucrium Polium, L. — Aïn Kebirita.
Zapania nodiflora, Rich. — Nefta. Mai.

GLOBULARIÉES.

Globularia Alypum, L. — Tous les ravins au Nord du chott.

PLUMBAGINÉES.

Statice globulariæfolia, Desf. — Environs de Kriz et des oasis du Djerid. Avril.
Statice pruinosa, L. — Seuil de Gabès, environs des oasis. Mars, avril.

PLANTAGINÉES.

Plantago major, L. — Nefta. Mai.
Plantago lagopus, L. — Bir Knafès, Tozeur.
Plantago coronopus, L. — Berrada, Kriz.
Plantago Psyllium, L. — Kriz.
Plantago amplexicaulis, Cav. — Aïn Kebirita. Fin mars.
Plantago maritima, Link. — Aïn Kebirita. Fin mars.
Plantago albicans, L. — Seuil de Gabès, Aïn Kebirita. Mars.

SALSOLACÉES.

Chenopodium murale, L. — Djebel Kebiriti, Kriz.

Atriplex Halimus, L. — Seuil de Gabès, Bir Knafès, Oglat Beni Zid, etc.

Atriplex dimorphostegia, Kar. et Kir. — Seuil de Gabès, Oglat Beni Zid, etc.

Atriplex hastata, L. — Djebel Kebiriti. Fin mars.

Echinopsilon muricatus, Moq.-Tand. — Kriz. Avril.

Arthrocnemium fruticosum, Moq.-Tand. ; var. *Macrostachyum*, Moq.-Tand. — Seuil de Gabès, Kriz, Tozeur, etc.

Suæda vermiculata, Forsk. — Seuil de Gabès (très abondant), Berrada, etc.

Traganum nudatum, Delile. — Seuil de Gabès, El-Hamma. Très commun partout.

Salsola longifolia, Forsk. — Seuil de Gabès, etc. Très commun.

Anabasis articulata, Moq.-Tand. — Berrada, environs de Dbabcha, etc.

THYMÉLÉACÉES.

Passerina hirsuta, L. — Seuil de Gabès. Très abondant, atteint parfois 2 mètres de hauteur.

POLYGONÉES.

Calligonum comosum, l'Hérit. — Aïn Kebirita, Nefta, Mouïat Sultan, dans toutes les dunes.

Rumex pulcher, L. — Nefta. Mai.

Rumex roseus, Campd. — Berrada. Mars.

Emex spinosa, Campd. — Tozeur. Fin avril.

Polygonum equisetiforme, Sibth. et Sm. — Sables autour des oasis. Avril, mai.

EUPHORBIACÉES.

Andrachne telephioides, L. — Berrada. Mars.

Mercurialis annua, L. — Aïn-Kebirita. 1er avril.

Euphorbia Paralias, L. — Embouchure de l'oued Melah. Février.

Euphorbia Guyoniana, Boiss. et Reut. — Kriz, Tozeur, Nefta, sables.

Euphorbia falcata, L. — Berrada.

Euphorbia cornuta, Pers. — Bir Knafès, Berrada.

Euphorbia glebulosa, Coss. et D. R. — Djebel Kebiriti, Berrada. Fin mars.

Euphorbia helioscopia, L. — Kriz. Avril.

URTICÉES.

Forskohlea tenacissima, L. — Oglat Beni Zid, Aïn Kebirita, Kriz.

Parietaria officinalis, L.; var. *Diffusa*. — Kriz, Tozeur, Nefta, etc.

BALANOPHORÉES.

Cynomorium coccineum, L. — Bords du chott Hameïmet et du chott Djerid.

CONIFÈRES.

Ephedra fragilis, Desf. — Oglat Beni Zid. Mars.

LILIACÉES.

Urginea undulata, Steinh.; *Scilla undulata*, Desf. — Bir Knafès. Mars.

Scilla villosa, Desf. — Près de l'oued Akarit. Février.

Allium roseum, L. — Kriz. Avril.

Uropetalum serotinum, Gawl. — Oued Berrada. 17 mars.

Asphodelus tenuifolius, Cav. — Environs d'Oudref, Berrada. Mars.

SMILACÉES.

Asparagus horridus, L. — Kriz. Avril.

IRIDÉES.

Gladiolus Ludoviciæ, Jan. — Kriz. Avril.

JUNCÉES.

Juncus maritimus, Link. — Aïn Oudref, Aïn Kebirita.

CYPÉRACÉES.

Cyperus conglomeratus, var. *Effusus*, Rottb. — Sables de Nefta. Mai.

Cyperus lævigatus, L.; var. *Distachyus*. *Cyperus junciformis*, Desf. — Kriz. Avril.

GRAMINÉES.

Lygeum Spartum, Lœfl. — Djebel Kebiriti.

Phalaris minor, Retz. — Oglat Beni Zid, Kriz, etc.

Pennisetum ciliare, Link. — Aïn Kebirita, Kriz. Avril.

Imperata cylindrica, P. B. — Kriz et toutes les oasis du Djerid et du Nifzaoua.

Andropogon laniger, Desf. — Djebel Kebiriti.

Agrostis verticillata, Vill. — Kriz, Tozeur, Nefta, Seftimi, toutes les oasis.

Polypogon Monspeliensis, Desf. — Toutes les oasis.

Stipa tortilis, Desf. — Berrada. Mars.

Arthratherum pungens, P. B. — Djebel Kebiriti. Fin mars. Seuil de Gabès (très commun).

Arthratherum obtusum, Nees. — Nefta. Mai.

Cynodon Dactylon, Rich. — Tozeur. Fin avril.

Avena sterilis, L. — Berrada. Mars.

Avena barbata, Brot. — Oglat Beni Zid, Berrada.

Trisetum pumilum, Kunth. — Tozeur. Avril.

Kœleria phleoides, Pers. — Tozeur, Dbabcha. Avril, mai.

Phragmites communis, Trin.; var. *Isiaca*. *Arundo Isiaca*, Delile. — Oued Akarit. 2 mars.

Sphenopus divaricatus, Rchb. — Kriz, Seftimi. Avril, mai.

Bromus Madritensis, L. — Nefta. Mai.

Bromus macrostachys, Delile. — Nefta.

Bromus rubens, L. — Oglat Beni Zid. Mars.

Lolium perenne, L.; var. *Multiflorum*. — Kriz, Tozeur et toutes les oasis.

Hordeum murinum, L. — Tozeur. Avril.

Hordeum vulgare, L. — Kriz, Seftimi. Avril, mai.

Triticum durum, Desf. (*forma mutica*). — Kriz.

Æluropus littoralis, Parlat.; var. *Repens*. *Dactylis repens*, Desf. — Nefta, Seftimi. Mai.

FOUGÈRES.

Cheilantes odora, Sw. — Oudref, djebel Aïdoudi. Mars.

Adianthum Capillus-Veneris, L. — Kriz.

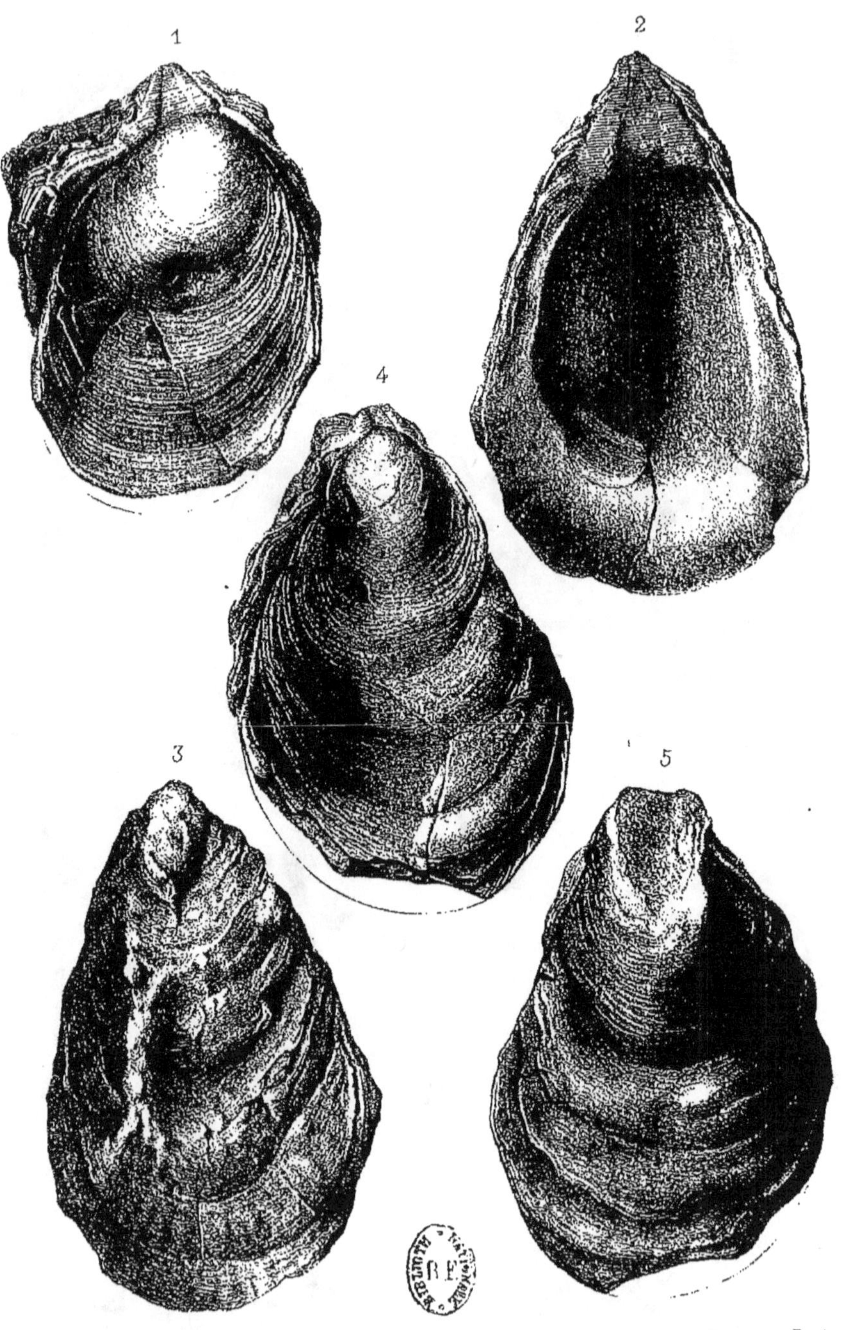

Arnoul lith. Imp. Becquet. Paris.

Ostrea Tunetana Mun.-Ch.

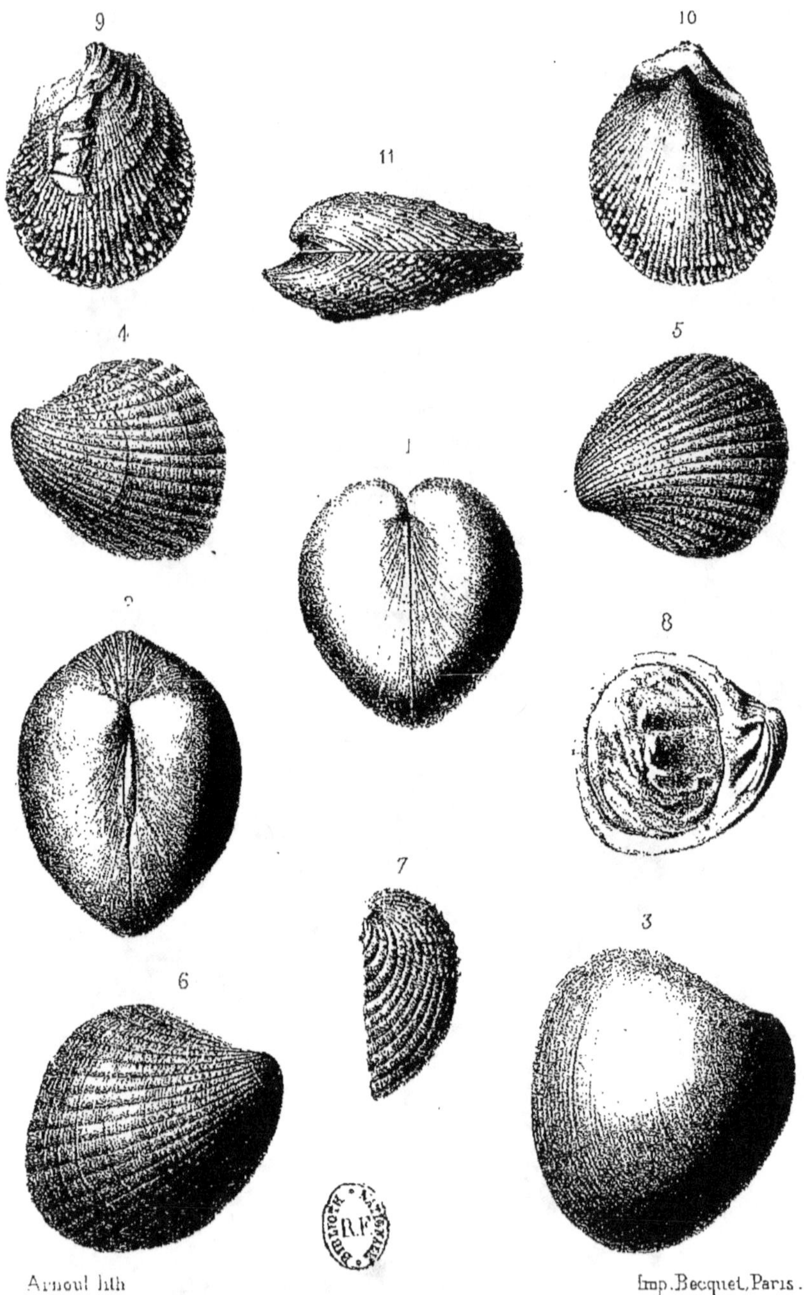

Arnoul lith — Imp. Becquet, Paris.

1_3. Cytherea Tissoti Mun.-Ch. 4_8. Cardita Baroneti Mun.-Ch.
9_11. Spondylus Jegoui Mun.-Ch.

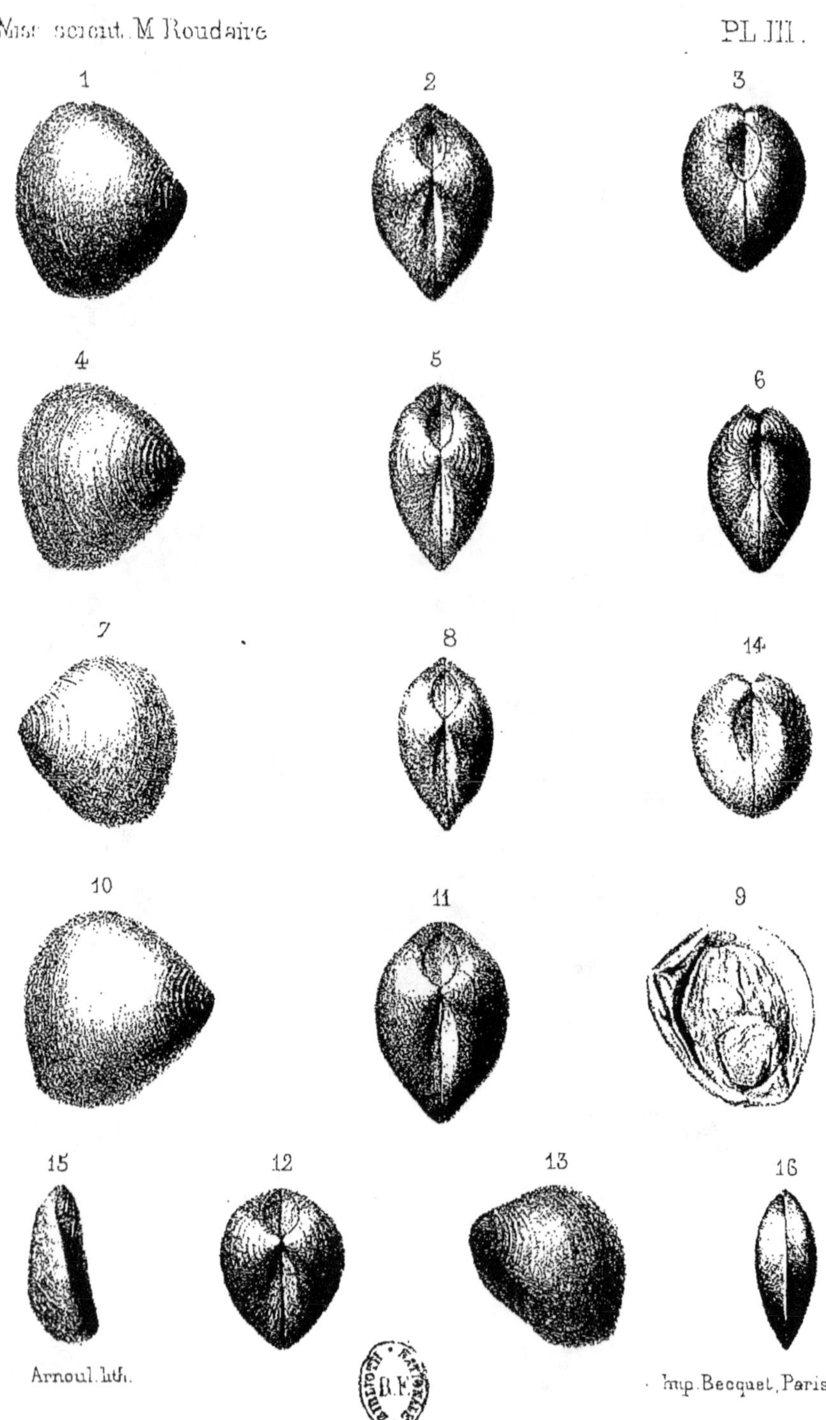

Arnoul lith. Imp. Becquet, Paris

1.14. Astarte Numidica Mun-Ch. 15 16. Mytilus Andrei Mun-Ch.

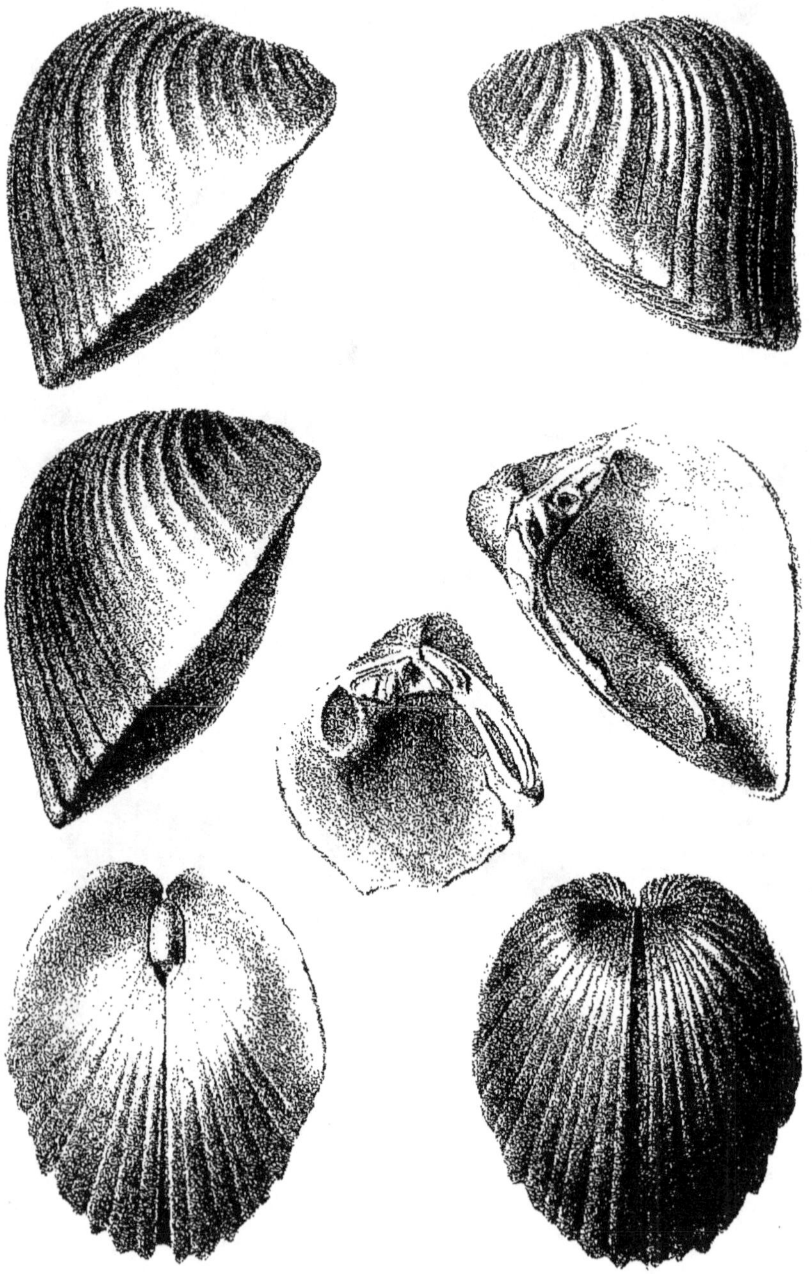

Arnoul lith

Imp Becquet. Paris

Roudairia Drui. Mun. Chalm.

Miss. scient. M. Roudaire

PL. V

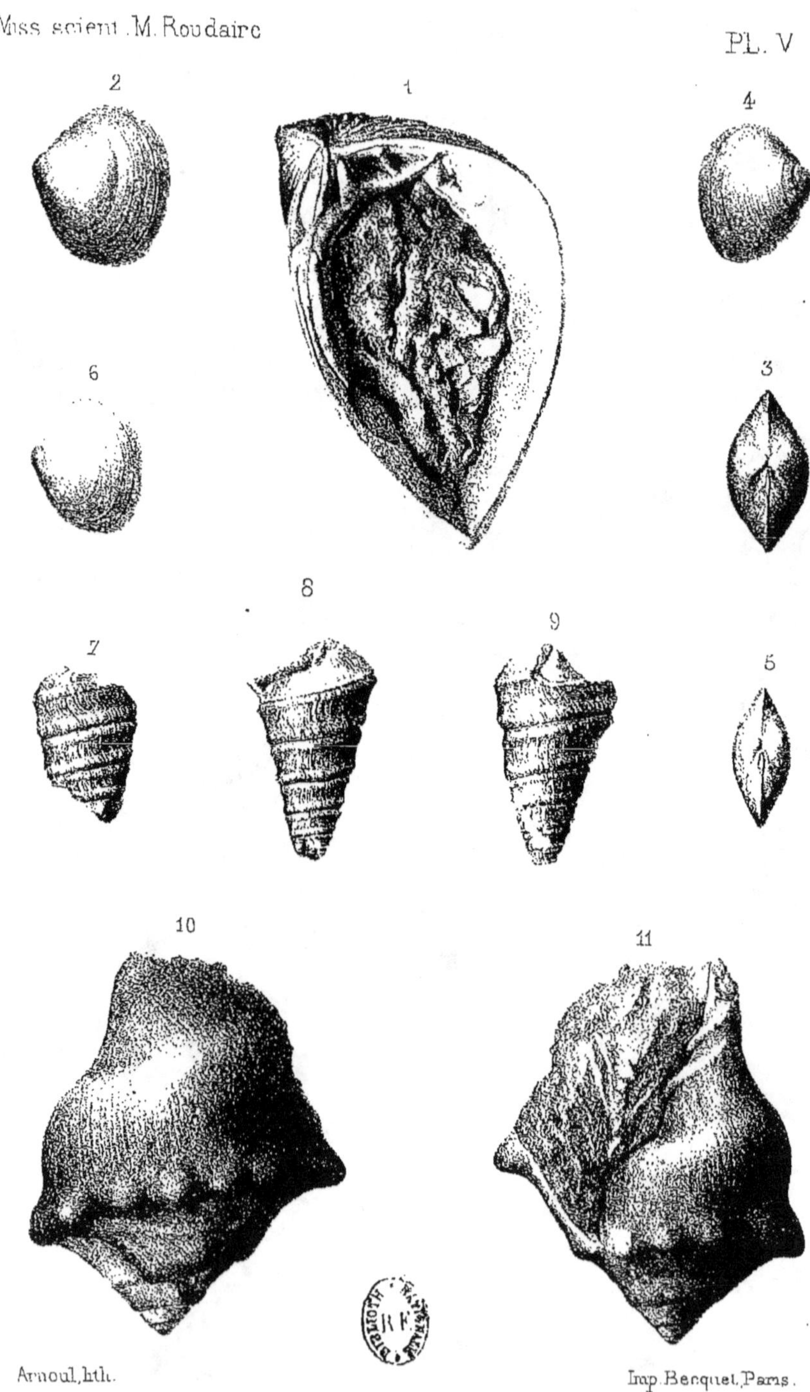

Arnoul, lith.

Imp. Becquet, Paris.

1. Roudairia Drui Mun-Ch. 2-6. Cytherea Cycladella Mun-Ch.
7-9. Cassiope Dufouri Mun-Ch. 10.11. Scolymus Stromboïdes Mun-Ch.

1

1

1

4

3

3

3

2

5

5

5

Arnoul lith. Imp. Becquet, Paris.

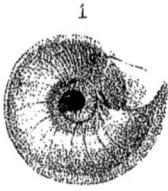

1. Helix Lacosteana, L. Morlet.
2. H.___L.______, var.____
3. Melanopsis Tunetana, L. Morlet.
4. M.______ T.____, var.____
5. Cardium edule, Linné, var.

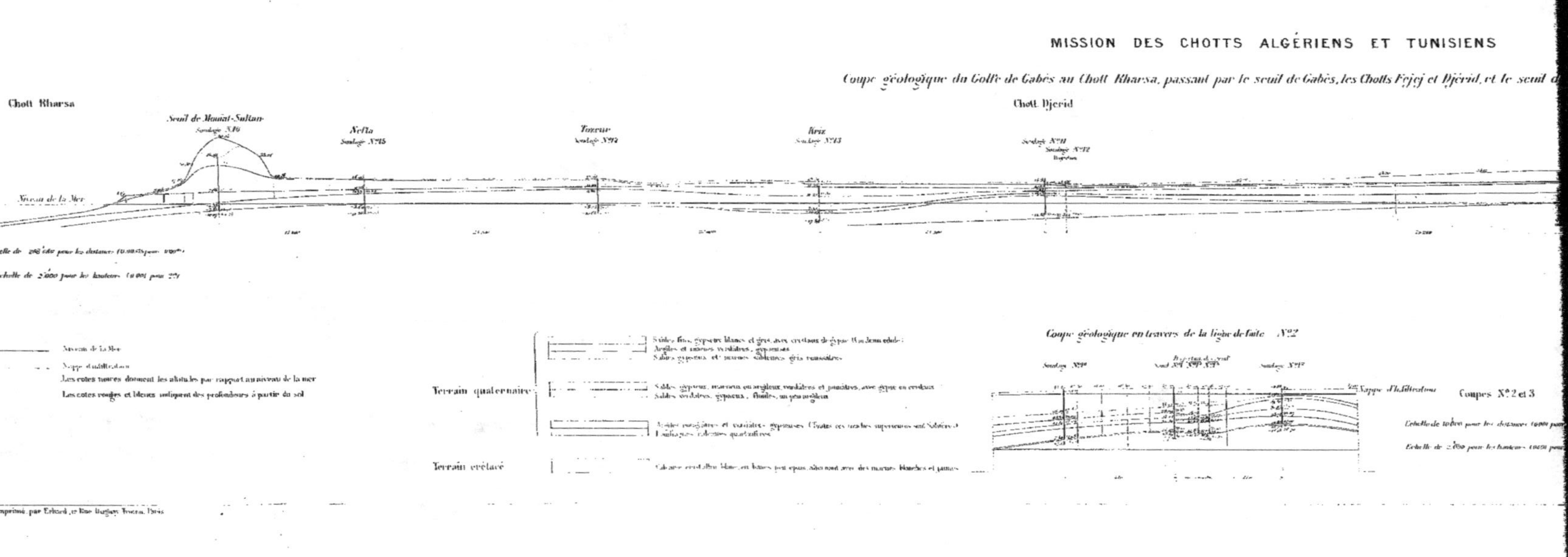
MISSION DES CHOTTS ALGÉRIENS ET TUNISIENS
Coupe géologique du Golfe de Gabès au Chott Kharsa, passant par le seuil de Gabès, les Chotts Fejej et Djérid, et le seuil d
Chott Kharsa
Seuil de Mouiat-Sultan
Sondage N°16
Nefta
Sondage N°15
Tozeur
Sondage N°17
Kriz
Sondage N°13
Chott Djerid
Sondage N°11
Sondage N°12
Niveau de la Mer
Niveau de la Mer
Nappe d'infiltration
Les cotes noires donnent les altitudes par rapport au niveau de la mer
Les cotes rouges et bleues indiquent des profondeurs à partir du sol
Terrain quaternaire
Terrain crétacé
Coupe géologique en travers de la ligne de faîte N°2
Nappe d'Infiltration
Coupes N° 2 et 3
Gravé et Imprimé par Erhard, Paris

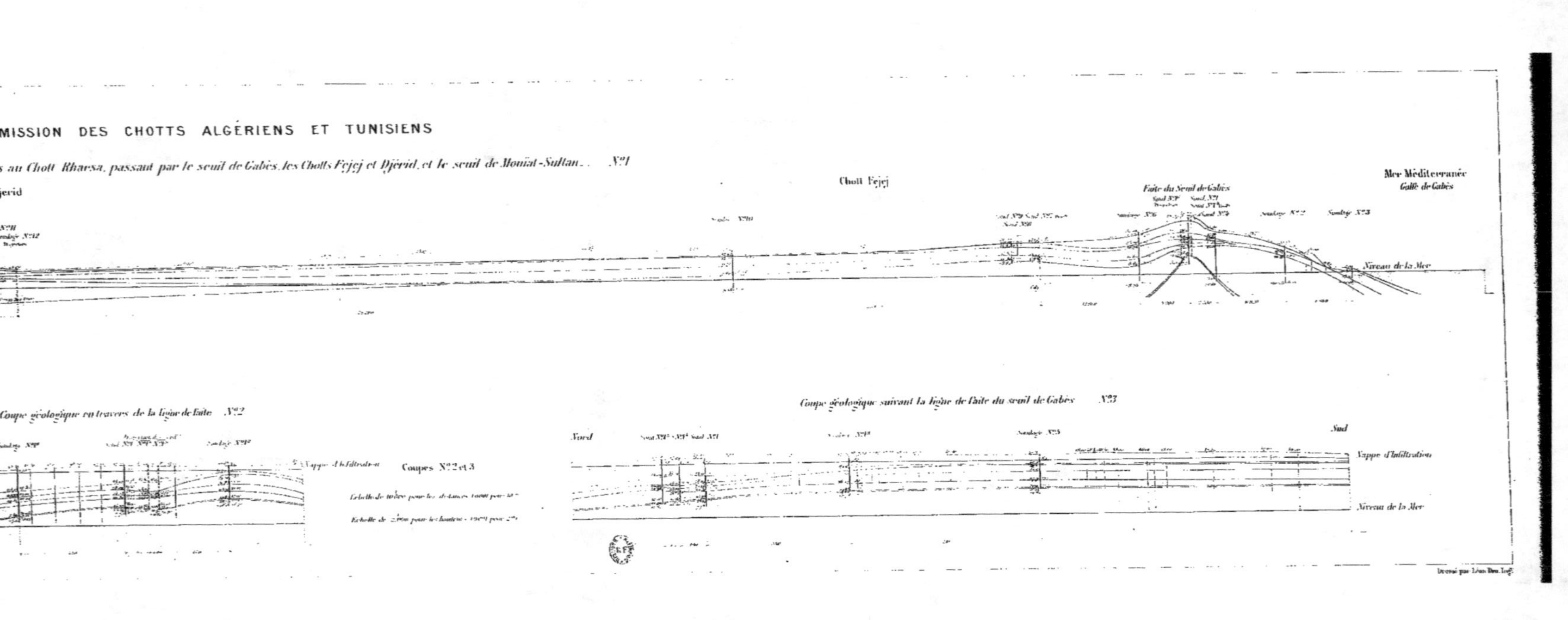

MISSION DES CHOTTS ALGÉRIENS ET TUNISIENS
Gabès au Chott Rharsa, passant par le seuil de Gabès, les Chotts Fejej et Djérid, et le seuil de Mouïat-Sultan. N°1
hott Djerid
Chott Fejej
Faîte du Seuil de Gabès
Mer Méditerranée
Golfe de Gabès
Niveau de la Mer
Coupe géologique en travers de la ligne de faîte N°2
Coupes N°2 et 3
Coupe géologique suivant la ligne de faîte du seuil de Gabès N°3
Nord
Sud
Nappe d'Infiltration
Niveau de la Mer

CARTE DU BASSIN DES CHOTTS

Dressée en 1880, par le Commandant ROUDAIRE.

Ministère de l'Instruction publique. Archives des missions scientifiques et littéraires.

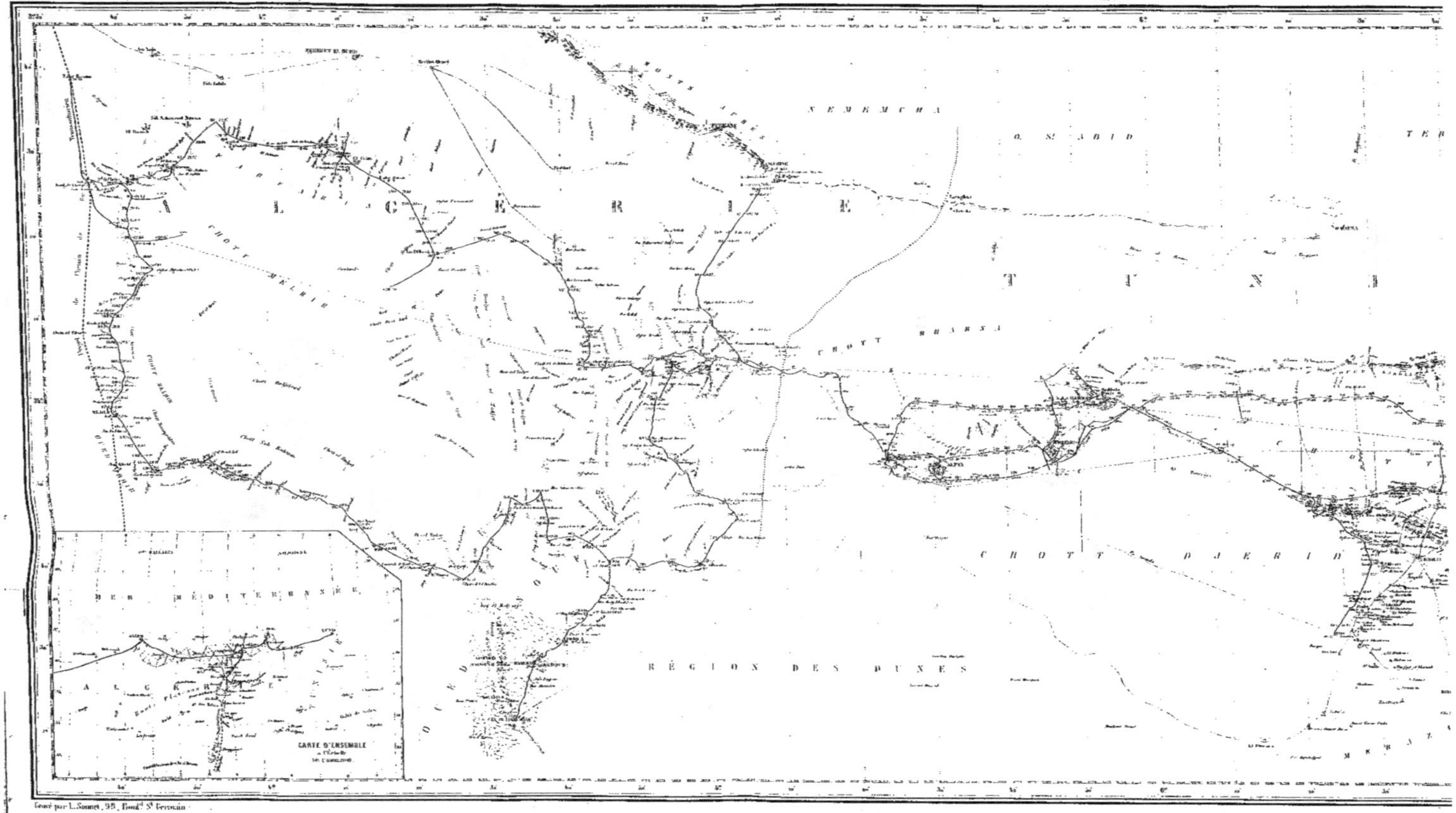

NEMEMCHA

O. Sᵗ ABID

ALGÉRIE

TUNISIE

CHOTT MELRIR

CHOTT RHARSA

CHOTT DJERID

RÉGION DES DUNES

MER MÉDITERRANÉE

CARTE D'ENSEMBLE

Gravé par L. Sonnet, 98, Boul^d St Germain.

PROFIL SUIVANT ABKC GHJ (PROFIL N°1)

PROFIL SUIVANT ABKC GHJKLMO (PROFIL N°2)

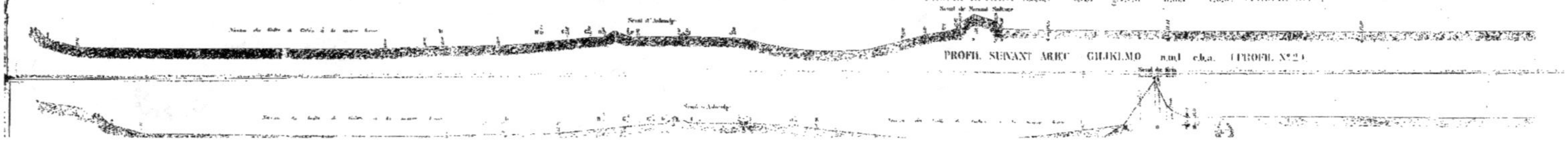

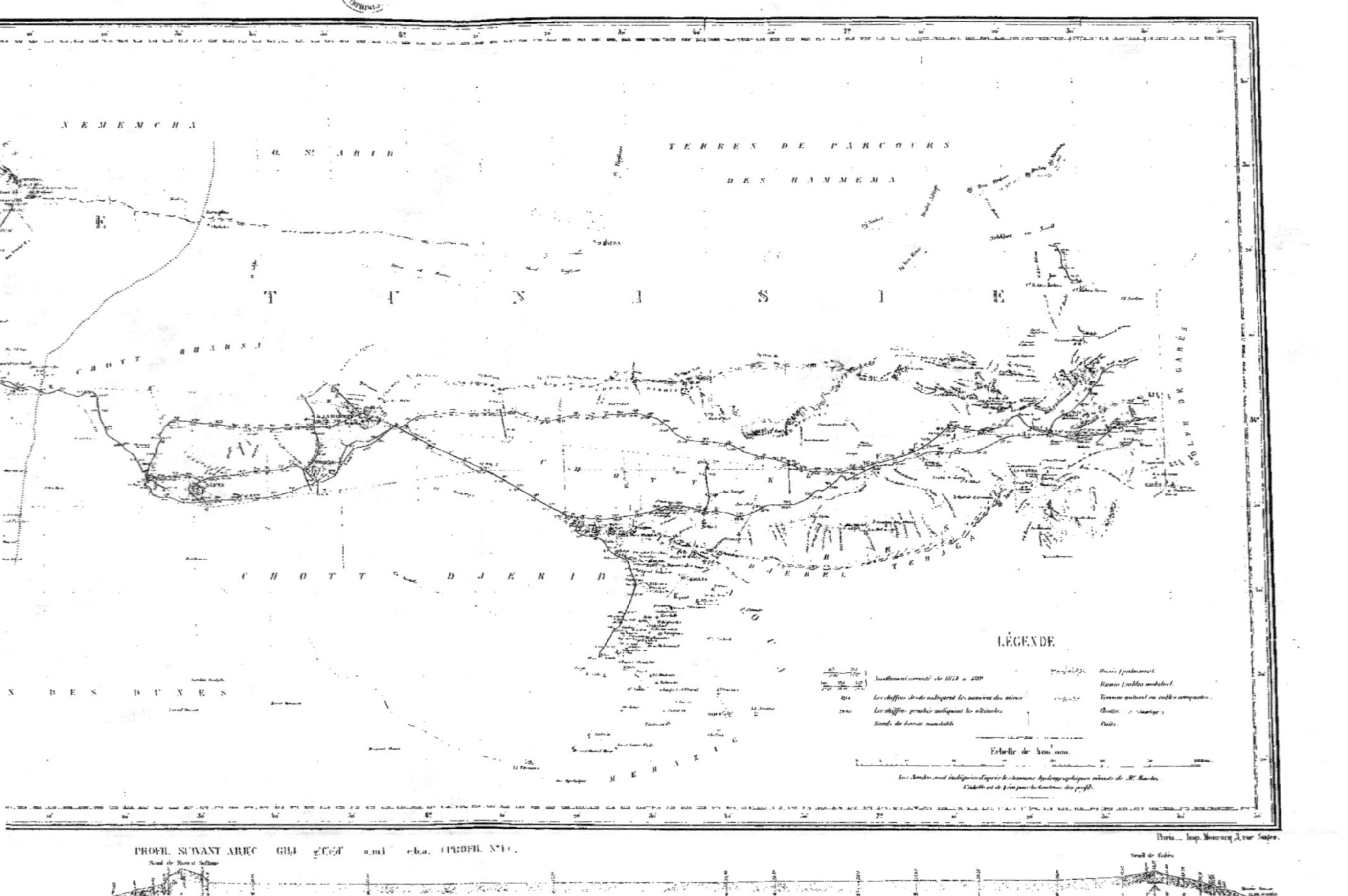

RTE DU BASSIN DES CHOTTS
Dressée en 1880, par le Commandant ROUDAIRE.
NEMEMCHA
TERRES DE PARCOURS DES HAMMEMA
TUNISIE
CHOTT RHARSA
CHOTT DJERID
DJEBEL TEBAGA
GOLFE DE GABES
DES DUNES
LÉGENDE
Echelle de 1/500 000.
Paris _ Imp. Monrocq, 3, rue Suger.
PROFIL SUIVANT ABEC GHI J (PROFIL N°1).
PROFIL SUIVANT ABEC GHIJKLMO (PROFIL N°2).

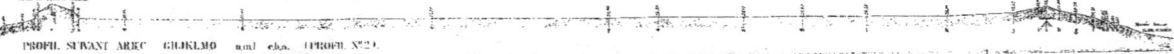

www.ingramcontent.com/pod-product-compliance
Lightning Source LLC
Chambersburg PA
CBHW072225270326
41930CB00010B/1999

* 9 7 8 2 0 1 2 7 6 5 1 9 1 *